新版

色の手帖

色見本と文献例でつづる色名ガイド

目次

はじめに ii
色名目次 iv
色の表わし方 1
利用のてびき 3
本文・色見本と解説
和色名 4
外来語色名 164
巻末資料
色名について 242
由来による色名分類 246
主要引用文献一覧 248
参考資料一覧 (巻末18〜19)
色名索引 (巻末1〜17)

はじめに

人が長い進化のなかで、色覚を獲得し、遺伝子のなかに組み込んで色彩を認識することができるような過程をたどったことは、人類が最も高い知能をもって地球上の食物連鎖の頂点にたって繁栄することに大きな役割をはたしたものと思われます。

人は赤緑青の三色型の色覚によって多彩に色を知覚することができ、数百万色を識別できるといわれています。一色型の色覚をもつ種が多い哺乳類のなかでは珍しい存在といえます。生物のなかには、四色型、五色型というように三色型を上回る多色型の色覚をもつ生物の存在も徐々に明らかになっているようですが、人は色を見分けることによって豊かな雑食性を身につけ、色彩芸術を育むことで、文明的、文化的な繁栄をかち得てきたことになります。壮大な進化の過程のなかで色彩がはたしてきた役割をあらためて考えてみることも無駄ではないでしょう。

人は言葉を最も重要なコミュニケーションの手段として使っています。言葉は論理性にもとづく事柄には非常にうまく対応でき、例えば「日本国語大辞典」にみられるように膨大な体系が完成しています。しかし、色彩という感性にもとづく表現に対して言葉はどの程度に対応できているのでしょうか。色彩だけでなく、音や匂い、味や触感などにも同じことがいえます。

色の知覚は、眼から脳に刺激が伝わる生理的な過程と、脳における心理的な認識の過程からなるもので、心理量と呼ばれます。客観的な計測ができないため、論理的コミュニケーションの手段である言葉とはなじみにくい面があります。しかし、色を色で表わすこと、即ち色票（色見本）の形で表わすとともに、それに色名を組み合わせて言葉との整合をはかることにより、言葉による論理的コミュニケーションの体系のなかに色彩を組み込むことが可能になります。更に色を定量的に表わす記号を組み合わせることによりコミュニケーションの精度をあげることができます。

本書の特徴は、色名・色票・文献例が三位一体で構成されている点です。それぞれの作家が見たり感じたりした「その色」は、多分、様々だったでしょう。「その色」のイマジネーションを楽しむことにより、あなたの色彩世界を限りなく豊かにしてください。

色を伝えるには色をもってすることが手っ取り早い手段ですが、伝える過程において大きくずれていくことを念頭におく必要があります。ひと昔前と違って現在はパソコンやテレビなど光の色による伝達方法が普及して、色票という物の色によって伝達していた時代より更に大きなギャップが生じる時代になっています。

インターネットが普及し、その端末が携帯電話に変わっていく時代の色のコミュニケーションでは、より豊かな色票と色名のセットが必要になります。

本書は一六年前に編まれた三五八色からなる「色の手帖」を土台にして、色数を五〇〇色に充実し、四色プロセス印刷で表現できる範囲で入念な色再現に配慮しました。本書がＩＴ時代における色の共通言語の役割を少しでもはたすことができれば幸いです。

平成一四年三月

永田　泰弘

色名目次

●上の数字は通し番号、下の数字はページを示す。

和色名

赤系の色

1 うすいろ 薄色 4
2 さくらいろ 桜色 4
3 ときいろ 鴇色・朱鷺色 5
4 うめねず 梅鼠 6
5 つつじいろ 躑躅色 6
6 いまよういろ 今様色 6
7 いちごいろ 苺色 7
8 こきいろ 濃色 7
9 えびいろ 海老色・蝦色・葡萄色 8
10 はいざくら 灰桜 8
11 さんごいろ 珊瑚色 9
12 たいこう 退紅・褪紅 9
13 うすくれない 薄紅 10
14 ももいろ 桃色 10
15 こうばいいろ 紅梅色 11
16 からくれない 韓紅・唐紅 12
17 ばらいろ 薔薇色 12
18 ぎんしゅ 銀朱 13
19 はいあか 灰赤 13
20 べにいろ 紅色 14
21 あか 赤 15
22 えんじ 臙脂・燕脂 16
23 すおう 蘇芳・蘇方・蘇枋 16
24 しんく 真紅・深紅 17
25 べにあか 紅赤 18
26 あかねいろ 茜色 18
27 まそお 真赭・真朱 19
28 あさひ 浅緋 19
29 しゅいろ 朱色 20
30 べにひ 紅緋 20
31 しょうじょうひ 猩々緋 21
32 うるみしゅ 潤朱 21
33 えんたんいろ 鉛丹色 22
34 ひいろ 緋色 22
35 あずきいろ 小豆色 23
36 べにかばいろ 紅樺色 24
37 ふかひ 深緋 24
38 べんがらいろ 弁柄色・紅殻色 24
39 とびいろ 鳶色 25
40 べにえびちゃ 紅海老茶 26
41 えびちゃ 海老茶 26

橙・茶系の色

42 しののめいろ 東雲色 27
43 いっこんぞめ 一斤染 27
44 あかこう 赤香 27
45 おうに 黄丹 28
46 あらいしゅ 洗朱 28
47 きんあか 金赤 29
48 かきいろ 柿色 29
49 あかだいだい 赤橙 30
50 にいろ 丹色 30
51 にっけいいろ 肉桂色 31
52 そお 赭・朱 31
53 かばいろ 樺色・蒲色 32
54 あかちゃ 赤茶 32
55 ひわだいろ 檜皮色 33
56 かきちゃ 柿茶 34
57 れんがいろ 煉瓦色 34
58 くりうめ 栗梅 34
59 あかさびいろ 赤錆色 35
60 せっかっしょく 赤褐色 35
61 しゃくどういろ 赤銅色 36
62 さびいろ 錆色 36
63 はだいろ 肌色 37
64 こうじいろ 柑子色 38
65 あらいがき 洗柿 38
66 あんずいろ 杏色・杏子色 39
67 きゃらいろ 伽羅色 39
68 うすちゃ 薄茶 39
69 だいだいいろ 橙色 40
70 みかんいろ 蜜柑色 40
71 にんじんいろ 人参色 41
72 そひ 纁 41
73 きあか 黄赤 41
74 えどちゃ 江戸茶 42
75 うめぞめ 梅染 42
76 あかくちば 赤朽葉 43
77 くるみいろ 胡桃色 43
78 かわらけいろ 土器色 43
79 らくだいろ 駱駝色 44
80 こがれこう 焦香 44
81 はじいろ 黄櫨色・櫨色 45
82 きちゃ 黄茶 45
83 たいしゃいろ 代赭色 46
84 だんじゅうろうちゃ 団十郎茶 46
85 ちょうじちゃ 丁子茶 47
86 かばちゃ 樺茶・蒲茶 47
87 からちゃ 枯茶・唐茶 47
88 はいちゃ 灰茶 48
89 しぶがみいろ 渋紙色 48
90 ちゃかっしょく 茶褐色 48
91 くりいろ 栗色 49
92 ちゃいろ 茶色 50
93 かっしょく 褐色 50
94 こげちゃ 焦茶 51

黄系の色

95 うすたまごいろ 薄卵色 52
96 ゆうおう 雄黄 52
97 たまごいろ 卵色・玉子色 53
98 うすこう 薄香 53
99 あまいろ 亜麻色 54
100 やまぶきいろ 山吹色 54
101 かんぞういろ 萱草色 55
102 とうこうしょく 橙黄色 56
103 とのこいろ 砥粉色 56
104 かれいろ 枯色 56
105 こむぎいろ 小麦色 57
106 あめいろ 飴色 58

107 しかんちゃ 芝翫茶 58
108 きつねいろ 狐色 59
109 おうどいろ 黄土色 60
110 ちょうじいろ 丁子色・丁字色 60
111 くわちゃ 桑茶 61
112 きつるばみ 黄橡 61
113 きんちゃ 金茶 62
114 こはくいろ 琥珀色 62
115 うつぶしいろ 空五倍子色 63
116 なまかべいろ 生壁色 64
117 つちいろ 土色 64
118 くちばいろ 朽葉色 65
119 たばこいろ 煙草色 65
120 ろこうちゃ 路考茶 66
121 きがらちゃ 黄枯茶・黄唐茶 66
122 くりいろ 涅色・皂色 67
123 たんこうしょく 淡黄色 68
124 ねりいろ 練色 68
125 とりのこいろ 鳥の子色 69
126 ひまわりいろ 向日葵色 69
127 たんぽぽいろ 蒲公英色 69
128 きいろ 黄色 70
129 くちなし 梔子・支子 71
130 しおう 雌黄・藤黄 72
131 うこんいろ 鬱金色 72
132 こういろ 香色 73
133 すないろ 砂色 74
134 からしいろ 芥子色・辛子色 74
135 もくらん 木蘭 74
136 くわぞめ 桑染 75
137 あぶらいろ 油色 76
138 あくいろ 灰汁色 76
139 こくぼうしょく 国防色 76
140 こびちゃ 媚茶 77
141 りきゅうちゃ 利休茶 78
142 うぐいすちゃ 鶯茶 78
143 ちゅうき 中黄 79
144 かりやすいろ 刈安色 79
145 なのはないろ 菜の花色 80
146 ひわちゃ 鶸茶 80
147 りかんちゃ 璃寛茶 81

黄緑系の色

148 きはだいろ 黄蘗色 81
149 ひわいろ 鶸色 82
150 やなぎちゃ 柳茶 82
151 うぐいすいろ 鶯色 83
152 ねぎしいろ 根岸色 83
153 みるいろ 海松色・水松色 84
154 きみどり 黄緑 84
155 まっちゃいろ 抹茶色 85
156 わかくさいろ 若草色 85
157 やなぎいろ 柳色 85
158 なえいろ 苗色 86
159 もえぎ 萌黄・萌木 86
160 あおに 青丹 87
161 こけいろ 苔色 88
162 くさいろ 草色 88
163 きくじん 麹塵 89
164 おめしちゃ 御召茶 89
165 あいみるちゃ 藍海松茶 90
166 わかばいろ 若葉色 90
167 わさびいろ 山葵色 91
168 まつばいろ 松葉色 91

緑系の色

169 うらばやなぎ 裏葉柳 92
170 わかみどり 若緑 92
171 あさみどり 浅緑 92
172 うすみどり 薄緑 93
173 びゃくろく 白緑 94
174 みどり 緑・翠 94
175 わかたけいろ 若竹色 95
176 ろくしょういろ 緑青色 96
177 はいみどり 灰緑 96
178 ときわいろ 常磐色・常盤色 97
179 かわいろ 革色 97
180 ちとせみどり 千歳緑 98
181 ふかみどり 深緑 98
182 もえぎいろ 萌葱色 99
183 あんりょくしょく 暗緑色 99
184 ちぐさいろ 千草色 100
185 せいじいろ 青磁色・青瓷色 100
186 とくさいろ 木賊色・砥草色 101

青緑系の色

187 あおたけいろ 青竹色 102
188 てついろ 鉄色 102
189 みずあさぎ 水浅葱 103
190 さびあさぎ 錆浅葱 103
191 あおみどり 青緑 104
192 なんどちゃ 納戸茶 104

青系の色

193 みずいろ 水色 105
194 ひそく 秘色 106
195 びゃくぐん 白群 106
196 かめのぞき 瓶覗・甕覗 106
197 しんばしいろ 新橋色 107
198 はなあさぎ 花浅葱 107
199 あさぎいろ 浅葱色・浅黄色 108
200 なんどいろ 納戸色 109
201 うすはなだ 薄縹 109
202 そらいろ 空色 110
203 うすあい 薄藍 110
204 あいねず 藍鼠 111
205 あお 青 112
206 てつなんど 鉄納戸 112
207 かちがえし 褐返し 113
208 わすれなぐさいろ 勿忘草色 113
209 あまいろ 天色 114
210 あさはなだ 浅縹 114
211 うすはないろ 薄花色 114
212 つゆくさいろ 露草色 115
213 はなだいろ 縹色・花田色 116
214 あいいろ 藍色 116
215 こいあい 濃藍 117
216 うすはなざくら 薄花桜 118
217 そうしねず 想思鼠 118
218 うすぐんじょう 薄群青 118

219 かきつばたいろ　杜若色・燕子花色　119
220 はないろ　花色　119
221 るりいろ　瑠璃色　120
222 ぐんじょういろ　群青色　120
223 るりこん　瑠璃紺　121
224 せいらん　青藍　122
225 あいさびいろ　藍錆色　122
226 こんじょう　紺青　123
227 あおかち　青褐　123
228 こんいろ　紺色　124
229 かちいろ　褐色・搗色・勝色　124
230 あいてついろ　藍鉄色　125
231 てつこん　鉄紺　125

青紫系の色

232 ふじいろ　藤色　126
233 ふじむらさき　藤紫　126
234 おうちいろ　楝色・樗色　127
235 ふじなんど　藤納戸　127
236 しおんいろ　紫苑色　128
237 すみれいろ　菫色　128
238 はとばいろ　鳩羽色　129
239 あおむらさき　青紫　130
240 ききょういろ　桔梗色　130
241 はなむらさき　花紫　131
242 こんあい　紺藍　131

紫系の色

243 しょうぶいろ　菖蒲色　131
244 にせむらさき　似紫　132
245 えどむらさき　江戸紫　132
246 ふたあい　二藍　133
247 うすいろ　薄色　134
248 むらさき　紫　134
249 きょうむらさき　京紫　135
250 こだいむらさき　古代紫　136
251 なすこん　茄子紺　136
252 しこん　紫紺・紫根　137
253 あやめいろ　菖蒲色　137
254 こうし　紅紫　138
255 けしむらさき　滅紫　138

赤紫系の色

256 せきちくいろ　石竹色　139
257 なでしこいろ　撫子色　139
258 はいあかむらさき　灰赤紫　139
259 あかむらさき　赤紫　140
260 ぼたんいろ　牡丹色　140
261 えびぞめ　葡萄染　141
262 ぶどうねずみ　葡萄鼠　142
263 あんこうしょく　暗紅色・殷紅色　142

白・灰・黒系の色

264 しろ　白　143
265 きなりいろ　生成色　143
266 ごふんいろ　胡粉色　144
267 ぞうげいろ　象牙色　144
268 かいはくしょく　灰白色　145
269 ふかがわねずみ　深川鼠　146
270 うすにびいろ　薄鈍色　146
271 ぎんねず　銀鼠　146
272 うすねず　薄鼠　147
273 ちゃねずみ　茶鼠　148
274 うすずみいろ　薄墨色　148
275 ねずみいろ　鼠色　149
276 やまばといろ　山鳩色　150
277 りきゅうねずみ　利休鼠　150
278 なまりいろ　鉛色　151
279 はいいろ　灰色　152
280 あおにび　青鈍　152
281 にびいろ　鈍色　153
282 さびねず　錆鼠　154
283 すすたけいろ　煤竹色　154
284 こいねず　濃鼠　155
285 せんさいちゃ　仙斎茶・千歳茶　155
286 けんぼういろ　憲法色　156
287 くろつるばみ　黒橡　156
288 けしずみいろ　消炭色　157
289 くろちゃ　黒茶　157
290 あかずみ　赤墨　158
291 あおずみ　青墨　158
292 すみいろ　墨色　158
293 ろういろ　蠟色・呂色　159
294 しこくしょく　紫黒色　160
295 くろ　黒　160
296 てつぐろ　鉄黒　161
297 しっこく　漆黒　161
298 あんこくしょく　暗黒色　162

金色・銀色

299 きんいろ　金色　162
300 ぎんいろ　銀色　163

外来語色名

赤系の色

301 ローズピンク　rose pink　164
302 ドーンピンク　dawn pink　164
303 ブーゲンビリア　bougainvillaea　165
304 ローズレッド　rose red　165
305 ルビーレッド　ruby red　165
306 コチニールレッド　cochineal red　166
307 ローズマダー　rose madder　166
308 ラズベリー　raspberry　167
309 ワインレッド　wine red　167
310 バーガンディー　burgundy　167
311 ベビーピンク　baby pink　168
312 コーラルレッド　coral red　168
313 ピンク　pink　168
314 ベゴニア　begonia　169
315 シュリンプピンク　shrimp pink　169
316 オールドローズ　old rose　170
317 ローズ　rose　170
318 ポピーレッド　poppy red　171
319 レッド　red　171
320 トマトレッド　tomato red　171
321 シグナルレッド　signal red　172

322 ストロベリー strawberry 172
323 カーマイン carmine 172
324 チェリー cherry 173
325 ゼラニウムレッド geranium red 173
326 マホガニー mahogany 173
327 マルーン maroon 174
328 ボルドー bordeaux 174
329 サーモンピンク salmon pink 174
330 フラミンゴ flamingo 175
331 インディアンレッド Indian red 175
332 バーミリオン vermilion 175
333 スカーレット scarlet 176
334 ファイアーレッド fire red 176
335 テラコッタ terracotta 176
336 カージナルレッド cardinal red 177
337 ガーネット garnet 177

橙・茶系の色

338 シェルピンク shell pink 177
339 ネールピンク nail pink 178
340 チャイニーズレッド Chinese red 178
341 キャロットオレンジ carrot orange 178
342 バーントオレンジ burnt orange 179
343 チョコレート chocolate 179
344 バーントシェンナ burnt sienna 180
345 フレッシュ flesh 180
346 ピーチ peach 180
347 アプリコット apricot 181
348 オレンジ orange 181
349 ローシェンナ raw sienna 182
350 タン tan 182
351 コーヒーブラウン coffee brown 182
352 バンダイクブラウン Vandyke brown 183
353 ラセットブラウン russet brown 183
354 ヘンナ henna 183
355 ココアブラウン cocoa brown 184
356 ブラウン brown 184

黄系の色

357 エクルベージュ ecru beige 184
358 マリーゴールド marigold 185
359 マンダリンオレンジ mandarin orange 185
360 ゴールデンイエロー golden yellow 185
361 シャンパン champagne 186
362 ベージュ beige 186
363 パンプキン pumpkin 187
364 バフ buff 187
365 ビスケット biscuit 187
366 イエローオーカー yellow ochre 188
367 アンバー amber 188
368 ヘーゼルブラウン hazel brown 188
369 コルク cork 189
370 キャメル camel 189
371 トパーズ topaz 189
372 シナモン cinnamon 190
373 カーキー khaki 190
374 フォーン fawn 191
375 ブロンズ bronze 191
376 チェスナットブラウン chestnut brown 191
377 バーントアンバー burnt umber 192
378 セピア sepia 192
379 イエロー yellow 193
380 クリームイエロー cream yellow 193
381 ジョンブリアン jaune brillant 194
382 クロムイエロー chrome yellow 194
383 サフランイエロー saffron yellow 194
384 メイズ maize 195
385 ネープルスイエロー Naples yellow 195
386 レグホーン leghorn 196
387 ブロンド blond, blonde 196
388 ストローイエロー straw yellow 197
389 バンブー bamboo 197
390 マスタード mustard 197
391 ハニー honey 198
392 ローアンバー raw umber 198
393 カドミウムイエロー cadmium yellow 199
394 カナリーイエロー canary yellow 199
395 サルファーイエロー sulphur yellow 199
396 レモンイエロー lemon yellow 200
397 オリーブドラブ olive drab 201
398 オリーブ olive 201

黄緑系の色

399 シャルトルーズイエロー chartreuse yellow 202
400 シャルトルーズグリーン chartreuse green 202
401 リーフグリーン leaf green 202
402 グラスグリーン grass green 203
403 エルムグリーン elm green 203
404 オリーブグリーン olive green 203
405 シーグリーン sea green 204
406 ピーグリーン pea green 204
407 アイビーグリーン ivy green 204
408 モスグリーン moss green 205

緑系の色

409 アップルグリーン apple green 205
410 ピスタシオグリーン pistachio green 205
411 セラドン celadon 206
412 セージグリーン sage green 206
413 オパールグリーン opal green 206
414 ミントグリーン mint green 207
415 コバルトグリーン cobalt green 207
416 エメラルドグリーン emerald green 208

417 グリーン green 208
418 マラカイトグリーン malachite green 209
419 クロムグリーン chrome green 209
420 ハンターグリーン hunter green 210
421 エバーグリーン evergreen 210
422 ボトルグリーン bottle green 210
423 スプルース spruce 211
424 アイスグリーン ice green 211
425 ジェードグリーン jade green 211
426 フォレストグリーン forest green 212
427 ビリジアン viridian 212
428 ビリヤードグリーン billiard green 212

青緑系の色

429 ナイルブルー Nile blue 213
430 ピーコックグリーン peacock green 213
431 ピーコックブルー peacock blue 213

青系の色

432 ターコイズブルー turquoise blue 214
433 マリンブルー marine blue 214
434 スカイブルー sky blue 214
435 ベビーブルー baby blue 215
436 ホリゾンブルー horizon blue 215
437 シアン cyan 215
438 セルリアンブルー cerulean blue 216
439 アクアマリン aquamarine 216
440 ダックブルー duck blue 216
441 ライトブルー light blue 217
442 フォーゲットミーノット forget-me-not 217
443 サックスブルー saxe blue 217
444 ブルー blue 218
445 コバルトブルー cobalt blue 218
446 インジゴ indigo 219
447 ヒヤシンス hyacinth 220
448 フォグブルー fog blue 220
449 ウルトラマリンブルー ultramarine blue 220
450 ラピスラズリ lapis lazuli 221
451 スマルト smalt 221
452 ロイヤルブルー royal blue 222
453 オリエンタルブルー oriental blue 222
454 アイアンブルー iron blue 222
455 プルシャンブルー Prussian blue 223
456 サファイアブルー sapphire blue 223
457 ネービーブルー navy blue 224
458 ミッドナイトブルー midnight blue 224

青紫系の色

459 ウィスタリア wistaria 224
460 ヘリオトロープ heliotrope 225
461 バイオレット violet 225
462 ベルフラワー bellflower 225
463 パンジー pansy 226

紫系の色

464 クロッカス crocus 226
465 ラベンダー lavender 226
466 モーブ mauve 227
467 ライラック lilac 227
468 オーキッド orchid 227
469 パープル purple 228
470 アメジスト amethyst 228

赤紫系の色

471 シクラメンピンク cyclamen pink 228
472 チェリーピンク cherry pink 229
473 マゼンタ magenta 229
474 フクシアパープル fuchsia purple 230
475 クリムソン crimson 230
476 チリアンパープル Tyrian purple 231

白・灰・黒系の色

477 ホワイト white 231
478 スノーホワイト snow white 231
479 ミルキーホワイト milky white 232
480 パールホワイト pearl white 232
481 アイボリー ivory 233
482 オイスターホワイト oyster white 233
483 パーチメント parchment 234
484 スカイグレー sky grey 234
485 パールグレー pearl grey 234
486 シルバーグレー silver grey 235
487 モスグレー moss grey 235
488 アッシュグレー ash grey 235
489 ローズグレー rose grey 236
490 ダブグレー dove grey 236
491 グレー grey, gray 236
492 スチールグレー steel grey 237
493 トープ taupe 237
494 ガンメタルグレー gunmetal grey 238
495 スレートグレー slate grey 238
496 チャコールグレー charcoal grey 239
497 エボニー ebony 239
498 アイボリーブラック ivory black 240
499 ランプブラック lamp black 240
500 ブラック black 240

色の表わし方

1、色名と表色系

インターナショナル・クライン・ブルーと呼ばれる色があります。ヌーヴォー・レアリスムの代表的画家イブ・クライン（1928～62）が青一色の作品を発表し、人々を魅了した色です。私が表現するとすれば、燃えるように鮮やかで深みのあるブルーですと言うでしょう。しかし、作品を見たことがない人にとってどんなブルーであるか伝わるでしょうか。感性で捉える色彩を理性的に表現する難しさがここにあります。

そこに登場するのが色名です。多くの場合、よく目にし、変動の少ない色をもつ物の名を借りて色名とするものです。慣用色名とも呼ばれます。今では色名のみで使われ語源が忘れられがちな白、黒、赤、青、黄などの色名もあります。しかし、一層正確に色を伝えるためには、色名では不十分です。そこで登場するのが色の物差しでもある表色系です。体系的に組み立てられ物理的な計測との関連が定かであり、全領域の色を客観的に表現できる三次元の構造をもつ色の表現法を指します。マンセル表色系はそのひとつです。

2、和色名と外来語色名

本書では漢字とひらがなで表わされる和色名とカタカナで表わされる外来語色名とに分けています。レッドは赤と訳され日本では同じ色として扱われるケースが多いため、同じマンセル値が中心値として指定されています。しかし、青とブルーは別々のマンセル値になっています。これは日本人が青と呼んでいる色と英米人がブルーと呼ぶ色は微妙にずれているらしいと考えられるところから差が生じました。

カタカナの外来語色名にかなりのウエイトを置いたのは、新しい商品の色名などがほとんどカタカナの色名で表わされている時代性に起因しています。外来語色名はこれから益々多くなるでしょう。それに伴い青とブルーの中心値が共通化していくかもしれません。

3、マンセル表色系

アメリカの美術教師で画家のA.H.マンセル（1858～1918）が創ったマンセル表色系は色という心理量を人の感覚に忠実に尺度化したものです。物理的な測色値と人のもつ色に対する感度を組み合わせたXYZ表色系との相関性が成立していることもあり、アメリカと日本を中心に国際的に使われています。色相、明度、彩度の三属性を組み合わせて一つの色を表わします。

色相は、色みを表わし、赤・黄・緑・青・紫を基本色相として、その中間に黄赤・黄緑・青緑・青紫・赤紫を配して一〇色相にし、更に各色相に1～10の数字を付けて一〇〇色相とした色相環の形をとります。

マンセル色相環

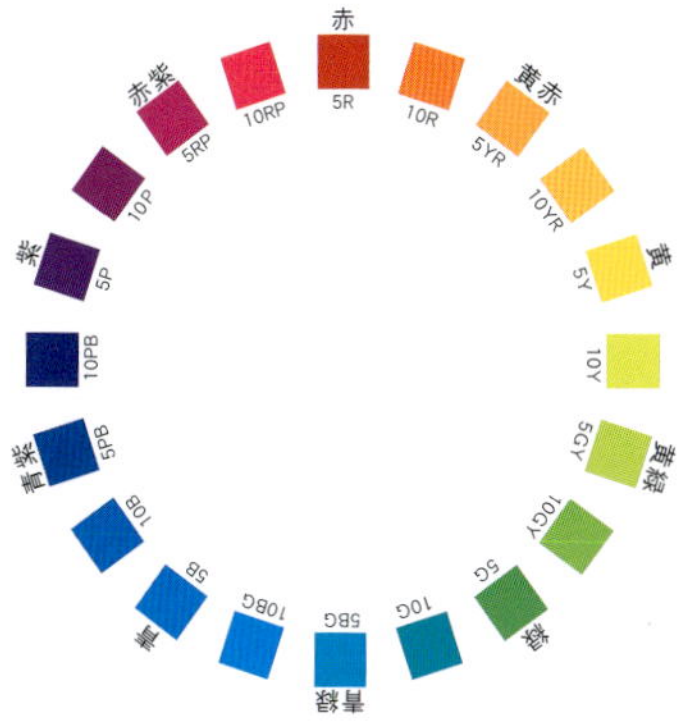

明度は色の明るさを示す数値で、完全反射の白を10とし、完全吸収の黒を0とします。

彩度は色の鮮やかさを示す数値で、白・灰色・黒の無彩色を0とし、鮮やかさが増えるごとに数値が増します。

色相・明度・彩度共に人の眼でほぼ等間隔に感じるように数値化されているのが特徴です。

マンセル表色系の構造

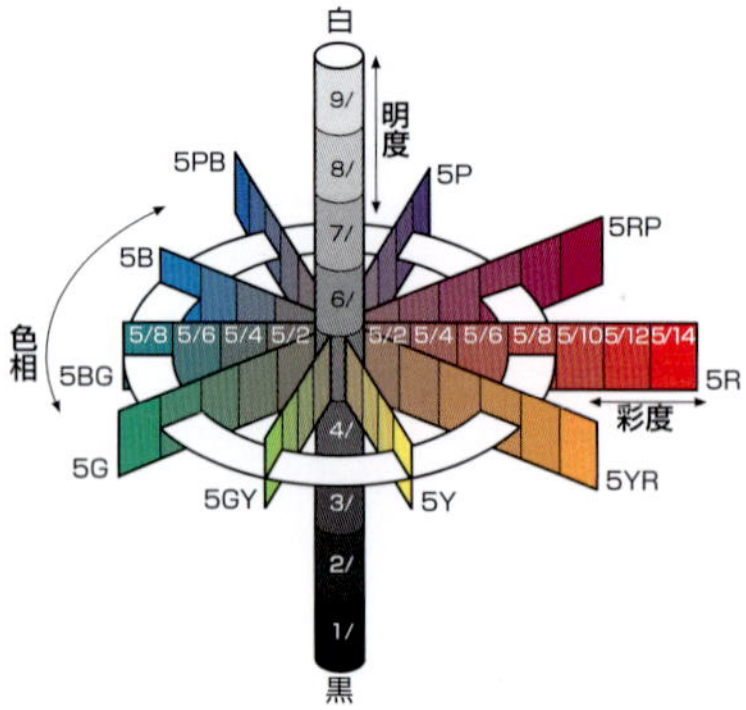

4、系統色名

ＪＩＳ規格の「物体色の色名」に物の色を体系的に表現するための方法として系統色名のシステムが決められています。

マンセル値を使って区分されており、色相分類と、明度と彩度を複合した色調分類を組合わせたものです。無彩色は明度により六色の、色みを帯びた無彩色は一四の色相に分けて六段階八四色の系統色名ができます。有彩色は二〇の色相に分類した上で、一三の色調の修飾語を組合わせて二六〇色の系統色名ができます。それぞれはマンセル値による範囲で色を客観化できるシステムとなり、記号化も可能です。

5、印刷による色再現

カラー印刷は、シアン（C・藍）・マゼンタ（M・紅）・イエロー（Y・黄）・ブラック（K・墨）の四色の印刷インキで印刷されるのが一般的です。その各色の刷り重ねに使われた網点面積によって色を表わすことができます。

本書では有彩色二色とブラックの組み合せで印刷しました。紙の白地との組み合せで白黒藍紅、白黒藍黄、白黒紅黄の三つの立体ができ、その中の一点で色特定します。唯、四色を使うプロセス印刷では、インキの色の鮮やかさの不足からくる制約で表現できない色の範囲があり、またインキの付着量の変動もあり、この本では表示されたマンセル値に近い色が印刷できていない色が、特に明るく鮮やかな色に多くありますので、了解した上でご覧ください。

〈永田泰弘〉

プロセス印刷の４原色

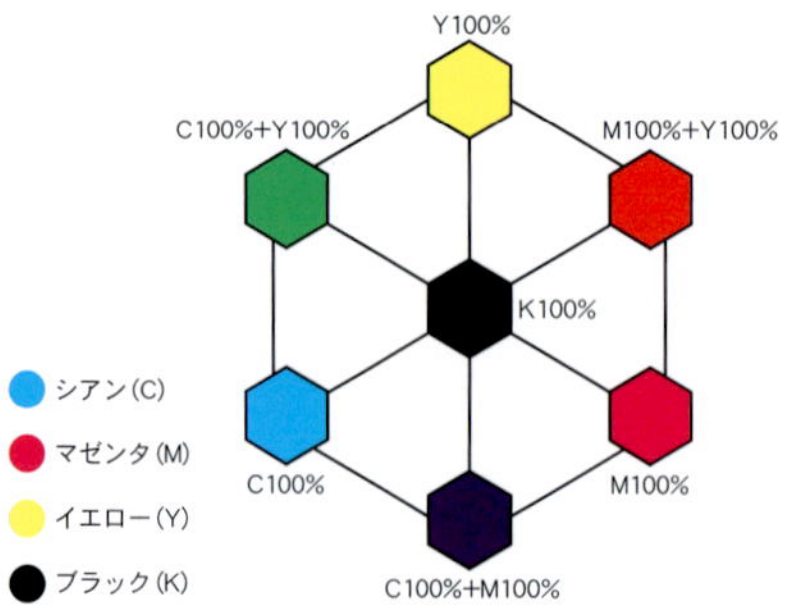

利用のてびき

■色名番号と色名

①　色名番号は便宜的な通し番号である。

②　色名は、和色名の部はひらがなで、外来語色名の部はカタカナで示した。

③　色名は、「うぐいす」または「うぐいすいろ」と、「…いろ」をつけたりつけなかったりするが、ほぼ慣用にしたがった。

■和色名の漢字表記または外来語色名の欧文表記

■色名の解説

■文献例

1　書名、成立年または刊行年、近代以降の作品では作者名を示したあとに、文章を掲げた。原文がかな書きでも、意味をそこなわない範囲で漢字を当てたものもある。

2　漢字の読みは、原文につけられているものを尊重したが、読みやすさのために編集部が補ったものもある。

3　見出し色名に当たる部分はゴチック体で示した。外来語色名などで、原文に当てた読みが見出し色名の場合は、その読みをゴチック体にした。

29

しゅいろ

JIS

朱色

6R 5.5 / 14　　C0 M85 Y100 K0

硫化水銀を主成分とする黄色みを帯びた赤色の顔料。また、それから製する絵の具やその色。朱肉の色。クレヨンおよびパスの色名。▽あざやかな黄みの赤。[vv-yR] ▼天然には辰砂（中国辰州産の砂）から製する。

＊続日本紀・天平宝字六年（762）正月丁未「碧地者以ㇾ朱、赤地者以ㇾ黄、黄地者以ㇾ朱、白地者以ㇾ黒、黒地者以ㇾ白。毎㆓四千五十具㆒成㆓一行之色㆒」

■ＪＩＳの表示

ＪＩＳ慣用色名に挙げてあるものはJISの表示を付した。

■ＣＭＹＫによる表示

ブラック

イエロー

マゼンタ

シアン

■三属性による表示

彩度

明度

色相

■系統色名とその略記号

■補助注記

1　見出し色名に関するさまざまな情報をここに掲げた。

2　関連するが形の異なる色名を示す場合や、意味が発展して使われる場合など、補助注記内で扱いにくいものは文献例の後ろに《参　考》の欄を設けた。

系統色名の略記号一覧

b	bluish	青みの
B	blue	青
BG	blue green	青緑
Bk	black	黒
dg	dark greyish	暗い灰みの
dk	dark	暗い
dl	dull	くすんだ
dp	deep	こい
g	greenish	緑みの
G	green	緑
Gy	grey, gray	灰色
lg	light greyish	明るい灰みの
lt	light	明るい
md	medium	中位の
mg	medium greyish	灰みの
O	orange = YR	黄赤
p	purplish	紫みの
P	purple	紫
PB	purple blue	青紫
pl	pale	うすい
r	reddish	赤みの
R	red	赤
RP	red purple	赤紫
sf	soft	やわらかい
st	strong	つよい
V	violet = PB	青紫
vd	very dark	ごく暗い
vp	very pale	ごくうすい
vv	vivid	あざやかな
Wt	white	白
y	yellowish	黄みの
Y	yellow	黄
YG	yellow green	黄緑
YR	yellow red	黄赤

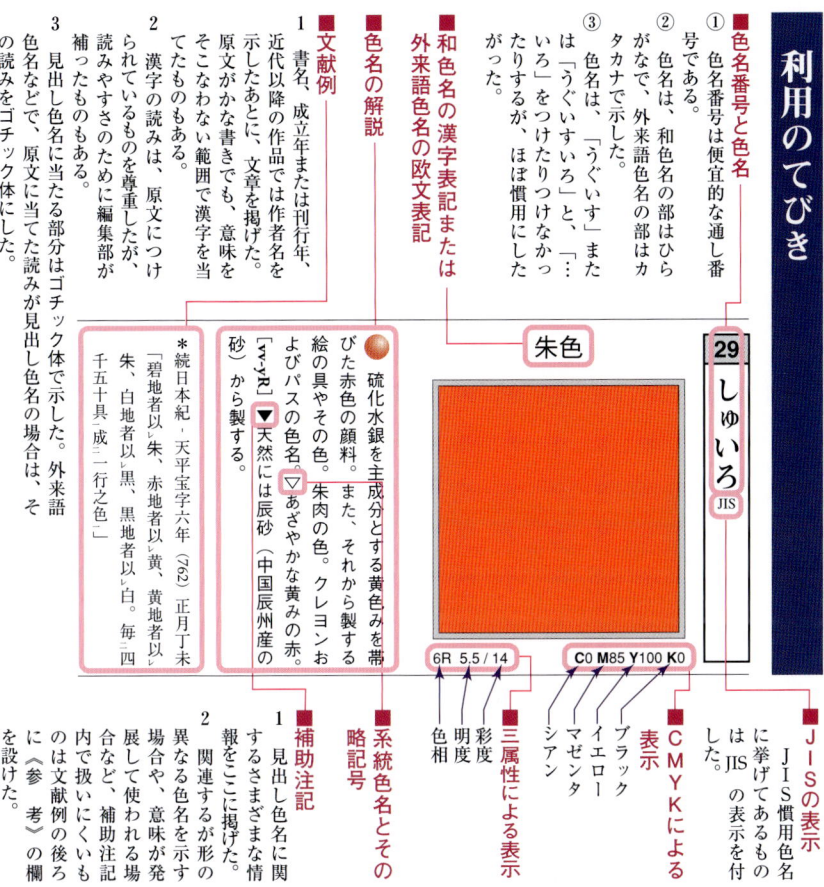

和色名

■**和色名**

漢字、ひらがなで表わされる日本の色名で、
伝統色から新しい色名までを含む
慣用的な色名。

1

うすいろ

薄色

7.5RP 9 / 4.5 　**C**0 **M**10 **Y**3 **K**0

●ベニバナ（紅花）で染めた薄い色。▽うすい紫みの赤。［**pl-pR**］▼①普通、単に薄色といえば薄い紫をさすが、赤系のこの色をもいう。→**247**うすいろ(薄色)。②ベニバナは、キク科の一年草。広く温帯地方に分布し、日本でも山形県などで栽培されている。夏、枝先にアザミに似た紅黄色の頭花が咲く。古くから、花から黄色や紅色などの染料を作ってきた。

2

さくらいろ

JIS

桜色

10RP 9 / 2.5 　**C**0 **M**7 **Y**3 **K**0

●サクラ（桜）の花びらのような色。やや紫みの薄い紅色。顔や肌などのほんのりと赤みを帯びた色などにもいう。▽ごくうすい紫みの赤。［**vp-pR**］

*古今（905-914）春上・六六「さくら色に衣はふかくそめてきん花のちりなん後のかたみに〈紀有朋〉」

*新古今（1205）春下・一三四「桜色の庭の春かぜ跡もなしとはばぞ人の雪とだにみん〈藤原定家〉」

*浮世草子・好色一代男（1682）三・一「当世女は、丸顔桜色（さくらいろ）、万事目ずきにと」

*浄瑠璃・五十年忌歌念仏（1709）下「黒目がち成目の中に鼻筋とほってさくら色」

*俳諧・滑稽雑談（1713）三月「桜貝〈略〉『桜貝』と称する者一種侍り、至てちいさき桜色したる貝也」

*滑稽本・和合人（1823-44）四・上「ソレ酒を呑めば目の淵がほんのりと桜色になるはサ」

*都新聞‐明治三八年（1905）八月一六日「何処よりか飛び来りしか、幾十万とも数知れぬ翅の桜色の小さき白蝶ありて」

*蓼喰ふ虫（1928-29）〈谷崎潤一郎〉一〇「桜色の指先のつやつやしさは、あながち髪の油のせゐばかりではなからう」

*故旧忘れ得べき（1935-36）〈高見順〉九「女は桜色に塗った爪で、断髪を乱暴に掻き廻しながら」

*夢の浮橋（1970）〈倉橋由美子〉嵯峨野「二、三杯飲んでまぶたを桜色に染めた」

3 ときいろ

JIS

鴇色・朱鷺色

7RP 7.5 / 8　**C**0 **M**40 **Y**10 **K**0

トキ（鴇・朱鷺・桃花鳥）の風切羽や尾羽の色による名。▽明るい紫みの赤。**[lt-pR]** ▼トキは、全体の羽毛は白で、色名はその一部の色にちなむ。かつては日本各地に生息していたが、明治以降乱獲により激減。現在は新潟県佐渡のトキ保護センターで保護・管理されている。

*蛮語箋（1798）「正銀紅　トキイロ」

*随筆・続浮世絵類考（1833）吾妻錦絵の考「天明、寛政の比、こんにゃく本とて、すきかへしのとき色の薄紙表紙を付、半紙ずりにて、袋入にしたる草双紙ありし」

*小学読本（1874）〈榊原・那珂・稲垣〉三「其翅の裏淡紅なるは、朱鷺なり、さぎと称へずといへとも、是亦一類なり、俗に鴇色（ときいろ）といふは、此色より起れるなり」

*浮雲（1887-89）〈二葉亭四迷〉二・七「帯上はアレハ時色（ときいろ）縮緬、統括めて云へばまづ上品なこしらへ」

*不如帰（1898-99）〈徳富蘆花〉上・三・一「浪子は〈略〉桃紅色（ときいろ）の手巾（ハンケチ）にて二つ三つ膝のあたりを掃ひながら」

*青春（1905-06）〈小栗風葉〉夏・八「薔薇色（ばらいろ）の山際から東の天（そら）は淡く朱鷺色（ときいろ）に明け放れて」

*虞美人草（1907）〈夏目漱石〉一〇「鴇色（ときいろ）に銀の雨を刺す針差を裏に」

*下足番（1955）〈井伏鱒二〉「年増の女中は着物の裾を端折って、とき色の裾よけを大胆に見せながら足袋をぬぎとった」

4 うめねず

梅鼠

7.5RP 6 / 2.5　**C**0 **M**30 **Y**4 **K**30

紅梅の花のような赤みを帯びた鼠色。▽灰みの紫みを帯びた赤。［**mg-pR**］▼梅染といい、梅の樹皮を使う草木染の赤茶色を灰みによせたもの。

5 つつじいろ

JIS

躑躅色

7RP 5 / 13　**C**0 **M**80 **Y**3 **K**0

赤いツツジ（躑躅）の花のような色。▽あざやかな紫みの赤。［**vv-pR**］▼ツツジは、ツツジ科ツツジ属の常緑、または落葉低木。北半球の温帯などに広く分布して約五〇〇種あり、古くから庭園に栽培され、園芸品種も非常に多い。春から夏にかけ、枝先に小柄のある先が五裂した漏斗状の花が数個集まって咲く。花色には赤、ピンク、白などがあるが、そのうち赤系の花の色にちなむ色名。

6 いまよういろ

今様色

10RP 5 / 10　**C**0 **M**75 **Y**35 **K**20

当世流行のベニバナ（紅花）で染めた色の意で、平安時代に用いられた。一説に、紅梅の濃い色とも。▽つよい紫みの赤。［**st-pR**］

＊宇津保（970-999頃）蔵開上「八の宮はあさぎの直衣、指貫、いまやう色の御ぞ、桜がさね奉りて」

＊源氏（1001-14頃）末摘花「いまやういろの、えゆるすまじく艶（つや）なう古めきたる直衣の、裏表（うらうへ）ひとし

うこまやかなる、いとなほなほしう、つまづまぞ見えたる」

＊河海抄（1362頃）三「聴色　今様色共紅色也〈見延喜式〉。しかればゆるし色同物歟。紅にならべてはゆるし色といひ、紅に訓ずる時は今様色といふ也」

＊花鳥余情（1472）四「いまやう色とは紅梅のこきを云なり。たとへばこき紅にもあらず、又こうばいにもあらぬはしたの色にて此頃いできたる色なればいまやう色とはいへり。大略ゆるし色とおなじきなり」

＊装束抄（1577頃）「衣色〈略〉今様色〈濃紅梅〉」

いまよういろ

7 いちごいろ

苺色

10RP 4 / 10　**C**0 **M**70 **Y**35 **K**30

イチゴ（苺・莓）の実の色による名。▽つよい紫みの赤。**[st-pR]** ▼いわゆる「ストロベリー（strawberry）」と呼ばれるものは、もう少し赤が強い。↓322 ストロベリー

＊蛙（1938）〈草野心平〉祈りの歌「その頸は横転逆転し切り口の苺色がみえたり眼玉がとびだしたり暗くなったり」

8 こきいろ

濃色

7.5RP 3.5 / 2.5　**C**0 **M**40 **Y**10 **K**70

濃い紫色。▽暗い灰みの紫みを帯びた赤。**[dg-pR]** ▼濃い紅色をいうこともある。

＊玉葉-治承三年（1179）一一月五日「彼度被ㇾ下二濃色御衣一、依二幼主一歟、今紅色也」

＊山家集（12C後）下「紅にあらぬ袂のこき色は焦がれて物をおもふなりけり」

＊名目鈔（1457頃）衣服「濃色　十五未満用ㇾ之。ふしかね染也」

9 えびいろ

海老色・蝦色・葡萄色

10RP 3 / 5.5　**C**0 **M**80 **Y**40 **K**70

● イセエビ（伊勢海老）の甲羅の色にちなむ色名。▽暗い紫みの赤。[**dk-pR**]

▼「えびいろ（葡萄色）」は、エビカズラ（葡萄葛）の熟した実の色による色名で、紫みの強い色であった。近代以降エビ（海老）にちなむ色名と混同されるようになった。→261 えびぞめ（葡萄染）

＊装束集成（1754頃か）七・狩衣色目「蒲萄色　西三条装束抄云、永享元年九月二十七日、普広院将軍、若宮祭礼ノ日、山科宰相、蒲萄色ノ狩衣、織色指貫」

＊随筆・守貞漫稿（1837-53）一五「古は葡萄色をゑびいろと訓ず、紫に近き色也」

＊妹脊貝（1889）〈巌谷小波〉春「海老色（えびいろ）の鼻緒の着いた駒下駄を穿いて居た」

＊己が罪（1899-1900）〈菊池幽芳〉前・一「桃割の髪に海老色の袴したるが」

＊青春（1905-06）〈小栗風葉〉夏・一「海老色の鉢巻に大学の徽章の附いた夏帽子を冠って、秩父縞の単衣（ひとへ）に袴を着けた一人の学生」

＊鳥影（1908）〈石川啄木〉二・三「葡萄色（えびいろ）の緒の、穿き減した低い日和下駄」

＊あめりか物語（1908）〈永井荷風〉夜の女「敷物も壁も黒みがかった海老色（えびいろ）を用ひ」

＊少年（1911）〈谷崎潤一郎〉「中央に吊るされた大ラムプの、五色のレンズで飾られた蝦色の傘の影が」

10 はいざくら

灰桜

5R 7.5 / 2　**C**0 **M**10 **Y**10 **K**10

● 灰色がかった桜色。▽明るい灰みの赤。[**lg-R**]

11

さんごいろ

JIS

珊瑚色

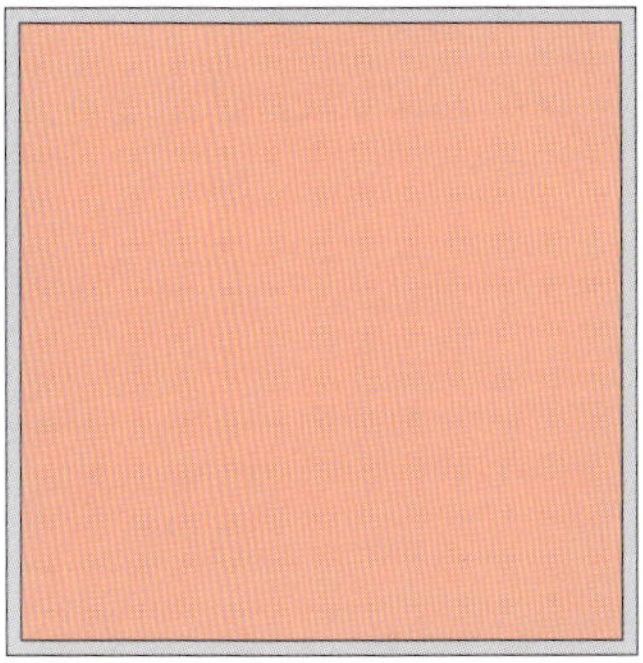

2.5R 7 / 11　　**C**0 **M**42 **Y**28 **K**0

サンゴ（珊瑚）のうち、アカサンゴの骨軸のような明るい赤い色。▽明るい赤。**[lt-R]**

＊内地雑居未来之夢〔1886〕〈坪内逍遙〉一二「匂やかなる花の顔、珊瑚色（さんごいろ）なす唇は」

＊星座〔1922〕〈有島武郎〉「つつましく左手を畳についたその手の指先きがしなやかに反って珊瑚色に充血してゐた」

12

たいこう

退紅・褪紅

5R 7 / 5　　**C**0 **M**30 **Y**20 **K**10

ベニバナ（紅花）で染めた薄い紅色の名。▽やわらかい赤。**[sf-R]** ▼①一般には、「薄紅（うすくれない）」よりくすんだ色をいう。②「退紅」は紅を減ずるの意で、紅の色を洗いおとしたような色ということか。「新撰字鏡（898-901頃）」に「退紅　洗曾女」、「延喜式（927）一四・縫殿寮」に「退紅（あらそめ）帛一疋。紅花小八両。酢一合。藁半囲。薪卅斤」とある。

＊江家次第〔1111頃〕一九・臨時競馬「左退紅布袍　是、近衛常袍也」

＊古今著聞集〔1254〕九・三四六「前の方は、退紅の狩衣をぞ着たりけり」

＊青年〔1910-11〕〈森鷗外〉一五「退紅色（たいこうしょく）の粗い形の布団を掛けた置炬燵を脇へ押し遣って、桐の円火鉢（まるひばち）の火を掻き起して、座敷の真ん中に鋪（し）いてある〈略〉紫縮緬の座布団の前に出した」

＊東京年中行事〔1911〕〈若月紫蘭〉下・一一月暦・七五三の祝「色は近年流行するのは藤色系統で、〈略〉又褪紅色、褪朱色もなかなか流行して居る」

13 うすくれない

薄紅

4R 6.5 / 8.5　　C0 M50 Y30 K0

薄い紅色。▽やわらかい赤。[sf-R]

*出観集 (1170-75頃) 春「梅花うすくれなゐのしたかきをむらむらそむる春霞かな」

*山家集 (12C後) 上「類ひなき思ひいではの桜かなうすくれなゐの花のにほひは」

*太平記 (14C後) 一三・藤房卿遁世事「袖単(ひとへ)白くしたる薄紅(うすくれなゐ)の袍(うはきぬ)に、白袴を著し」

*花鳥余情 (1472) 一二「河海に黄なるゆるし色とのせられたるかならずしも黄がちなるべからず。ただゆるし色はうすくれなゐと心得べきなり」

*女官飾鈔 (1481頃)「春冬のきぬの色々〈略〉くれなゐつつじ〈おもてすわううらうすくれなゐ〉」

*日葡辞書 (1603-04)「Vsugurenai (ウスグレナイ)」

*俳諧・青蘿発句集 (1797) 秋「秋の日やうすくれなゐのむら尾花」

*社会百面相 (1902)〈内田魯庵〉電影・六「眼の下に薄紅(うすくれなゐ)を散らして較(や)や面羞(おもはゆ)げに」

*良人の自白 (1904-06)〈木下尚江〉続・四・六「お玉の面(おもて)は淡紅(うすくれなゐ)に輝いた」

*文鳥 (1908)〈夏目漱石〉「細長い薄紅(うすくれなゐ)の端に真珠を削った様な爪が着いて、手頃な留り木を甘(うま)く抱へ込んでゐる」

14 ももいろ

JIS

桃色

2.5R 6.5 / 8　　C0 M55 Y25 K0

モモ(桃)の花のような色。クレヨンおよびパスの色名。▽やわらかい赤。[sf-R]

*令義解 (718) 衣服・武官朝服条「衛士。皂縵頭巾。桃(もも)染衫。白布帯。白脛巾。草鞋。帯二横刀、弓箭若槍一」

*車屋本謡曲・草子洗小町 (1570頃か)「手先遮る花の一枝、もも色の衣や、かさぬらん」

*浮世草子・好色五人女 (1686) 二・三

「帷子は広袖に桃色（ももいろ）のうら付を取出せ」
＊滑稽本・浮世風呂（1809-13）三・下『そして三月のうちかけはヱ』『三月のかけは桃色（ももいろ）さ』」
＊めぐりあひ（1888-89）〈二葉亭四迷訳〉一「淡紅色（ももいろ）の顔や、低い帽子の下から、美しくこぼれ出た艶やかな黒髪」
＊歴世服飾考（1893）八「桃染（ももぞめ）〈略〉浅紅の事にて今猶桃色と称す。退紅（あらぞめ）の条参観すべし」
＊伊豆の踊子（1926）〈川端康成〉五「桃色の櫛で犬のむく毛を梳いてやってゐた」

《参　考》

①「桃色」と「ピンク」はごく近い色で、しばしば混同されるが語源を異にする。②性的な事柄にかかわることにもいう。
＊初稿・エロ事師たち（1963）〈野坂昭如〉二「六甲か有馬で、ドーンと桃色パーティ」

15 こうばいいろ

JIS

一般に、紅梅の花のような色。紫がかった紅色をいうこともある。クレヨン名およびパスの色名。▽やわらかい赤。[sf-R] ▼紅梅色の薄いものとして「薄紅梅」の色名もある。
＊枕（10C終）一八四・宮にはじめてまゐりたるころ「さし出でさせ給へる御手のはつかに見ゆるが、いみじうにほひたるうすこうばいなるは、かぎりなくめでたしと」

紅梅色

2.5R 6.5 / 7.5　**C**0 **M**48 **Y**25 **K**0

＊枕（10C終）二七八・関白殿二月廿一日に「御返しこうばいの薄様に書かせ給ふが、御衣の同じ色ににほひ通ひたる」
＊満佐須計装束抄（1184）三「こうばいばかまは、十六日のせちゑまでともきこえたり」
＊とはずがたり（14C前）三「大宮の院の御かたへ、こうはい、紫、はらは練貫にて琵琶、そめ物にて琴つくりてまゐる」
＊日葡辞書（1603-04）「Vsucôbai（ウスコウバイ）〈訳〉淡紅色」
＊浄瑠璃・狭夜衣鴛鴦剣翅（1739）二「又いま君がゆ上り見れば、かうばい色のことなるに」
＊軍用記（1761）三「紅梅威黄糸おどし」
＊俳諧・俳諧歳時記（1803）上・正月「梅の花衣〈略〉表濃紅裏紅梅これを梅かさねといふ」
＊浮雲（1887-89）〈二葉亭四迷〉一・四「日は既に万家の棟に没しても、尚ほ余残（なごり）の影を留めて、西の半天を薄紅梅に染（そめ）た」

16 からくれない

JIS

韓紅・唐紅

1.5R 5.5 / 13　**C**0 **M**80 **Y**45 **K**0

●舶来の紅の意から、その染め色の美しさを特に賞美していう名。▽あざやかな赤。[**vv-R**] ▼一般には紅色（べにいろ）と同じ。

*古今（905-914）秋下・二九四「ちはやぶる神世もきかずたつたがはから紅に水くくるとは〈在原業平〉」

*延喜式（927）一四・縫殿寮「韓紅花（からくれなひ）綾一疋。紅花大十斤。酢一斗。麸一斗。藁三囲。薪一百八十斤」

*天喜二年播磨守兼房歌合（1054）「君が代はからくれなゐの深き色に八千歳椿紅葉するまで」

*浄瑠璃・平家女護島（1719）三「ながす血塩のからくれない神代も聞ぬ女わざ」

*浄瑠璃・大塔宮曦鎧（1723）着到馬ぞろへ「夕日いざよふ唐紅（からくれない）の鞦を、芝打長に掛けなし」

*随筆・安斎随筆（1784頃）一五「韓紅〈略〉韓をもって称するは其の色の美なるをほめて此の国の物とは見えずと云ふ意なるべし」

*俳諧・八番日記-文政三年（1820）一一月「染汁やから紅の初氷」

*いさなとり（1891）〈幸田露伴〉六七「既（はや）海面（うみづら）は血になりて韓紅（からくれなゐ）の浪あさましく立狂ひ」

*夢十夜（1908）〈夏目漱石〉第一夜「しばらくすると又唐紅（からくれなゐ）の天道がのそりと上って来た」

17 ばらいろ

JIS

薔薇色

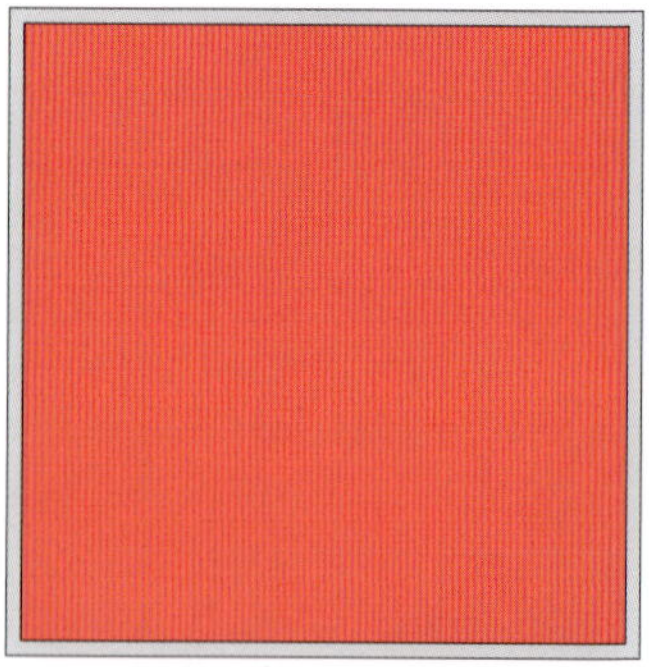

1R 5 / 13　**C**0 **M**82 **Y**42 **K**0

●赤系統のバラ（薔薇）の花の色による名。「薔薇」は、「しょうび」「そうび」とも読んだ。▽あざやかな赤。[**vv-R**]

*あひゞき（1888）〈二葉亭四迷訳〉「はしばしを連翹色に染めた、薔薇色の頸巻をまいて」

*初恋（1889）〈嵯峨之屋御室〉「其美しい薔薇色（ばらいろ）の頰を猫の額へ押当て」

*自然と人生（1900）〈徳富蘆花〉自然に対

する五分時・此頃の富士の曙「唯一抹、薔薇色（しょうびいろ）の光あり」
＊暗夜行路（1921-37）〈志賀直哉〉二・五「裏の松林の上に、大（おほき）なバラ色の月が出て居た」
＊ボッチチェリの扉（1961）〈森茉莉〉「紺と緑との中に暗い薔薇色の入った、荒いタアタン・チェックのスカアトをつけ」

《参　考》
①「薔薇色」は、西洋バラにちなむ色名で、日本古来の伝統色名ではない。②「薔薇色」は、明るい、希望に満ちた世界をたとえていうことが多い。
＊羽鳥千尋（1912）〈森鷗外〉「私は卒業式の日に県知事の前で答辞を読み、〈略〉未来を薔薇色（ばらいろ）に見てゐた」
＊男の遠吠え（1974-75）〈藤本義一〉査定「このすがすがしいカップルの将来には薔薇色の人生が約束されているように思えたものであった」

ばらいろ

18 ぎんしゅ

銀朱

5R 5 / 11　**C**0 **M**80 **Y**65 **K**0

水銀を焼いて製する赤色の顔料による色。硫化水銀を主成分とする顔料の銀朱は、多く、朱墨として用いる。▽つよい赤。**[st-R]**
＊江戸繁昌記（1832-36）三・書舗「故に細故に密、銀朱故に点し、鉛粉故に揩す。実に一旦夕の能く為る所にはあらざるなり」
＊薬品名彙（1873）伊藤謙〈Bisulphuret of mercury　重硫化汞即銀朱〉

19 はいあか

灰赤

5R 4.5 / 2　**C**0 **M**20 **Y**15 **K**60

灰色がかった赤。▽暗い灰みの赤。**[dg-R]**

20

べにいろ

JIS

紅色

3R 4/14　　**C**0 **M**100 **Y**65 **K**10

●ベニバナ（紅花）の花弁の色素から製した染料による色の名。▽あざやかな赤。［**vv-R**］

*光悦本謡曲・龍田（1470頃）「当社は紅色にめで給ふにより、紅葉を神木とあがめ参せ候」

*俳諧・百囀（1746）歌仙「白いつつじに紅のとび入〈芭蕉〉　陽炎の傘ほす側に燃にけり〈支考〉」

*洒落本・傾城買四十八手（1790）見ぬかれた手「へに一ぺんですった手まへぼりの大小を出し」

*雪中梅（1886）〈末広鉄腸〉上・三「紅色（べにいろ）の墨汁（インキ）あり」

*浮雲（1887-89）〈二葉亭四迷〉三・一八「微笑が口頭に浮び出て、頬さへいつしか紅（べに）を潮（さ）す」

*小公子（1890-92）〈若松賤子訳〉一〇「其静かな顔には、ぽっと紅色（べにいろ）がさして居て」

*坊っちゃん（1906）〈夏目漱石〉三「此手拭が湯に染った上へ、赤い縞が流れ出したので一寸見ると紅色（べにいろ）に見える」

*婦系図（1907）〈泉鏡花〉後・四「当時、女学校の廊下を、紅色（べにいろ）の緒のたった、襲裏（かさねうら）の上穿草履で」

《参　考》

「紅」は「くれない」とも読む。「くれない」は「呉（くれ）の藍（あい）」の変化した語で、呉国（中国）伝来の藍の意から。

*万葉（8C後）一九・四一九二「桃の花紅色（くれなゐいろ）に にほひたる面輪のうちに　青柳の　細き眉根を　笑みまがり〈大伴家持〉」

*枕（10C終）一一九・あはれなるもの「隆光が主殿（とのもり）の助には、青色の襖（あを）、くれなゐの衣、すりもどろかしたる水干といふ袴を着せて」

*大慈恩寺三蔵法師伝承徳三年点（1099）八「柳みどり桃紅（くれなゐ）にして、松青く霧みどりなり」

*仮名草子・恨の介（1609-17頃）上「くれなゐのちしほの袴を踏みしだへ」

*浄瑠璃・義経千本桜（1747）四「げに紅（くれなゐ）の旗印は衆徒にやつせど隠れなし」

*随筆・貞丈雑記（1784頃）三「くれなゐは赤き色也。うすくれなゐはもも色也」

*三高逍遙の歌（1906頃）（紅萌ゆる岡の花）〈沢村胡夷〉「紅萌ゆる岡の花　早緑（さみどり）匂ふ岸の色」

21

あか

JIS

● 緋（ひ）、紅（べに）、蘇芳（すおう）、朱色などの総称。血のような色や、靴、犬、毛などの赤みを帯びた茶色にもいう。「あけ」とも。光の三原色（赤・緑・青紫）の一つで、基本色名の一つ。また、クレヨンおよびパスの色名。▽あざやかな赤。［vv-R］

＊古事記（712）中「又宇陀の墨坂神に赤色の楯矛を祭り、又大坂神に墨色の楯矛を祭り」

赤

5R 4 / 14　　**C**0 **M**100 **Y**78 **K**0

＊書紀（720）大化三年是歳（北野本訓）「四に曰はく、錦冠。大小二階有り。〈略〉服の色は並びに真緋（あけ）を用ゐる」

＊万葉（8C後）三・二七〇「旅にしてもの恋しきにやまもとの赤（あけ）のそほ船沖に漕ぐ見ゆ〈高市黒人〉」

＊蜻蛉（974頃）下・天延二年「あかいろの扇」

＊源氏（1001-14頃）乙女「帝はあかいろの御衣たてまつれり。召ありて太政おとど参り給ふ。同じあかいろを着給へれば」

＊平家（13C前）六・横田河原合戦「信濃源氏、井上九郎光盛がはかり事に、にはかに赤旗を七流れつくり、三千余騎を七手にわかち、あそこの峰、ここの洞より、あかはたども手々にさしあげてよせければ」

＊法華経直談鈔（1546）「人を愛する眼は青く、人を悪む眼は赤なり」

＊小学読本（1884）〈若林虎三郎〉二「其の糸は白と赤と青と黄と紺と緑となり此の小女は此等の糸を用ゐて極めて美しき手毬を作らんとするなり」

＊邪宗門（1909）〈北原白秋〉魔睡・空に真赤な「空に真赤な雲のいろ。玻璃に真赤な酒のいろ。なんでこの身が悲しかろ」

＊唱歌・紅葉〈文部省唱歌〉（1911）「赤や黄色の色様々に、水の上にも織る錦」

《参　考》

①色名の「赤」は、「アカ・アケ（明）」を語源とするとされ、黒の「クロ（暗）」とともに、光の明暗を示す表現に由来するという。上代では「黄」をも包含した。②中古の染色の「赤色」は、黄櫨（はじ）の下染めに、茜（あかね）を灰汁媒染（あくばいせん）により混ぜた、黄色に赤みの加わった一種の暗調を帯びた色で、禁色の一つとして、臣下は使用することが許されなかった。③社会主義革命のシンボル「赤旗」から、共産主義やそれらの急進派のことを「赤」という。英語「レッド（red）」に相当する。

22 えんじ JIS

臙脂・燕脂

4R 4/11　C0 M80 Y52 K30

生臙脂（しょうえんじ）などの染料や、赤や青を混ぜた絵の具などによる色。クレヨンおよびパスの色名。▽つよい赤。［st-R］▼①生臙脂は、近世に中国から渡来した鮮紅色の染料。綿にしませて乾かしたもので、湯にひたしてその汁をしぼって使用した。ペルシア・インド地方に産するコックスラッカという小虫の寄生した樹脂スチックラックより採る。②生臙脂の伝来以前は、鉱物性、または植物性の染料であったと思われる。「和名抄」には、「燕支　西河旧事云焉支山出丹」とあり、顔料を産出する山の名によると考えられていた。

＊本朝文粋（1060頃）一・男女婚姻賦〈大江朝綱〉「夜月幽処、頭二輝輝之身一。占二魏柳於黛一、点二燕脂於脣一」

＊翰林葫蘆集（1518頃）四・題軸「一樹山茶丹上レ枝。有レ梅和レ露抹二臙脂一」

＊みだれ髪（1901）〈与謝野晶子〉臙脂紫「臙脂色（ゑんじいろ）は誰にかたらむ血のゆらぎ春のおもひのさかりの命」

＊浅草紅団（1930）〈川端康成〉赤帯会・四一「臙脂色（えんじいろ）の一重帯がえらい勢で流行した夏を」

＊真理の春（1930）〈細田民樹〉手形の手品師・一二「天井の壁も、彫りの荒いぐるりの凝灰岩も、一様に淡い臙脂（えんじ）で塗ってあるので」

＊剣ヶ崎（1965）〈立原正秋〉七「季節が移り、白や赤や臙脂色のコスモスの花がむらがり咲く日を想像した」

23 すおう JIS

蘇芳・蘇方・蘇枋

4R 4/7　C0 M75 Y50 K45

スオウ（蘇芳）の樹皮、材に含まれる色素ブラジレインを灰汁媒染により発色、染色した色。▽くすんだ赤。［dl-R］▼①明礬（みょうばん）を媒染とするとあざやかな赤になり、紫みの蘇芳と区別して「赤蘇芳」と呼ぶ。②律令制では、紫に次ぎ緋や紅より高貴な色とされた。

＊令義解（718）儀制・盖条「凡盖。皇太子紫表。蘇方裏。頂及四角。覆レ錦垂レ総。親王紫大纈。一位深緑。三位以上。紺。

四位縹。並朱裏。総用二同色一」
＊延喜式〔927〕一四・縫殿寮「七月料。〈略〉単衣卌領。白三領。蘇芳十七領。韓紅十領、藍十領」
＊土左〔935頃〕承平五年二月一日「松の色はあをく、いそのなみは雪のごとくに、かひのいろはすはうに、五色にいまひといろぞたらぬ」
＊枕〔10C終〕六〇・よき家の中門あけて「よき家の中門あけて、檳榔毛の車のしろくきよげなるに、すはうの下簾、にほひいときよらにて」
＊今昔〔1120頃か〕二七・一〇「夜曉（あけ）て蹴（くゑ）つる所を行て見ければ朱枋色（すはういろ）なる血多く泛（こぼれ）て」
＊増鏡〔1368-76頃〕一一・さしぐし「女御、すはうの御一重がさね、萩の経青（たてあを）の御うはぎ」
＊落語・素人浄瑠璃〔1889〕「お内儀（かみ）さんまでが手を蘇枋（すおう）だらけに為て居まして」

24 しんく

真紅・深紅

2.5R 3.5 / 12　**C**0 **M**100 **Y**60 **K**30

アカネ（茜）やスオウ（蘇芳）の赤に対して、正真の紅色の意。「しんこう」とも。▽こい赤。**[dp-R]**
＊俳諧・犬子集〔1633〕二・花「紅やしんくをしたる花のたね〈休音〉」
＊浄瑠璃・国性爺合戦〔1715〕四「しゅざや木刀しんくのさげお、花の口べに雪のおしろい」
＊随筆・貞丈雑記〔1784頃〕三「真紅（しんく）と云はまことのべにぞめと云事也。あかねなどにてべに染の似せ物ある故ほんの紅染と云事を真紅と云」
＊虞美人草〔1907〕〈夏目漱石〉一七「深紅（しんく）の光は発矢（はっし）と尾より迸（ほとばし）る」
＊旅日記から〔1920-21〕〈寺田寅彦〉八「劇場（テアトロ）の中の円い広場には、緑の草の毛氈の中に真紅の虞美人草が咲き乱れて」
＊招魂祭一景〔1921〕〈川端康成〉「両端に窪みが出来るくらゐきっと結んだ深紅の唇と、それを守る下ぶくれの頬に、驕慢の色を漂はせ」
＊夜明け前〔1932-35〕〈島崎藤村〉第二部・上・六・一「菊の御紋のついた深紅色の錦の御旗」
＊世相〔1946〕〈織田作之助〉二「芸者上りの彼女は、純白のドレスの胸にピンクの薔薇をつけて、頭には真紅のターバン」
＊トカトントン〔1947〕〈太宰治〉「その薄明の漾々と動いてゐる中を、真紅の旗が燃えてゐる有様を」

25 べにあか JIS

紅赤

3.5R 4 / 13　C0 M90 Y65 K10

印刷インキの色の名。金赤が黄みの赤を表わすのに対し、青みの赤を紅赤で表わす。▽あざやかな赤。[vv-R]

26 あかねいろ JIS

茜色

4R 3.5 / 11　C0 M90 Y70 K30

アカネ（茜）の根から採った染料で重ね染めた色。▽こい赤。[**dp-R**] ▼①「アカネ」の語源は「赤根」とされ、古来その根を染料として用いた。②今日では、アカネの根に含まれる色素「アリザリン」が人工的に合成されて用いられている。

*万葉（8C後）一・二〇「茜草指（あかねさす）紫野行き標野（しめの）行き野守は見ずや君が袖振る〈額田王〉」

*万葉（8C後）二・一六九「茜刺（あかねさす）日は照らせれどぬばたまの夜渡る月の隠らく惜しも〈柿本人麻呂〉」

*詠歌大概（13C前）「桜さく遠山鳥のしだりおのながながし日もあかね色哉」

*浮世草子・好色一代女（1686）六・二「赤根（あかね）の衣裏（ゑり）付て表のかたへ見せ掛」

*武蔵野（1887）〈山田美妙〉上「日は函根の山端（やまのは）に近寄って儀式どほり茜色の光線を吐始めると」

*恋慕ながし（1898）〈小栗風葉〉二三「茜色（あかねいろ）の残照が次第に褪せ行くと」

*風立ちぬ（1936-38）〈堀辰雄〉序曲「縁だけ茜色（あかねいろ）を帯びた入道雲のむくむくした塊りに覆はれてゐる地平線の方を」

*贅沢貧乏（1960）〈森茉莉〉「ウェスタンハットに西部の牧童の襯衣と胴着のディーンの肖像は茜色（あかねいろ）の濃淡である」

27

まそお

真赭・真朱

7.5R 6 / 8.5 **C**0 **M**48 **Y**40 **K**10

●「赭・朱（そお）」に対して、天然の朱、辰砂（しんさ）の意で用いた語。▽くすんだ黄みの赤。[**dl-yR**] ▼中古の中ごろ以降、もとの意味が分からなくなり、類推、解釈されて、赤色、蘇芳色をさしたこともある。

＊万葉（8C後）一四・三五六〇「まかねふく丹生の麻曾保（まそほ）の色にでて言はなくのみそ吾（あ）が恋ふらくは〈東歌〉」

＊散木奇歌集（1128頃）秋「花薄まそほのいとをくりかけて絶ずも人を招きつるかな」

＊按納言集（1186-87頃）秋「すがるふす栗栖の野の糸薄まそほの色に露や染むらん」

＊無名抄（1211頃）「まそをのすすきといふは、真麻の心なり〈略〉まそうのすすきとは、まことにすわうのすすきといふべきを、ことばを略したるなり」

＊俳諧・蕪村句集（1784）秋「垣ね潜る薄ひともと真蘇枋なる」

28

あさひ

浅緋

7.5R 6 / 8 **C**0 **M**58 **Y**49 **K**10

●浅く染めた緋色。▽くすんだ黄みの赤。[**dl-yR**]

＊続日本紀-大宝元年（701）三月甲午「又服制。〈略〉直冠上四階深緋。下四階浅緋」

＊令義解（718）衣服・諸臣条「諸臣礼服〈略〉四位。深緋衣。五位。浅緋衣」

＊名目鈔（1457頃）衣服「位袍 又号-表衣。深紫。浅紫。深緋。浅緋。緑。黄衣」

＊装束抄（1577頃）「浅緋 五位の着る色なり」

29

しゅいろ
JIS

朱色

6R 5.5 / 14　　**C**0 **M**85 **Y**100 **K**0

硫化水銀を主成分とする黄色みを帯びた赤色の顔料。また、それから製する絵の具やその色。朱肉の色。クレヨンおよびパスの色名。▽あざやかな黄みの赤。**[vv-yR]** ▼天然には辰砂（中国辰州産の砂）から製する。

*続日本紀‐天平宝字六年（762）正月丁未「碧地者以ㇾ朱、赤地者以ㇾ黄、黄地者以ㇾ朱、白地者以ㇾ黒、黒地者以ㇾ白。毎二四千五十具一成二一行之色一」

*今昔（1120頃か）三一・五「朱塗たる高欄を造り渡して」

*平治（1220頃か）上・叡山物語の事「重三重四の目に朱をさされてより以来、朱三朱四とよぶとこそみえて候へ」

*北条氏直時代諺留（1599頃）「朱にまじわれば赤くなる」

*怪談牡丹燈籠（1884）〈三遊亭円朝〉一「グッと発怒（こみあげ）癇癖に障り、満面朱を注（そそ）いだる如くになり」

*行人（1912-13）〈夏目漱石〉塵労・一九「あるものは袖口を括った朱色（しゅいろ）の着物の上に」

*上海（1928-31）〈横光利一〉一二「扉の剥げ落ちた朱色の門の下で」

*多甚古村補遺（1940）〈井伏鱒二〉都会の女の件「朱色のオーバースエッターを着て訪ねて来た」

*地唄（1956）〈有吉佐和子〉「朱色の帯締めをきりっと締めると」

*四十歳の男（1964）〈遠藤周作〉「康子は朱色の献上帯を締めていた」

30

べにひ
JIS

紅緋

6.8R 5.5 / 14　　**C**0 **M**90 **Y**85 **K**0

紅色みを帯びた緋色。「紅色」も「緋色」もともに赤の代表的な伝統色。紅緋は赤の中の赤といえる色を表わす。▽あざやかな黄みの赤。**[vv-yR]**

31 しょうじょうひ

猩々緋

7.5R 5 / 14　**C**0 **M**100 **Y**100 **K**0

想像上の動物、猩々の血の染め色からとも、能の「猩々」の、赤毛や装束などからともいわれる色。▽あざやかな黄みの赤。**[vv-yR]**

＊日葡辞書（1603-04）「Xŏjŏfi（シャウジャウヒ）〈訳〉あざやかな深紅色」

＊会津陣物語（1680）四・松川合戦政宗攻福島城事「岡野左内は黒具足に猩々緋の羽織を着し、角栄螺の南蛮甲を猪頭になし」

＊浮世草子・日本永代蔵（1688）六・二「本朝の織絹、から物を調（ととの）へ、毛類は猩々緋（しゃうしゃうひ）の百間つづき」

＊浄瑠璃・丹波与作待夜の小室節（1707頃）上「猩々緋の道中羽織白い所は髪斗」

＊葉隠（1716頃）六「黒羅沙の羽織に、猩々緋の日の丸を切入したるを着申候が一番乗と被」仰候」

＊近世紀聞（1875-81）〈染崎延房〉六・一「猩猩緋（しゃうじょうひ）の陣羽織を着し頭に金革の立烏帽子を被り」

＊新浦島（1895）〈幸田露伴〉一六「猩々緋（しゃうじゃうひ）の半洋袴（はんズボン）、毛飾り麗しき薬研（やげん）帽子」

＊黒潮（1902-05）〈徳富蘆花〉一・一・二「一段高く設けた演壇は燃へ立つばかりの猩々緋（せうぜうひ）の毛氈を敷つめて」

＊ボッチチェリの扉（1961）〈森茉莉〉「あの日の濃い猩猩緋のジョオゼットのアフタアヌンよりこの方が似合ふ」

32 うるみしゅ

潤朱

7.5R 5 / 8　**C**0 **M**73 **Y**60 **K**12

黒みを帯びた朱色の漆で塗った色。▽くすんだ黄みの赤。**[dl-yR]**

＊俳諧・毛吹草（1638）六「薄霧にうるみ朱と成（なる）紅葉哉〈重方〉」

＊浮世草子・好色一代男（1682）一・七「うるみ朱（しゅ）の煙草盆に炭団（たどん）の埋火絶えず」

33 えんたんいろ

JIS

鉛丹色

7.5R 5 / 12　**C**0 **M**70 **Y**63 **K**5

鉛丹は、明るい赤橙色の顔料。鉛に硫黄・硝石を加えて、焼いて製した酸化鉛で、鉛ガラスの原料、陶磁器の釉（うわぐすり）、錆止めの塗料などに用いられる。▽つよい黄みの赤。**[st-yR]**

*改正増補多識編（1670頃）一「鉛丹　異名　黄丹〔弘景〕丹粉〔唐本〕朱粉〔綱目〕鉛華」

*和漢三才図会（1712）五九「丹（たん）音単　黄丹　鉛丹　丹粉　朱粉　鉛華」

*小学読本（1874）〈榊原・那珂・稲垣〉二「これを酢にて蒸し鉛粉（たうのつち）を作り、又焼きて鉛丹を作る」

*鉱物字彙（1890）〈小藤・神保・松島〉「Mennige Entan Minium　鉛丹」

*万徳幽霊奇譚（1970）〈金石範〉九「朱砂という鉛丹をといだ朱色で奇怪な形の呪符を書くのである」

34 ひいろ

緋色

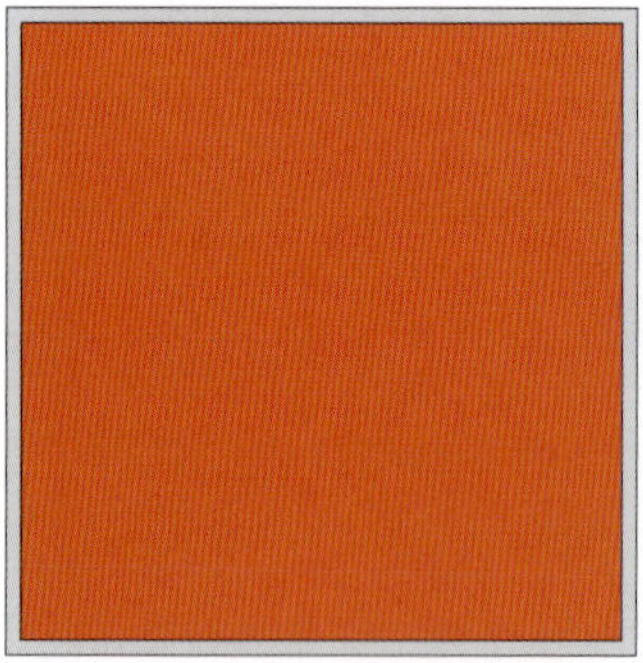

7.5R 4.5 / 11　**C**0 **M**80 **Y**80 **K**10

アカネ（茜）で染めた色。▽つよい黄みの赤。**[st-yR]**

*正倉院文書‐天平一〇年（738）但馬国正税帳（寧楽遺文）「緋絁壱匹弐丈捌尺」

*十巻本和名抄（934頃）六「茜　兼名苑注云茜〈蘇見反阿加爾〉可以染緋者也」

*書言字考節用集（1698）六「緋色　ヒイロ」

*浄瑠璃・平家女護島（1719）二「丹波の少将成経の、北の御方と緋の袴着るを待斗」

*旅日記から（1920-21）〈寺田寅彦〉三「合歓花のやうな緋色の花の満開したのや」

*夜明け前（1932-35）〈島崎藤村〉第二部・下・一一・二「昨日にび色の法衣着たる身の今日は緋色を飾るも、また黄金の力たり」

《参　考》

①普通、外来語色名の「スカーレット」にあたるとされ、アメリカの作家ホーソンの小説「The Scarlet Letter」が、日本では「緋文字（ひもんじ）」と訳されている。②黄の下染めにベニバナ（紅花）で染めた色をさすこともある。また、紅花で染めた深紅色を「火色」と示した例もある。
*日本紀略‐延喜一八年（918）三月一九日「仰下検非違使自二来月一日一可レ制二止火色一之由上。但以二紅花大一斤一為下染二絹一疋一之色上。給二本様一」

*政治要略（1002頃）六七・男女衣服并資用雑物等事「謂レ禁二深紅衣服一奏議〈略〉改以二深紅之色一。当時号レ之曰二火色一」

ひいろ

35 あずきいろ

JIS

小豆色

8R 4.5 / 4.5　　C0 M60 Y45 K45

アズキ（小豆）の実の色による名。▽くすんだ黄みの赤。**[dl-yR]** ▼江戸時代から見られる色名であるが、当時、何を用いて出した色かははっきりしない。

*俳諧・砂金袋（1657）春「ねじ藤の花やしんこの小豆色〈宗庵〉」

*浮世草子・諸道聴耳世間猿（1766）五・三「黒紬の小豆色、絵師とも見ゆる山水な医者」

*二人女房（1891-92）〈尾崎紅葉〉中・四「小豆色（あづきいろ）の小外套を被（き）て」

*草枕（1906）〈夏目漱石〉八「老人は大事さうに緞子（どんす）の袋の口を解くと、小豆色（あづきいろ）の四角な石が、ちらりと角を見せる。『いい色合ぢゃなう。端渓かい』」

*別れた妻に送る手紙（1910）〈近松秋江〉「お召の沈んだ小豆色の派手な矢絣の薄綿を着てゐた」

*羽鳥千尋（1912）〈森鷗外〉「秋海棠と小豆色（あづきいろ）の魚子菊（ななこぎく）との鉢植二つ丈を下男に持たせる」

*千鳥の話（1946）〈井上友一郎〉「いつもポインター種の、耳のだらりと垂れ下った小豆色（あづきいろ）の目をした大きな犬が三匹も四匹もごそごそしてゐた」

*贅沢貧乏（1960）〈森茉莉〉「一枚は消炭色。もう一枚はピンクがかった小豆色と、細い格子のぼやぼやした布地である」

36

べにかばいろ

JIS

紅樺色

6R 4 / 8.5　**C**0 **M**70 **Y**56 **K**30

紅色みを帯びた樺色。樺色はカバ（樺）の木の樹皮の色、また、ガマ（蒲）の穂の色に由来する色名。▽暗い黄みの赤。[**dk-yR**]

37

ふかひ

深緋

7.5R 3.5 / 7　**C**0 **M**70 **Y**60 **K**48

濃い緋色。▽暗い黄みの赤。[**dk-yR**]

＊続日本紀 - 大宝元年（701）三月甲午「又服制。〈略〉直冠上四階深緋。下四階浅緋」

＊令義解（718）衣服・諸臣条「諸臣礼服〈略〉四位。深緋衣。五位。浅緋衣」

＊名目鈔（1457頃）衣服「位袍　又号 - 表衣。深紫。浅紫。深緋。浅緋。緑。黄衣」

＊装束抄（1577頃）「深緋　四位の着る色なり」

38

べんがらいろ

JIS

弁柄色・紅殻色

8R 3.5 / 7　**C**0 **M**80 **Y**80 **K**52

酸化第二鉄を主成分とする黄色みを帯びた赤色顔料ベンガラを、塗料・染料などとした色。▽暗い黄みの赤。[**dk-yR**]

▼ベンガラは、インドのベンガル地方で産出したところから。ベンガラにあてた「紅殻」の訓読みから「べにがら」とも。

＊滑稽本・東海道中膝栗毛（1802-09）二・上「べにがらいろのあかきいとのいりたる、たてじまのぬのこ」

＊随筆・我衣（1825）「べんがらにて下を染、

渋にてとめ、漆をはく安ものなり」

*随筆・守貞漫稿（1837-53）二七「寛保以来赤塗下駄。辨柄の上に漆にてのごひぬりにす。浄瑠理太夫、三絃弾、舞妓、俳諧師等遊民用レ之」

*幻影の盾（1905）〈夏目漱石〉「東の空に紅殻（べにがら）を揉み込んだ様な時刻に」

*赤光（1913）〈斎藤茂吉〉麦奴「相群れてべにがら色の囚人は往きにけるかも入り日赤けば」

*病室の花（1920）〈寺田寅彦〉「鈍い紅殻塗の戸棚」

*旅日記から（1920-21）〈寺田寅彦〉三「懸崖が真赤な紅殻色をして居て、それが強い緑の樹木と対照して鮮に美しい」

*在りし日の歌（1938）〈中原中也〉月「母親は紅殻色（ベンガラいろ）の格子を締めた！」

*帰郷（1948）〈大仏次郎〉過去「格子に紅殻（ベンガラ）を塗った家もまだ残ってゐる」

べんがらいろ

39 とびいろ
JIS

鳶色

7.5R 3.5 / 5　**C**0 **M**65 **Y**50 **K**55

トビ（鳶・鵄・鴟）の羽の色による名。▽暗い黄みの赤。[dk-yR] ▼①トビは、ワシタカ科の鳥。「とんび」ともいう。実際のトビの羽よりは濃い色をさす。②「蘇芳（すおう）」他を重ねて染めたものらしい。③八丈島産の織物「鳶八丈（とびはちじょう）」は、マダミ（椨＝タブノキ）の樹皮からとった染料で染めたもの。


*評判記・色道大鏡（1678）二「外の色には煤竹、道にのれり。鳶色（とひいろ）是につげり」

*談義本・根無草（1763-69）後・一「赤鬼・黒鬼・斑鬼、棕色（とびいろ）・正官緑（もえぎ）〈略〉さまざまの皃形」

*滑稽本・七偏人（1857-63）二・中「『染がぶだうねずみだといいのだが、革色だから誠に気に入ないので有ますノサ』『だけれど鳶色（とびいろ）でねへから宜』」

*幼学読本（1887）〈西邨貞〉五「北海道の熊は重にとび色なり」

*思出の記（1900-01）〈徳富蘆花〉二・五「秋が黄に紅に紫に鳶にあらふる彩色の限りを尽した落葉木の」

*こゝろ（1914）〈夏目漱石〉上・二〇「すぐ其中からチョコレートを塗った鳶色（とびいろ）のカステラを出して頬張った」

*春と修羅（1924）〈宮沢賢治〉小岩井農場「とびいろのはたけがゆるやかに傾斜して」

40

べにえびちゃ

JIS

紅海老茶

7.5R 3 / 5　**C**0 **M**80 **Y**65 **K**45

紅色みを帯びた海老茶色。海老茶の海老は伊勢海老の色に由来する。クレヨンおよびパスの色名。▽暗い黄みの赤。[**dk-yR**]

41

えびちゃ

JIS

海老茶

8R 3 / 4.5　**C**0 **M**60 **Y**50 **K**60

茶色みを帯びた海老色。▽暗い黄みの赤。[**dk-yR**] ▼多く、この色の海老茶袴を着けたところから、明治三〇年代の女学生は、海老茶式部などと呼ばれた。

＊置炬燵（1890）〈斎藤緑雨〉中「海老茶（えびちゃ）平打の紐鎮（ぱちん）」

＊多情多恨（1896）〈尾崎紅葉〉前・四「空色の紅入友禅（べにいりいうぜん）の襟を懸けて、海老茶に瓦尽（かわらづくし）の糸錦の丸帯」

＊鉄幹子（1901）〈与謝野鉄幹〉断霞「水のほとりに君な立ちそ　海老茶（えびちゃ）の傘のうつるとき　指なる玉にあくがれて　わが身わするる魚あらむ」

＊地獄の花（1902）〈永井荷風〉五「彼女（かれ）は海老茶の袴に洋書の一二冊を抱えて歩く姿が如何にも高尚らしく思はれて」

＊別天地（1903）〈国木田独歩〉上・三「蝦茶色（えびちゃいろ）の仏蘭西織（フランスおり）のカーテン」

＊魔風恋風（1903）〈小杉天外〉前・記念会「デートン色の自転車に海老茶の袴、髪は結流（ゆひなが）しにして、白リボン清く」

＊青春（1905-06）〈小栗風葉〉春・三「鼠に阿納戸（おなんど）の乱立（らんたつ）の糸織の被風（ひふ）を着て、海老茶（えびちゃ）のカシミアの袴を稍短目に」

＊砂漠の花（1955-57）〈平林たい子〉一・初恋・一「交換手のシンボルである海老茶（えびちゃ）の袴までつけて」

42

しののめいろ

東雲色

10R 7.5 / 9　C0 M40 Y40 K0

夜が明け始めるころの、東の空のような色。同義で「曙色（あけぼのいろ）」とも。▽明るい黄赤。[lt-O]

＊手鑑模様節用（1789か）上「とき羽色　一名しののめいろ」

＊葬列（1906）〈石川啄木〉「十八歳で姿の好い女、曙色（あけぼのいろ）か浅緑の簡単な洋服を着て」

＊遠乗会（1950）〈三島由紀夫〉「激しい運動のあとでもえ立った頬の曙いろに」

43

いっこんぞめ

一斤染

10R 7.5 / 6.5　C0 M38 Y38 K0

ベニバナ（紅花）一斤で絹一疋を染めた色という。紅染めの淡いものと考えられている。「いっきんぞめ」とも。▽やわらかい黄赤。[sf-O]

＊兵範記‐保元三年（1158）一〇月一九日「右衛門権佐貞憲、茶染狩襖袴、一斤染衣」

＊随筆・安斎随筆（1783頃）一「一斤染と云ふは紅花大一斤を以て一疋の絹を染めたるを云ふ。是れ様色（やういろ）なり」

44

あかこう

赤香

10R 7.5 / 5　C0 M30 Y45 K0

赤みがかった香色。▽やわらかい黄赤。[sf-O]

＊宇治拾遺（1221頃）八・二「武正、あかかうのかみしもに蓑笠を着て」

45

おうに

JIS

黄丹

10R 6 / 12　　**C**0 **M**65 **Y**70 **K**0

● クチナシ（梔子）とベニバナ（紅花）とで染めた色。古来皇太子の袍の色で、禁色（きんじき）の一つであった。「おうだん」とも。▽つよい黄赤。**[st-O]**

＊令義解（718）衣服・皇太子条「皇太子礼服〈略〉黄丹衣。牙笏。白袴。白帯。深紫紗褶」

＊三代実録－元慶五年（901）一〇月一四日「禁下男女着中茜紅花交二染支子一之色上。不レ論二浅深一。無レ聴二服用一。以三其色渉二浅黄丹一也」

＊延喜式（927）一四・縫殿寮「黄丹綾一疋、紅花大十斤八両、支子一斗二升、酢一斗、麸五升、藁四囲、薪一百八十斤」

＊法曹至要抄（1206）中・禁制「黄丹事〈略〉案レ之、着二件色一之時、雖二禁制重一、近来之作法或称二欵冬色一着二用之一、或号二黄朽葉色一着二用之一。已下男女任レ意随レ望、亦無レ禁二制之一。」

＊文明本節用集（室町中）「黄丹　ワウダン　黄水　御服色也」

46

あらいしゅ

洗朱

9R 6 / 7.5　　**C**0 **M**60 **Y**60 **K**8

● 黄色みを帯びた、丹色に近い薄い朱。▽くすんだ黄赤。**[dl-O]**

＊俳諧・毛吹草（1638）六「紅葉は洗朱（あらひじゅ）なれや竜田川〈重方〉」

＊雑俳・勝句寄（1730）「はれはれと・波の洗朱出る旭」

＊寝園（1930-32）〈横光利一〉「三角に折った灰色と洗朱（あらひしゅ）の染分けになったクレイプ・デ・シンをくるりと首に巻きつけ」

47 きんあか JIS

金赤

9R 5.5 / 14 **C**0 **M**90 **Y**100 **K**0

印刷インキの色名で、英語のブロンズレッド（bronze red）に相当する。▽あざやかな黄赤。［**vv-O**］▼ブロンズは独特な金色の浮き色が見られることによる。

48 かきいろ JIS

柿色

10R 5.5 / 12 **C**0 **M**70 **Y**75 **K**0

カキ（柿）の実の色。また、カキの渋の色に似た赤茶色や、弁柄（ベンガラ）に少し黒を入れた色をさすこともある。▽つよい黄赤。［**st-O**］

＊今鏡（1170）六・雁がね「かきの水干の袖のはしをさし出だされければ」

＊平家（13C前）八・妹尾最期「やすみける老者共、或は柿の直垂（ひたたれ）につめひもし」

＊多聞院日記‐天文一〇年（1541）一一月二六日「笛吹はかき色に染めて形とらす」

＊評判記・色道大鏡（1678）三「当時、暖簾（のんれん）の色は紺染に用ゆ。されども太夫町一町ばかりには、柿色を今に用ゆる事古例をもってす」

＊読本・雨月物語（1776）白峯「御衣は柿色のいたうすすびたるに」

＊西洋道中膝栗毛（1870-76）〈仮名垣魯文〉七・下「『ヲランクタン』と名づくるものの有り。〈略〉全身赫黒色（かきいろ）あるひは赤褐色のながき毛を被り」

＊たけくらべ（1895-96）〈樋口一葉〉一三「裕衣（ゆかた）を重ねし唐桟の着物に柿色の三尺を例の通り腰の先にして」

＊妾の半生涯（1904）〈福田英子〉七・一「常ならば東海道の五十三駅詩にもなるべき景色ならんに、柿色の筒袖に腰縄さへ付きて、巡査に護送せらるる身は、吾れながら興さめて、駄句だに出でず」

＊戯作三昧（1917）〈芥川龍之介〉五「『諸国銘葉』の柿色の暖簾、『本黄楊』の黄いろい櫛形の招牌（かんばん）」

49

あかだいだい

JIS

赤橙

10R 5.5 / 14　　**C**0 **M**80 **Y**100 **K**0

赤みを帯びた橙色。橙色は柑橘類のダイダイ（橙）の果皮の色に由来する。対応する色名として「黄橙」がある。▽あざやかな黄赤。[**vv-O**] ▼基本色名の「赤」は、色みを表わす修飾語としてよく用いられる。

50

にいろ

丹色

10R 5.5 / 10　　**C**0 **M**70 **Y**70 **K**0

赤色の顔料。一般に赤土・辰砂、また鉛丹などをもいう。「丹」は「たん」とも。▽つよい黄赤。[**st-O**]

*古事記（712）下・歌謡「物部の　我が夫子（せこ）が　取り佩ける　大刀の手上に　丹（に）画き著け」

*常陸風土記（717-724頃）行方「海は即ち青波浩行（ただよ）ひ、陸は是れ丹（に）の霞空朦（たなび）けり」

*十巻本和名抄（934頃）五「丹砂　考声切韻云丹砂〈丹音都寒反　邇〉似朱砂而不鮮明者也」

*浜松中納言（11Ｃ中）一「口びるにはにと云ふもの塗りたるやうに」

*方丈記（1212）「薪の中に、赤きに着き、箔など所々に見ゆる木、あひまじはりけるを」

*名語記（1275）二「いろあかき物をになづく、如何、答には丹也」

*尺素往来（1439-64）「朱、丹、紺青〈略〉金銀之泥、膠漆之塗、所有絵具用尽候訖」

*和漢三才図会（1712）五九「丹（たん）音単　黄丹　鉛丹　丹粉　朱粉　鉛華」

*真景累ケ淵（1869頃）〈三遊亭円朝〉八六「丹（たん）で塗った提灯が幾つも掛けてあります」

51

にっけいいろ

JIS

肉桂色

10R 5.5 / 6　**C**0 **M**60 **Y**60 **K**12

● ニッケイ（肉桂）の乾燥させた樹皮のような色。▽くすんだ黄赤。［**dl-O**］▼ニッケイは、クスノキ科の常緑高木。中国の雲南省、ベトナムなどに自生する。古くから香料としての輸入が行なわれていたが、日本でも享保年間（一七一六〜三六）頃に栽植が始まったとされる。樹皮・根皮を乾燥させたものを肉桂皮といい健胃薬や香料に用いる。

52

そお

赭・朱

10R 5 / 6.5　**C**0 **M**60 **Y**60 **K**15

● 色の赤い土。また、その色。上代、顔料などに用いた。「赭・赭土（そおに・そぼに）」とも。▽くすんだ黄赤。［**dl-O**］

＊書紀（720）神代下（兼方本訓）「是に、兄、着犢鼻（たうさきし）て赭（そほに　別訓　そふに）を以て掌（たなうら）に塗り、面に塗りて」

＊万葉（8C後）一三・三三〇〇「おしてる　難波の埼に　引き登る　赤（あけ）の曾朋（そほ）舟　曾朋（そほ）舟に　綱取りかけ　ひこづらひ〈作者未詳〉」

＊伊呂波字類抄（鎌倉）「淤丹　ソフニ　謂赤土」

＊談義本・根無草（1763-69）前・二「赭（そぼに）とて赤き土を、手にぬり皃に塗て勤められしかども」

＊改正増補和英語林集成（1886）「Soho　ソホ　赤」

＊改正増補和英語林集成（1886）「Sohoni　ソホニ　赭土」

53

かばいろ

JIS

樺色・蒲色

10R 4.5 / 11　**C**0 **M**70 **Y**70 **K**33

カバ（樺）の樹皮、または、ガマ（蒲）の穂のような色。▽つよい黄赤。[st-O]▼①「樺」は広く樹皮のことをもいったが、特にカバザクラ（樺桜）やダケカンバ（岳樺）の樹皮の色による色名。②「かば（蒲）」は「がま」の古名。

*和漢三才図会（1712）二七「褐子（とろめん）〈略〉按褐子毛布〈略〉左阿伊左留世〈有二樺色（かはいろ）之縦筋一〉皆褐之類也」

*随筆・反古染（1753-89頃）「襦袢（ジュバン）は、元文の頃、樺色、すみる茶浅黄の類にて小手袖成りしが、宝暦の頃、茶色、はな色の中形染、本袖、広袖、明和の頃、五分長とて袖口の外へ出る」

*読本・椿説弓張月（1807-11）後・一七回「染色は黄と椛（かば）と、黒と、此三色多し」

*小学読本（1873）〈田中義廉〉四「虹は太陽の光の、水蒸気に映じたるものにして、其色七あり、上は紫色、次は紺色、次は淡青、次は緑色、次は黄色、次は樺色、次は赤色なり」

*千曲川のスケッチ（1912）〈島崎藤村〉五・山の温泉「初茸（はつだけ）を箱に入れて、木の葉のついた樺色（かばいろ）なやつや、緑青（ろくしゃう）がかったやつなぞを近在の老婆達が売りに来る」

*学生時代（1918）〈久米正雄〉競漕・四「選手は皆〈略〉樺色のユニフォームを着た」

54

あかちゃ

JIS

赤茶

9R 4.5 / 9　**C**0 **M**70 **Y**70 **K**30

赤みを帯びた茶色。「茶」に、基本色名の「赤」を、色みを表わす修飾語として組み合わせた色名。▽つよい黄赤。[st-O]▼基本色名の「赤」は、色みを表わす修飾語としても用いられる。

*明治大正見聞史（1926）〈生方敏郎〉憲法発布と日清戦争・四「黒ななこの紋付羽織に赤茶縞の平袴といふいでたちで豪さうに澄ましてゐるところは、稍滑稽でもあった」

*アメリカひじき（1967）〈野坂昭如〉「どんどん水が赤茶にかわり」

《参　考》

赤茶色になる意味を表わす動詞「赤茶ける」が存在し、広く用いられている。

*はやり唄（1902）〈小杉天外〉一三「赤茶色（あかちゃけ）た土を塗って」

*新世帯（1908）〈徳田秋声〉三七「赭（あか）ちゃけた髪毛」

*崖の下（1928）〈嘉村礒多〉「潤んだ銀色の月の光は〈略〉峡谷の底にあるやうな廃屋の赤茶けた畳に降りた」

*断層（1952）〈堀田善衛〉「瓦のかけっぱしと赤茶けたトタンと」

*セルロイドの塔（1959）〈三浦朱門〉一三「舞台の両袖に、もう赤茶けてしまった紙がはってあって」

*日々の収拾（1970）〈坂上弘〉「赤茶けたレモン色のローラーカナリヤが入っていた鳥籠とか」

55 ひわだいろ

JIS

檜皮色

1YR 4.5 / 4　　**C**0 **M**60 **Y**60 **K**50

● 檜皮（ひわだ）の色による名。檜皮は、ヒノキ（檜）、スギ（杉）、サワラ（椹）などの樹皮。▽暗い灰みの黄赤。**[dg-O]** ▼実際に檜皮を用いて染めたものも考えられるが、古く「蘇芳（すおう）」の黒みがかった色をいった。

*延喜十三年亭子院歌合（913）「帝の御装束、ひはたいろの御衣に承和色の御袴」

*宇津保（970-999頃）国譲下「下仕八人、ひはたの唐衣、袿ども着たり」

*源氏（1001-14頃）真木柱「ひめ君、ひわた色の紙のかさね、ただ、いささかに書きて」

*浮世草子・好色一代男（1682）三・七「下にはひはた色の襟をかさね」

*偸盗（1917）〈芥川龍之介〉一「垢じみた檜皮色（ひはだいろ）の帷子に、黄ばんだ髪の毛を垂らして、尻の切れた藁草履をひきずりながら、長い蛙股（かへるまた）の杖をついた、眼の円い、口の大きな、どこか蟇（ひき）の顔を思はせる、卑しげな女である」

*雪国（1935-47）〈川端康成〉「やはり蛾が一匹じっと静まってゐた。檜皮色（ひはだいろ）の小さい羽毛のやうな触角を突き出してゐた」

56 かきちゃ

柿茶

10R 4.5 / 8　**C**0 **M**70 **Y**78 **K**30

茶色を帯びた柿色。▽くすんだ黄赤。[dl-O]

＊助左衛門四代記（1963）〈有吉佐和子〉一・一「高持ちには柿茶色の法被、小前には藍、弱百姓には薄藍の法被を配り」

＊蝶の皿（1969）〈秦恒平〉「帯はただ柿茶色の無地を結んでおりましたが」

57 れんがいろ JIS

煉瓦色

10R 4 / 7　**C**0 **M**70 **Y**70 **K**33

赤煉瓦のような色。▽暗い黄赤。[dk-O]

＊小浅間（1935）〈寺田寅彦〉「砂の上を這ってゐる甲虫で頭が黒くて羽の煉瓦色をしてゐるのも二三匹見かけた」

＊贅沢貧乏（1960）〈森茉莉〉「その朧ろな橄欖色や鈍い黄色の濃淡、水灰色、柔かな煉瓦色なぞの色調は、古いゴブラン織に寸分違はない」

58 くりうめ

栗梅

10R 4 / 5.5　**C**0 **M**70 **Y**70 **K**53

濃い栗色で、紫がかったものをいう。▽暗い黄赤。[dk-O]

＊日葡辞書（1603-04）「Curivme（クリウメ）〈訳〉栗の実の色に似た一種の色合」

＊俳諧・毛吹草（1638）六「色こきはくり梅ぞめの紅葉哉〈吉次〉」

＊評判記・色道大鏡（1678）二「こもんは、しどろに、なるほどこまやかなるを本とす。茶・憲法（けんぼう）・花色・栗梅（くりむめ）等を用ゆ」

くりうめ

*雑俳・川柳評万句合‐天明五（1785）智四「くり梅の合羽をぬくとはだかなり」

*洒落本・仕懸文庫（1791）二「二十七八、強さうな男、くりむめの木綿のひとへ物、花色ぐん内ぶとりの帯」

*青春（1905-06）〈小栗風葉〉秋・一一「栗梅地の山道崩（やまみちくづ）しの米沢一楽の被風（ひふ）に手を通し懸けて」

*戯作三昧（1917）〈芥川龍之介〉一四「『あのね、お祖父様（ぢいさま）にね。』栗梅の小さな紋附を着た太郎は、突然かう云（い）ひ出した」

59 あかさびいろ

JIS

赤錆色

9R 3.5 / 8.5　**C**0 **M**75 **Y**75 **K**55

鉄の表面に生じる、赤茶色のひどい錆のような色。▽暗い黄赤。[dk-O]

*雪国（1935-47）〈川端康成〉「国境の山々は赤錆色が深まって」

*試みの岸（1969-72）〈小川国夫〉黒馬に新しい日を「灌木の向うの赤銹色（あかさびいろ）の暗がりに」

*人形愛（1976）〈高橋たか子〉一「時代遅れのような、たった二輛連結の、赤錆色の電車が」

60 せっかっしょく

赤褐色

10R 3.5 / 5　**C**0 **M**60 **Y**60 **K**60

赤みを帯びた褐色。▽暗い黄赤。[dk-O]

*重訂本草綱目啓蒙（1847）二〇・穀「大豆〈略〉黒色にして細白斑あり。これを、くろうづらまめと云。又赤褐色にして細白斑あるを、あかうづらまめと云」

*北の岬（1966）〈辻邦生〉「主要道路をはずれると、赤褐色の乾いた道がつづき、そんな道に車が入ってゆくと車の後から砂塵がもうもうと巻きあがった」

61 しゃくどういろ

赤銅色

10R 3 / 6　**C**0 **M**80 **Y**100 **K**60

●赤銅のような色。▽暗い黄赤。[dk-O]▼赤銅は、金を三～六パーセント含む銅合金。これに銀一パーセント程度加えたものにもいう。古く奈良時代から工芸品、銅像などに用いられた。硫酸銅、酢酸銅溶液などで処理をすると、青黒い色彩を出す。「紫金」「烏金」ともいう。

*暑中休暇（1892）〈巌谷小波〉一「赤銅色（しゃくどういろ）の脛無遠慮に現はし」

*良人の自白（1904-06）〈木下尚江〉後・二二・四「爺は〈略〉赤銅色（しゃくどういろ）なる広き額に、白銀の長き眉を動かして」

*菊池君（1908）〈石川啄木〉二「志田君は、首から赤銅色になった酔顔を突出して笑った」

*虻（1910）〈青木健作〉三「塩田に多くの仕事師が赤銅色の裸体を日光に曝し乍ら、各々機械の様に板鍬（いたぐわ）を左右に振り廻して居るのを」

*腕くらべ（1916-17）〈永井荷風〉二一「赤銅色（しゃくどういろ）絵細工の糸車の金具をつけた自分の帯留であった」

*光と風と夢（1942）〈中島敦〉八「身長六呎（フィート）五吋（インチ）の筋骨隆々たる赤銅色の戦士達の正装姿は、全く圧倒的である」

62 さびいろ

JIS

錆色

10R 3 / 3.5　**C**0 **M**60 **Y**55 **K**70

●鉄錆のような色。「鉄錆色（てつさびいろ）」とも。▽暗い灰みの黄赤。[dg-O]

*五音（1434頃）下「さび色の立烏帽子を耳のきわに引き入」

*書言字考節用集（1717）七「宿色 サビイロ 漆器所ㇾ謂」

*和英語林集成（初版）（1867）「Sabi-iro サビイロ 鏽色」

*爛（1913）〈徳田秋声〉四七「庭には椿も

大半**錆色**に腐って」
＊御身（1921）〈横光利一〉二「真下に湖が見えた。**錆色**の帆が一点水平線の上にぢっとしてゐた」
＊春の城（1952）〈阿川弘之〉二・一八「下方の海は今ちょうど、紺青の色から汚れた赤い**鉄銹色**（てつさびいろ）に変るところであった」
＊試みの岸（1969-72）〈小川国夫〉試みの岸「水面のあちこちに、**銹色**（さびいろ）の刃物の形の岩が突き出ているのを」
＊ひと廻り（1975）〈後藤明生〉「手ごろな大きさの石を見つけ、両手で持ち上げた。ごつごつした**鉄錆色**の熔岩である。大きさは漬物石大だった」

63 はだいろ

JIS

肌色

5YR 8/5　**C**0 **M**15 **Y**25 **K**0

●日本人の肌のような色。実際の肌の色よりも薄いオレンジ色をいう。▽うすい黄赤。**[pl-O]** ▼クレヨンおよびパスの色名としてはペールオレンジ（pale orange）が当てられる。
＊熊の出る開墾地（1929）〈佐佐木俊郎〉「顔が果物のやうに黄色を帯びて来て人間の**肌色**を失ってゐるのだった」

《参　考》

古くは「肌色」よりも「肉色」の方が一般的であった。また、「大安寺伽藍縁起并流記資財帳‐天平一九年（747）（寧楽遺文）」に、「即宍色菩薩二軀」とある「宍色（しいろ）」は、肉色と考えられる。
＊随筆・独寝（1724頃）下・九四「**肉色**には口伝多し。絵の随一なりといふもむべならん」
＊多情多恨（1896）〈尾崎紅葉〉後・六「長襦袢は**肉色**（にくいろ）の中形縮緬」
＊魔風恋風（1903）〈小杉天外〉前・其の室「**肉色**（にくいろ）の吸取紙を石の文鎮で押へてある」
＊欧米最新美容法（1908）〈東京美容院〉「白粉の色合は自然色（ナチュラルカラー）で其色合は顔色に応じて**肉色**に鼠色を含ませて白赤黄の三色を配合した色彩が一般的皮膚の色合に適当して居ます」
＊潮騒（1954）〈三島由紀夫〉六「紺サージのスカートの下に**肉色**の木綿の長靴下をはき、赤いソックスをさらにはいてゐる」

64 こうじいろ

JIS

柑子色

5.5YR 7.5 / 9　**C**0 **M**40 **Y**75 **K**0

● コウジ（柑子）の果実のような色。コウジは、ミカン科の落葉小高木。「かんじいろ」とも。▽明るい黄赤。**[lt-O]**

▼コウジは、「かんじ（甘子・柑子）」の変化した語。

＊今昔（1120頃か）二八・一五「講師、青色の織物の直垂を着て、**柑子色**なる紬（つむぎ）の帽子（ばうし）をして」

＊玉葉‐建久三年（1192）三月一九日「宗頼朝臣持二参御装束一、〈布黒染闕腋御袍、同半臂、緒一筋也、同下襲、同布単表御袴、平絹鈍色御衵単、**柑子色**大口、置二柳筥一、居二土高坏一、相二加縄御帯、并御扇等一也〉」

＊十訓抄（1252）一〇・女房尾張伝受琵琶秘事父基綱事「いまだ色なりければ、かうじ色の袴着て、にぶ色のきぬどもきて」

＊増鏡（1368-76頃）一一・さしぐし「うへの御袴、裏はかんし色、御下襲黒し」

＊浮世草子・日本永代蔵（1688）五・三「**中柑子**（ちゅうかうじ）の革足袋一足」

＊禁中方名目鈔校註（1741-60頃）下・喪服「**柑子色**（かうじいろ）〔女房袴、及表袴、裏此色歟。単又同レ之。〈但不分明可二勘決一〉〕黄に赤みある色也。萱草色よりは黒みあり〔二水記〕**柑子色**。黄色也」

＊邪宗門（1909）〈北原白秋〉古酒・立秋「憂愁のこれや野の国、**柑子**（かうじ）だつ灰色のすゐ、夕汽車の遠音もしづみ」

＊鶏（1909）〈森鷗外〉「大きな雄鳥である。総身の羽が赤褐色で、頸に**柑子色**の領巻があって、黒い尾を長く垂れてゐる」

65 あらいがき

洗柿

2.5YR 7.5 / 5　**C**0 **M**20 **Y**25 **K**0

● 薄い柿色。また、柿渋で染めた薄い渋色。▽やわらかい黄赤。**[sf-O]**

＊俳諧・富士石（1679）二・夏衣「袖涼し夕日をかへすあらひ柿〈調窓子〉」

＊浮世草子・好色一代男（1682）五・六「あらひがきの袷帷子（あはせかたびら）に、ふと布の花色羽織に」

＊随筆・三省録（1843）六「本多柿、あらひ柿とも郡山染ともいふ」

66 あんずいろ JIS

杏色・杏子色

6YR 7/6　**C**0 **M**35 **Y**55 **K**0

熟したアンズ（杏子）の実のような色。▽やわらかい黄赤。［**sf-O**］▼アンズはバラ科の落葉小高木。果実は生食されるほか、ジャムなどに用いられる。

＊牧羊神（1920）〈上田敏訳〉薔薇連禱「杏色（あんずいろ）の薔薇の花、おまへの愛はのろい火で温まる」

＊風と死者（1969）〈加賀乙彦〉「杏子色の瓦屋根、白い壁の、どこか異国風の階段状の建物であった」

67 きゃらいろ

伽羅色

6.5YR 7/6　**C**0 **M**30 **Y**50 **K**10

香木の伽羅で染めた色。▽やわらかい黄赤。［**sf-O**］▼「伽羅」は、中世以来香として有名で、色の名としての用法はむしろ新しい。「伽羅蕗（きゃらぶき）」「伽羅牛蒡（きゃらごぼう）」などの煮染（にしめ）料理の名は、この色にちなむ。

＊近代の寓話（1953）〈西脇順三郎〉近代の寓話「半島には青銅色の麦とキャラ色の油菜」

68 うすちゃ

薄茶

4YR 7/4　**C**0 **M**30 **Y**50 **K**25

茶色の薄い色。淡い茶色。クレヨンおよびパスの色名の一つ。▽明るい灰みの黄赤。［**lg-O**］▼英語では、ペールブラウン（pale brown）が相当する。

69 だいだいいろ

JIS

橙色

5YR 6.5 / 13　C0 M60 Y100 K0

ダイダイ（橙）の果皮のような色。クレヨンおよびパスの色名。▽あざやかな黄赤。［vv-O］▼ダイダイはミカン科の常緑小高木。

＊幻影の盾（1905）〈夏目漱石〉「『広い海がほのぼのとあけて、…橙色の日が浪から出る』とヰリアムが云ふ」

＊森の絵（1907）〈寺田寅彦〉「橙色の服を着た豆大の人が長い棒を杖にし、前に五六頭の牛羊を追うてトボトボ出て来る」

＊土（1910）〈長塚節〉一五「強烈な光が横に東の森の喬木を銹（さび）た橙色に染めて」

＊護持院原の敵討（1913）〈森鷗外〉「橙黄色（だいだいいろ）の火が、黎明（しののめ）の窓の明りと、等分に部屋を領している」

＊暗夜行路（1921-37）〈志賀直哉〉一・九「青い擦硝子の中に橙色にぼんやりと光ってゐる灯が」

＊美しい村（1933-34）〈堀辰雄〉美しい村「窓がすっかり開け放たれて、橙色のカアテンの揺らいでゐるのが見えた」

＊青べか物語（1960）〈山本周五郎〉白い人たち「焚口の火を映して、建物の中に充満した濃霧は橙色（だいだいいろ）にぼうと染まり」

70 みかんいろ

JIS

蜜柑色

6YR 6.5 / 13　C0 M55 Y100 K0

ミカン（蜜柑）の果皮のような色。クレヨンおよびパスの色名。▽あざやかな黄赤。［vv-O］▼ミカンはミカン科の常緑小高木。

＊真理の春（1930）〈細田民樹〉縛られる・一「足早に小ごしをかがめ、蜜柑色の小さなスエターを背後から握った」

＊無関係な死（1961）〈安部公房〉「西陽をうけて、ミカン色に輝いている、壁半分の大きな出窓」

71 にんじんいろ

人参色

2.5YR 6.5 / 12　**C**0 **M**65 **Y**80 **K**0

ニンジン（人参）の根のような色。▽つよい黄赤。［**st-O**］▼ニンジンは、セリ科の二年草。古くから栽培されている主要な野菜の一つ。根は肥厚し倒円錐形で橙黄色を帯び、芳香と甘みがあり、食用とされる。また、若葉も食べられる。

＊失われた時（1960）〈西脇順三郎〉一「この藪の人このベルン人　このにんじん色の世界を見たこの不幸な午後」

72 そひ

纁

2YR 6 / 8　**C**0 **M**50 **Y**60 **K**8

アカネ（茜）で染められた黄赤のこと。淡い緋色。▽くすんだ黄赤。［**dl-O**］▼アカネの根を、灰汁媒染によって染める茜染めのうち、浅く染めたものが「纁（そひ）」と考えられる。

＊令義解（718）衣服・服色条「凡服色。白。黄丹。紫。蘇方。緋。紅。黄橡。纁（そひ）。蒲萄〈謂。纁者。三染絳也〉」

＊令集解（718）衣服・服色条「釈云。纁。説文。浅絳也。音許云反。俗云。蘇比也」

73 きあか

JIS

黄赤

2.5YR 5.5 / 13　**C**0 **M**72 **Y**100 **K**0

黄色がかった赤。基本色名の一つ。マンセル表色系のYR（Yellow Red）に相当する。▽あざやかな黄赤。［**vv-O**］

＊大和本草（1709）一一「犬まきの木、其実大にして小指の如く、長くして人の形に似て、僧の袈裟かけたるが如し。故に羅漢の名あり。実の色黄赤也」

＊重訂本草綱目啓蒙（1847）三五・卵生「大黄蜂〈略〉一種形最大にして色黒く、腰の色黄赤なる者は胡蜂なり」

74

えどちゃ

江戸茶

5YR 6/6　**C**0 **M**40 **Y**60 **K**25

薄い茶色の染め色。▽くすんだ黄赤。**[dl-O]** ▼江戸時代前期の流行色であったらしい。

*俳諧・玉海集（1656）一・春「大ふくをけふたてそむる江戸茶かな〈正安〉」

*万宝鄙事記（1705）四・一二「江戸茶染　やまもの皮と、はいの木の葉とを煎じ、五六返程そめて、あげさまに、一端に付、明礬の末を、茶一ぷく程かきまぜ、染に右の如くして染れば、江戸茶の色少黄こげ色也」

75

うめぞめ

梅染

2.5YR 6/4　**C**0 **M**40 **Y**55 **K**30

梅谷渋（うめやしぶ）で染めたもの。浅く染めたものを赤梅、深く染めたものを黒梅という。▽灰みの黄赤。**[mg-O]** ▼梅谷渋は、紅梅の根を切り、濃く煎じ出した染め汁。

*満済准后日記 - 永享三年（1431）正月七日「四辻宰相中将来、梅染一重献之」

*宗五大草紙（1528）衣装の事「かたびらの事〈略〉ただ男は若きも老いたるも白き帷子（かたびら）似合候。其の外は梅ぞめなど能候」

*言継卿記 - 永禄七年（1564）八月一〇日「烏段子之肩衣、梅染一端、三百疋賜之、祝着了」

*日葡辞書（1603-04）「Vmezome（ウメゾメ）」

*万宝鄙事記（1705）四・一二「梅染（むめぞめ）の法　梅の木をこまかに打わりて、水にせんず。布壱端には、水三升程入、二升二合程にせんじ、早稲藁を黒焼にして、右の煎じ汁を三四返そそぎ、其灰汁にて三返染る」

*随筆・貞丈雑記（1784頃）三「加賀梅ぞめと云は加賀国より出る梅染の絹也。梅染とは、梅やしぶと云物にて染る也。赤き色に黄（きば）みある色也」

76 あかくちば

赤朽葉

5YR 6 / 6.5　**C**0 **M**50 **Y**70 **K**12

● 朽葉色の赤みを帯びたもの。▽くすんだ黄赤。[dl-O]

*蜻蛉（974頃）上・康保二年「車よせさせてのるほどに、行く人は二藍の小袿（こうちぎ）なり。とまるはただ薄物のあかくちばをきたるを脱ぎかへて別れぬ」

*源氏（1001-14頃）乙女「大きやかなる童の、濃き衵（あこめ）、紫苑（しをん）の織物重ねて、あかくちばのうすものの汗衫（かざみ）いといたうなれて」

77 くるみいろ

胡桃色

5YR 5.5 / 6.5　**C**0 **M**50 **Y**70 **K**30

● クルミ（胡桃）の樹皮を煎じてとった染料で染めた色。また、クルミの実の色。▽くすんだ黄赤。[dl-O]

*続日本後紀－承和五年（838）三月癸未「其権レ宜行レ制、省レ弊為レ貴、如今呉桃染、黄墨染、杉染、皁染等色、染作無レ貴」

*多武峰少将物語（10C中）「中宮より、くるみのいろの御ひたたれ、くちなしぞめのうちき一重ね」

78 かわらけいろ

土器色

2YR 5.5 / 6　**C**0 **M**50 **Y**55 **K**30

● 土器のような色。▽くすんだ黄赤。[dl-O] ▼土器は釉（うわぐすり）をかけないで焼いた陶器で、古くは食器として用いたが、のち、行灯（あんどん）の油皿などに用いられた。

*東北院職人歌合（1348頃か）六番「ひとめみしかはらけ色のきぬかづき我に契や深草の里」

*虎明本狂言・富士松（室町末－近世初）「手にもてる、かはらけ色のふるあわせ」

79 らくだいろ JIS

駱駝色

4YR 5.5 / 6　**C**0 **M**50 **Y**60 **K**30

●ラクダ（駱駝）の毛のような色。▽くすんだ黄赤。[dl-O] ▼ラクダは、ラクダ科の哺乳類。背のこぶの数からヒトコブラクダとフタコブラクダがある。ラクダは上代すでに渡来したが、日本で一般に知られるようになったのは、江戸時代の文政（一八一八～三〇）のころ、雌雄のラクダが見せ物になって以降のことらしい。ラクダの毛の織物や、その色名については近代に入ってから一般化した。

＊くれなゐ（1936）〈佐多稲子〉―「二人の女は、ラクダ色とこげ茶とのどちらも地味な毛織のショールに肩をくるんで」
＊大根の葉（1938）〈壺井栄〉―「健の好きなラクダ色の毛糸の洋服であった」
＊水中都市（1952）〈安部公房〉「背中の箱から同じような念珠を五つ六つ取出し〈略〉このラクダ色のやつ、渋くてよくお似合ですぜ」
＊火垂るの墓（1967）〈野坂昭如〉「わずかに見覚えのあるもんぺのいたるところ焼け焦げできていて、その下のラクダ色のパッチがのぞく」
＊毛布譚（1970）〈柏原兵三〉「英国製のその毛布はこっくりしたらくだ色の、何ともいえないいい色をした、毛の長い、純毛のすばらしい毛布だった」
＊壁紙を貼る女（1970）〈大原富枝〉「ラクダ色のシャツとズボン下だけの男が、銃を斜めに抱えて下りてきました」

80 こがれこう

焦香

5YR 5.5 / 5.5　**C**0 **M**50 **Y**60 **K**32

●濃い香色。▽くすんだ黄赤。[dl-O]
▼焦げた香色の意。
＊三条家装束抄（1200頃か）「狩衣の事〈略〉若年人はこがれ香と号して、下かぎを薄紅にして、黄をまぜて染レ之。所詮濃香也」

81 はじいろ

黄櫨色・櫨色

5.5YR 5.5 / 4.5 **C**0 **M**45 **Y**56 **K**32

ハジ（黄櫨・櫨）の樹皮の煎汁で染めた色。▽くすんだ黄赤。**[dl-O]** ▼①ハジ（ハゼ）は、ウルシ科の落葉小高木。②黄櫨染を「はじぞめ」ではなく「こうろぜん」と読む場合は、別の染め色。赤みがかった黄色に染めるもので、天皇の御袍に用いられる。

*正倉院文書・天平勝宝四年（752）経紙出納帳（大日本古文書三）「十六日納色紙壱仟伯張〈略〉浅波自（あさはじ）百張、深波自百張」

*宇津保（970-999頃）楼上上「かんの殿の上らう三くるまは、くれなゐのうちあはせにはじのおり物」

*平治（1120頃か）中・待賢門の軍の事「はしの匂の鎧に、蝶の丸すそ金物」

*太平記（14C後）九・六波羅攻事「櫨匂（はちにほひ）の鎧に、薄紫の母衣（ほろ）かけたる武者只一騎」

*書言字考節用集（1717）六「黄櫨染 ハジソメ」

*軍用記（1761）三「黄櫨威（はじおどし）と云ふははじ色の糸にて威す也」

82 きちゃ JIS

黄茶

4YR 5 / 9 **C**0 **M**60 **Y**80 **K**10

黄色みを帯びた茶色。クレヨンおよびパスの色名。▽つよい黄赤。**[st-O]** ▼「茶」に、基本色名の「黄」を、色みを表わす修飾語として組み合わせた色名。

*装剣奇賞（1781）七・緒〆玉類「ろはく。黄茶色にして光なし、琥珀の一種なり、其の色の唐蠟に似たるを以て蠟珀と呼ぶなるべし」

83 たいしゃいろ

JIS

代赭色

2.5YR 5 / 8.5 **C**0 **M**70 **Y**84 **K**30

赤色の粉末の顔料、代赭のような色。代赭は黄土を灼熱して水分を取り去ったもの。また、赤鉄鉱を粉砕したものを用いる。▽くすんだ黄赤。［dl-O］▼「赭」は赤土の意。代赭は、中国の山西省代州産のものを上品とするところからの名。

＊五重塔（1891-92）〈幸田露伴〉二一「赭色（たいしゃ）になりて荷（はす）の茎ばかり情無う立てる間に」

＊津軽海峡（1904）〈島崎藤村〉「町の角々には代赭色の夏服着た厳（いかめ）しい兵士が控へて」

＊枯菊の影（1907）〈寺田寅彦〉「彩色と云っても絵具は雌黄に藍墨に代赭位よりしかなかったが」

＊田舎教師（1909）〈田山花袋〉四一「草の枯れた利根川の土手は唯一帯に代赭色（たいしゃいろ）に塗られて見えた」

＊コサビネ艦隊の抜錨（1930）〈龍胆寺雄〉「窓の外は、右も左もただゆるく波濤状に起伏した褪赭色（たいしゃいろ）の砂漠だ」

＊芽むしり仔撃ち（1958）〈大江健三郎〉一「無花果の数本の向うの代赭色の川を見たりして」

＊がらくた博物館（1975）〈大庭みな子〉すぐりの島「代赭色の土の色に負けないほどの鮮やかな緑とかコバルトブルー、それから向日葵やオレンジやオリーヴの色が好きなんだ」

84 だんじゅうろうちゃ

団十郎茶

5YR 5 / 5 **C**0 **M**50 **Y**60 **K**45

歌舞伎役者市川団十郎家伝来の「暫（しばらく）」の狂言に、柿色の素袍を用いたのが、五代目団十郎（一七四一～一八〇六）の人気に乗じ、この色が流行したところから。▽くすんだ黄赤。［dl-O］

85

ちょうじちゃ

丁子茶

5YR 5 / 4.5　**C**0 **M**48 **Y**57 **K**50

茶色がかった丁子色。▽くすんだ黄赤。**[dl-O]**

*洒落本・風俗八色談（1756）四・夢中色談の事「丁子茶（てうじちゃ）の紬（つむぎ）の小袖に同色の袷羽織に黒裏付て」

*随筆・賤のをだ巻（1802）「衣類の色も、其頃は丁子茶と云ふ色流行り出て」

*滑稽本・浮世風呂（1809-13）三・下「丁子茶（てうじちゃ）から見ては、今の鼠や路考茶は近頃の物だっさ」

86

かばちゃ

樺茶・蒲茶

2YR 4.5 / 5.5　**C**0 **M**50 **Y**55 **K**45

樺（かば）色を帯びた茶色。▽暗い黄赤。**[dk-O]** ▼江戸時代、「樺茶染」が流行した。

*浮世草子・椀久二世（1691）上・死所も多きに爰は扨「しゃれ過て、綿物（もめんもの）を花茶染（かばちゃそめ）にして」

*古今要覧稿（1821-42）二七八「樺桜　怡顔斎桜品云花形桐谷に似て重瓣なり。鬱金色にして瓣によれあり、黄桜ともいふ樺茶色なり」

87

からちゃ

枯茶・唐茶

5YR 4.5 / 4.5　**C**0 **M**50 **Y**60 **K**50

黄色みを帯びた茶色。▽暗い黄赤。**[dk-O]**

*言継卿記・天文一三年（1544）一〇月四日「予木綿袴唐茶染、今日出来了」

*浮世草子・好色三代男（1686）一・序「あげ山織の衣服、から茶の糸を以て紋を縫いせり」

*風俗画報・二六〇号（1902）流行門「猟衣地質はスコットの枯茶色の類に限るやうにて」

88 はいちゃ JIS

灰茶

5YR 4.5 / 3　**C**0 **M**45 **Y**57 **K**50

灰色みを帯びた茶色を表わす色名。クレヨンおよびパスの色名。▽暗い灰みの黄赤。［**dg-O**］

89 しぶがみいろ

渋紙色

2.5YR 4 / 4.5　**C**0 **M**50 **Y**55 **K**50

渋紙のような色。▽暗い黄赤。［**dk-O**］▼渋紙は、紙をはり合わせ、柿渋を塗って乾かしたもの。

＊狂歌・吾吟我集（1649）三「いまよりの雨をやはぢく柿もみぢしぶ紙いろにふかくそめつつ」

＊鶏（1909）〈森鷗外〉「家主が出て来て案内をする。渋紙色の顔をした、萎びた爺さんである」

90 ちゃかっしょく

茶褐色

2.5YR 3.5 / 7　**C**0 **M**70 **Y**80 **K**50

茶色っぽい褐色。▽暗い黄赤。［**dk-O**］

＊本朝食鑑（1697）二「有浜名納豆、〈略〉其状茶褐色而不粘如乾、其味甘鹹帯微苦」

＊物品識名拾遺（1825）「ビロウドシダ　瓦韋一種葉面背ともに茶褐色の毛茸あり」

＊開化の入口（1873-74）〈横河秋濤〉下「彼の西洋人は高加素と言て、色白く鼻高く、身の丈け長く毛髪（けいろ）赤く、眼の珠茶褐にして、思慮分別深く、智巧に耽

り、沈勇の風あり」
＊めぐりあひ（1888-89）〈二葉亭四迷訳〉二「矢張り美くしい茶褐色（ちゃかちいろ）の髯を捲いてゐて」
＊風俗画報・三四〇号（1906）各部隊の整列「参列部隊を首め陪観将校とも残らずカーキー服にして、宛がら茶褐色（ちゃかっしょく）の堤防を築きたるが如く」
＊田舎教師（1909）〈田山花袋〉四八「砲声を前景にした茶褐色（ちゃかっしょく）の兀（は）げた丘」
＊千曲川のスケッチ（1912）〈島崎藤村〉五・九月の田圃道「その中で濃い茶褐色のが糯（もちごめ）を作った田であることは」
＊旅・昭和一八年（1943）終刊号・南方の富士に似た山〈辻村太郎〉「高千穂峰のやうに茶褐色（ちゃかっしょく）の火山礫に蔽はれた山腹は」
＊流人島にて（1953）〈武田泰淳〉「ゆらめく海藻の、茶褐や黒緑の色どりが、〈略〉船の周辺に、のったりと漂ふ」

91

くりいろ

JIS

栗色

2YR 3.5 / 4　**C**0 **M**70 **Y**80 **K**65

● クリ（栗）の実の皮のような色。▽暗い灰みの黄赤。[dg-O] ▼クリは、ブナ科の落葉高木。各地に自生するが、果樹としても栽培される。実は熟すと裂開する球形のいがに包まれ、堅い果皮と渋皮をとり去って食用とする。材は腐朽しにくいので建築、船舶、線路の枕木などに用いられる。また、樹皮のタンニンは染料および鞣（なめし）皮に用いる。
＊蕉堅藁（1403）呈湛然静者并謝画「松花供二午鉢一、栗色染二畦衣一」
＊運歩色葉（1548）「栗色」
＊浄瑠璃・薩摩歌（1711頃）鑓じるし「くり色の敲鞘（たたきざや）、筆なりの中締めは、江州彦根の御大将」
＊小公子（1890-92）〈若松賤子訳〉八「馬は艶々した栗色（くりいろ）の頸を弓形（ゆみがた）にし」
＊廃園（1909）〈三木露風〉凋れたる噴水・病院の黄昏「しかはあれ、時はやし　すべてみな声をひそめて　ただ残る褐色（くりいろ）の　月の象（かた）、夜天に痕し」
＊黒い眼と茶色の目（1914）〈徳富蘆花〉三・六「敬二は寿代（ひさよ）さんの手ずれた此栗色の背革オリーヴ色のクロースの表紙のついた本を大切にして」
＊夜明け前（1932-35）〈島崎藤村〉第一部・上・一・二「栗色なめしの鎗を立てて江戸方面から進んで来る新任の長崎奉行」
＊海と毒薬（1957）〈遠藤周作〉二・一「日本人の顔はしているが髪の毛が栗色だった」

92

ちゃいろ

JIS

茶色

5YR 3.5 / 4　　C0 M55 Y70 K55

もともとは、茶の葉を蒸して使う、茶染の色。赤系から黄系にかけて範囲が広く、その色名の多さから江戸時代には「四十八茶百鼠」の言葉も作られた。クレヨンおよびパスの色名。▽暗い灰みの黄赤。[dg-O]

*兵範記・保元三年（1158）一〇月一九日「右衛門権佐貞憲、茶染狩襖袴、一斤染衣」

*太平記（14C後）四〇・中殿御会事「地黒に茶染（ちゃそめ）の直垂に、金薄にて大筋籠を押て」

*政基公旅引付・文亀二年（1502）八月巻末「茶染の法　黄茶は下地を苅安にて黄に染て、其上を楊梅の皮を煎て、濁りたふさを合せて、あつき時に二反も三反も引之、其上を椿のあくにて染よ、茶は始終不入也」

*仮名草子・仁勢物語（1639-40頃）下・六一「名にし負はばちゃいろこそあれ赤裏の頭巾肩衣著るを云ふなり」

*随筆・守貞漫稿（1837-53）一七「茶は黄赤あり赤黒あり黄黒あり煎茶色を云也」

*こがね丸（1891）〈巌谷小波〉二回「苦痛の中に産み落せしは、いとも麗はしき茶色毛（ちゃいろけ）の、雄犬只一匹なるが」

*思出の記（1900-01）〈徳富蘆花〉一〇・一五「茶色がかった古い写真を飾ってある」

*家（1910-11）〈島崎藤村〉上・四「高い天井、茶色の壁紙で貼った床の間などがお雪の眼についた」

*鉛の卵（1957）〈安部公房〉八「彼はグレイで、向うは明るい茶だった」

93

かっしょく

JIS

褐色

6YR 3 / 7　　C0 M70 Y100 K55

やや黒みを帯びた茶色。▽暗い黄赤。[dk-O] ▼「褐色（かちいろ・かちんいろ）」とよむ場合は、多く「搗」の借字で、別の色。↓229 かちいろ（褐色・搗色・勝色）

*露団々（1889）〈幸田露伴〉三「其後は父の毎朝出（いづ）るごとに、少許（すこし）の褐色（かっしょく）のぱんと、ばた及び冷水を昼食（ちゅうじき）として与ふるを受け取りて」

*思出の記（1900-01）〈徳富蘆花〉一・九「桜は盛を過ぎて、墓地一面の落花であったが、まだ褐色の葉隠（はがくれ）に彼処（かしこ）に一簇（ひとむら）此処に一団の雪が残って」

*ヰタ・セクスアリス（1909）〈森鷗外〉「濃い褐色の皺の寄った顔で、曲った鼻が高く、頬（ほう）がこけてゐる」

*田舎教師（1909）〈田山花袋〉五六「ごゐさぎを売りに来たのを〈略〉買った。嘴は浅緑色、羽は暗褐色（あんかっしょく）に淡褐色（たんかっしょく）の斑点」

*アリア人の孤独（1926）〈松永延造〉二「褐色をした手風琴のごく古いものが直ぐ其処へ持ち出された」

*上海（1928-31）〈横光利一〉七「褐色の破れた帆をあげた伝馬船が、港の方から、次ぎ次ぎに登って来た」

*硝酸銀（1966）〈藤枝静男〉四「光沢のある薄卵色の顔の左の眼尻に毛のはえた褐色の黒子があった」

94

こげちゃ

JIS

焦茶

5YR 3/2　**C**0 **M**38 **Y**38 **K**70

●ものが焦げたような色であるところから、濃い茶色、黒みがかった茶色をいう。クレヨンおよびパスの色名。▽暗い灰みの黄赤。[dg-O]

*滑稽本・東海道中膝栗毛（1802-09）五・追加「いしゃの弟子と見へて、こげちゃのもめんもん付に、くろちりめんのかたのひけたるはをりを、ひっかけたるぼうさま」

*風俗画報-二六一号（1902）流行門「中山高 概（おほむ）ね黒に限られたるものの、稀には焦茶（こげちゃ）の好みもあるべし」

*破戒（1906）〈島崎藤村〉四・三「西の空は急に深い焦茶色に変ったかと思ふと」

*婦系図（1907）〈泉鏡花〉前・五「それに焦茶の肩掛（ショオル）をしたのは、今日あたりの陽気には聊かお荷物だらうと思はれるが」

*或る女（1919）〈有島武郎〉前・一三「見ると葉子の前にはまさしく、角灯を持って焦茶色のマントを着た事務長が立ってゐた」

*春景色（1930）〈川端康成〉五「杉林は焦茶色の暗さのうちに、もの明るさがほの見えてゐた」

*青べか物語（1960）〈山本周五郎〉水汲みばか「秩父物の焦茶色に荒い縞のはいった、袖なしの半纏をひっかけていた」

*月は東に（1970-71）〈安岡章太郎〉五「あの男の鳥打帽も焦茶色のレーンコートも」

95 うすたまごいろ

薄卵色

10YR 8.5 / 3　**C**0 **M**5 **Y**20 **K**0

卵色の薄いもの。▽ごくうすい赤みの黄。**[vp-rY]**

*浮世草子・好色二代男〈1684〉五・五「廿（はたち）にはなるまじき女、地は薄玉子（うすたまご）に、承平の染紋」

*硝酸銀〈1966〉〈藤枝静男〉四「伯母は生き生きと働いていた。〈略〉光沢のある薄卵色の顔の左の眼尻に毛のはえた褐色の黒子があった」

96 ゆうおう

雄黄

10YR 8 / 8.5　**C**0 **M**15 **Y**40 **K**0

*随筆・独寝〈1724頃〉下・九四「当分其道めでて真実の画に心をよせぬ故ならんかし。雄黄などもすきと用ひぬよし也」

*読本・雨月物語〈1776〉蛇性の婬「法師まづ雄黄（ゆうわう）をもとめて薬の水を調じ」

*稿本化学語彙〈1900〉〈桜井錠二・高松豊吉〉「Orpiment. Operment, n　雄黄」

砒（ひ）素の硫化鉱物「雄黄」の色。ふつう赤みの黄色で純粋なものは古くから顔料として用いられている。▽明るい赤みの黄。**[lt-rY]** ▼温泉の噴気孔から産し、鶏冠石（けいかんせき）が変質したものともみられている。

*続日本紀‐文武天皇二年〈698〉九月乙酉「令㆔近江国献㆓金青㆒、伊勢国朱沙雄黄」

*本草和名〈918頃〉「雄黄　一名黄食石　一名石黄〈略〉和名岐爾　出伊勢国」

97 たまごいろ
JIS

卵色・玉子色

10YR 8 / 7.5　**C**0 **M**20 **Y**60 **K**0

鶏卵の中の黄身の色。▽明るい赤みの黄。**[lt-rY]** ▼卵の殻の色を卵色と呼ぶこともある。

*浮世草子・好色一代男（1682）七・二「卵色（たまごいろ）の縮緬（ちりめん）に、思日入の数紋（かすもん）」

*浮世草子・好色二代男（1684）一・五「木綿（きわた）の中入、上にかびたんの玉子色（たまこいろ）なるをひっかへしに、黒糸のぬいもん」

*浮世草子・世間娘容気（1717）五「玉子色の帯をほそき組帯に仕替（しかへ）て」

*随筆・守貞漫稿（1837-53）九「元禄中処女の扮〈略〉上着玉子色、同裡摸様秋草に翠簾」

*虞美人草（1907）〈夏目漱石〉一五「卵色（たまごいろ）の襯衣（シャツ）の袖が正面に見える」

*婦系図（1907）〈泉鏡花〉後・五一「早朝日の出の色の、どんよりとして居たのが、其まま冴えもせず、曇りもせず。鶏卵色（たまごいろ）に濁りを帯びて」

*森の絵（1907）〈寺田寅彦〉「コバルトの空には玉子色の綿雲が流れて、遠景の広野の果の丘陵に紫の影を落す」

*桑の実（1913）〈鈴木三重吉〉一「二枚の小さい油画がテイブルかけの玉子色の上に際立って見えた」

*琉球物語（1948-56）〈火野葦平〉山原乙女・七「ナベさんは小さい井桁模様のある卵色の芭蕉布を頭から被っていなさる」

98 うすこう

薄香

10YR 8 / 3　**C**0 **M**7 **Y**25 **K**5

香色の薄いもの。▽明るい灰みの赤みを帯びた黄。**[lg-rY]**

*栄花（1028-92頃）衣の珠「御几帳をもうすかうぞめなり」

*今昔（1120頃か）三〇・一「筥（はこ）の内を臨けば、薄香（うすかう）の色したる水半許（なからばかり）入りたり」

*河海抄（1362頃）六「こまのくるみいろのかみに高麗紙也。くるみいろとはうらはしろくて表は薄香の色なる紙也」

99

あまいろ

亜麻色

10YR 8 / 2　**C**0 **M**5 **Y**20 **K**10

亜麻糸の色。▽明るい灰みの赤みを帯びた黄。**[lg-rY]** ▼アマ（亜麻）は、アマ科の一年草。ヨーロッパ原産で、日本には元禄時代（一六八八～一七〇四）に渡来した。夏、青紫色または白色の五弁の花が咲く。種子から亜麻仁油を絞る。茎からとれる繊維は、麻布地の原料となる。その繊維を採るために栽培したのは、北海道開拓使が初めてという。

＊めぐりあひ（1888-89）〈二葉亭四迷訳〉二「鶏冠（とさか）めかして亜麻色の前髪をたてた、快い曇眼（どんよりまなこ）の、背の高い、壮年の男」

＊牧羊神（1920）〈上田敏訳〉薔薇連禱「亜麻色（あまいろ）の薔薇の花、華車（きゃしゃ）な撫肩にひっかけた格魯謨色（クロオムいろ）の軽い塵除けのやうな亜麻色の牡（を）よりも強い牝（め）と見える、偽善の花よ、無言の花よ」

＊放浪時代（1928）〈龍胆寺雄〉二・四「汚い亜麻色（あまいろ）の髪を乏しくひっ詰めに結った低い彼女の頭」

＊美しい村（1933-34）〈堀辰雄〉美しい村「乳母車の中から亜麻色の毛髪をした女の児が私の顔を見てにっこりとした」

100

やまぶきいろ

JIS

山吹色

10YR 7.5 / 13　**C**0 **M**35 **Y**100 **K**0

ヤマブキ（山吹）の花のような色。クレヨンおよびパスの色名。▽あざやかな赤みの黄。**[vv-rY]** ▼ヤマブキは、バラ科の落葉低木。春、径約四センチメートルの黄金色の五弁花を開く。

＊多武峰少将物語（10C中）「山ふきいろのうちき一重ね」

＊源氏（1001-14頃）紅葉賀「まばゆき色にはあらで、紅、紫、山ぶきの地の限り織れる御小袿などを」

＊太平記（14C後）六・関東大勢上洛事「名馬に〈略〉款冬色（やまぶきいろ）の厚総懸けて」
＊文明本節用集（室町中）「裓〈衣〉黄草布款冬色（やまぶきいろの）布也」
＊兵隊の宿（1915）〈上司小剣〉一「あんたの金鎖みたいに山吹色をした太いのは、これ金鎖で候と書いたるやうで、いきまへん」
＊江戸から東京へ（1921）〈矢田挿雲〉三・一「江戸時代大判小判の別名を光次と云ったのは山吹色（やまぶきいろ）の貨幣面に墨黒々と光次の二字が書いてあったからで」
＊自然の子供（1968）〈金井美恵子〉二「鉛筆はやまぶき色と深緑の縞のヨット鉛筆」

《参　考》

「山吹色」は、大判や小判をもいった。
＊浄瑠璃・吉野忠信（1697頃）三「山ふき色の重宝に事欠き給ふお身ではなし」

101 かんぞういろ

萱草色

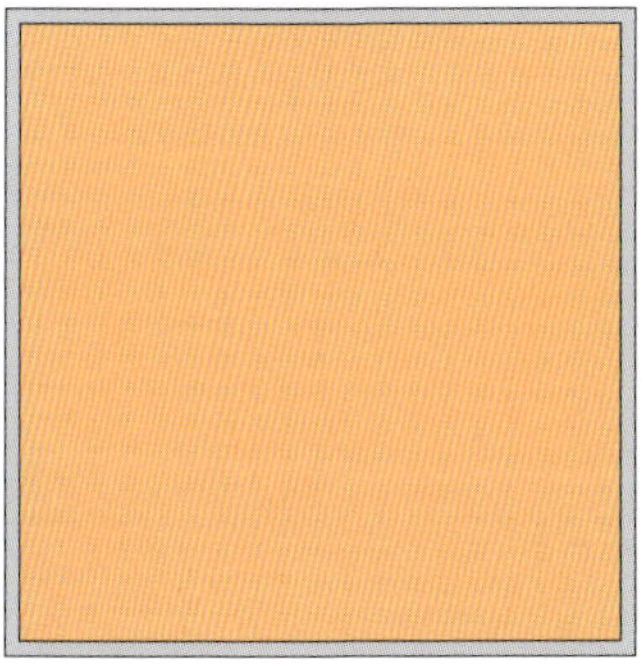

7.5YR 7.5 / 10　**C**0 **M**30 **Y**60 **K**0

カンゾウ（萱草）の花の色。▽つよい赤みの黄。**[st-rY]** ▼①カンゾウは、ユリ科の多年草。主にヤブカンゾウをさす。各地の原野、山地などに広く分布し、夏、黄に赤みを帯びたユリに似た花を数個つける。身につけると憂さを忘れると考えられていたところから、忘れ草とも。②平安時代は、スオウ、またはアカネ、クチナシなどを用いて染めたといわれ、「かぞういろ」とも。

＊源氏（1001-14頃）葵「ほどなき袙（あこめ）人よりは黒う染めて黒き汗衫（かざみ）くゎむざうの袴など着たるもをかしき姿也」
＊源氏（1001-14頃）幻「くゎんさういろのひとへ、いと濃きにび色に、黒きなど」
＊河海抄（1362頃）五「くろきかざみ火ざういろのはかま　黒汗衫萱草色　紅の黄ばみたる色也　凶服也」
＊花鳥余情（1472）六「萱草色は柑子色と大略おなじ。いろあひはすわうにたうさを入てそむるよし見えたり」

102 とうこうしょく

橙黄色

10YR 7.5 / 10　C0 M35 Y90 K0

● 熟したダイダイの実のように赤みを帯びた黄色。「とうおうしょく」とも。▽つよい赤みの黄。[st-rY]

*妄想（1911）〈森鷗外〉「丁度徑一尺位に見える橙黄色（たうわうしょく）の日輪が、真向うの水と空と接した処から出た」

*点鬼簿（1926）〈芥川龍之介〉三「ラム酒は非常にアルコオル分の少ない、橙黄色（とうくゎうしょく）を帯びた飲料だった」

103 とのこいろ

砥粉色

9YR 7.5 / 4　C0 M15 Y38 K12

● 砥粉の色。▽やわらかい赤みの黄。[sf-rY] ▼砥粉は、砥石を切り出す際に生じた砥石の粉、また、黄土を焼いて粉にしたものをいう。刀剣を磨いたり、板、柱などの色づけに用いたりする。俳優などが顔のしわを延ばすため、また、厚化粧の下塗りにも用いる。

*俄あれ（1916）〈里見弴〉「練兵場の東南の隅にあたって砥粉色（とのこいろ）をした煙が騰った」

104 かれいろ

枯色

10YR 7.5 / 4.5　C0 M15 Y40 K10

● 草や木の枯れたような色。「枯草色（かれくさいろ）」とも。▽やわらかい赤みの黄。[sf-rY]

*俳諧・曠野（1689）三・初夏「枯色は麦ばかり見る夏の哉〈生林〉」

*二人女房（1891）〈尾崎紅葉〉中・二「懐中にせし三布風呂敷（みのぶろしき）の、萌黄も春過ぎて夏も茂り、秋も末、冬の初の枯草色（かれくさいろ）なるを」

*ふゆくさ（1925）〈土屋文明〉枯芝山「お

しなべて同じ枯色の山原にかわきて白き道見ゆるなり」
*セルロイドの塔（1959）〈三浦朱門〉三「二十坪ほどの庭は樹木らしいものは殆どなく、その中央の部分は芝生である。枯草色の去年の芝の間から、緑の若芽が生毛のようにのびかけていた」

105

こむぎいろ

JIS

小麦色

8YR 7/6　C0 M42 Y63 K10

コムギ（小麦）の種子のようなつやのある色。日焼けした健康な肌の形容にも使う。▽やわらかい赤みの黄。[**sf-rY**]
▼コムギは、イネ科の一～二年草。アフガニスタンからカスピ海地域原産で、重要な穀物として世界中で栽培される。種子を粉にしてパン、めん類、菓子などの原料にする。また、茎は屋根ふき、麦わら細工、家畜の飼料などに利用される。
*大道無門（1926）〈里見弴〉白夜・二「貴方の、その小麦色（こむぎいろ）のお顔色が、白粉で見えなくなればずゐぶん安心するわ」
*帰郷（1948）〈大仏次郎〉遅日「困ったような顔が、小麦色をして、若々しくて清潔な感じであった」
*戈壁の匈奴（1957）〈司馬遼太郎〉「碧い目と高い鼻梁、そして小麦色の肌をもち」
*夏の終り（1962）〈瀬戸内晴美〉「小麦色に陽やけした少女の軀はのびのびと気持よく育ち」
*暗室（1976）〈吉行淳之介〉六「肌は小麦色に近いが、薄く鉛色を刷（は）いたようにも見える」

106 あめいろ

飴色

10YR 6.5 / 6　C0 M25 Y60 K10

水飴のような色。▽やわらかい赤みの黄。[sf-rY] ▼①水飴は、米、いもなどの澱粉（でんぷん）に麦芽の酵素を加えて作った粘液状の飴。②「飴石」「飴薬〔＝陶磁器のうわぐすり〕」「飴粽（あめちまき）」などはこの色名にちなむ。③古く、飴色の牛は上等とされ、「あめうし・あめうじ」といい、「黄牛」の字を当てた。

＊観智院本三宝絵（984）中「其夜乞食の夢にあめなる牛きたりて云」

＊運歩色葉（1548）「飴色　アメイロ」

＊洒落本・傾城買杓子規（1804）一「あめいろの茶碗へついでやる」

＊白羊宮（1906）〈薄田泣菫〉望郷の歌「稲搗（いなき）をとめが静歌（しづうた）に黄（あめ）なる牛はかへりゆき」

＊虞美人草（1907）〈夏目漱石〉一五「飴色（あめいろ）に塗った鉛筆を」

＊道（1910）〈石川啄木〉「川上の落葉を載せた清く浅い水が、飴色の川床の上を幽かな歌を歌って流れて行った」

＊波（1928）〈山本有三〉父・一・一四「彼は道端の飴色になった、薄の大きな株の前に立止まった」

＊青べか物語（1960）〈山本周五郎〉芦の中の一夜「木工部や舵輪は飴色（あめいろ）に拭きこまれており」

＊兎（1972）〈金井美恵子〉「青い蔓薔薇の模様のある大きな小判型の皿に、飴色に脂光りする脚付きの兎が盛られ」

107 しかんちゃ

芝翫茶

7.5YR 6.5 / 4　C0 M30 Y50 K30

江戸時代、大坂の歌舞伎役者、三世中村歌右衛門（俳名、芝翫）（一七七八〜一八三八）が好んで用いた茶色。のち、広く女性の間に流行した。▽やわらかい赤みの黄。[sf-rY]

＊歌舞伎・傾城筑紫𤄃（1814）三「正面に障子三枚入てある、上に芝翫茶（しくゎんちゃ）の暖簾、此下に二つ竈（べつい）に茶釜かけてある」

＊雑俳・柳多留‐一〇七（1829）「藤の江戸

染芝翫茶に染直し」
＊都繁昌記（1837）乞食「時様競ふ所の染紋衣衫、芝翫茶璃寛茶拗梅花環雀と呼ぶの類」
＊随筆・守貞漫稿（1837-53）一七「又京坂にて芝翫茶璃寛茶市紅茶、江戸の路考茶梅幸茶等は、文化文政天保頃の芝居俳優の名にて当時行れ婦女の用たる由を聞く」

108 きつねいろ

狐色

7.5YR 6 / 8　**C**0 **M**50 **Y**90 **K**25

キツネ（狐）の毛の色（ふつう橙褐色）に似た色。▽こい赤みの黄。**[dp-rY]**
▼キツネはイヌ科の哺乳類。
＊虎明本狂言・釣狐（室町末-近世初）「出立は、初はすみぼうし〈略〉あはせはきつね色、ころもすゑひろがりのあふぎ」
＊俳諧・犬子集（1633）四・蘭「黄葉するらんきくや実狐色〈重頼〉」
＊料理物語（1643）九「あをがちは雉子のわたをたたき、みそを少し入、なべに入、きつね色ほどになるまでいり、なべをすすぎ、さてだしを入、にえ立次第鳥を入、しほかげんすいあはせ出候也、いりかげん大事也、霜雪正月の事なり」
＊滑稽本・浮世床（1813-23）初・上「『コウこりゃア何だ』『狸餅』『ヱ狐色（きつねいろ）だぜ』」
＊三四郎（1908）〈夏目漱石〉二「大学の池の縁で逢った女の、顔の色ばかり考へてゐた。——其色は薄く餅を焦した様な狐色（きつねいろ）であった」
＊土（1910）〈長塚節〉二六「おつぎは手桶の底の凍った握飯を焼趾の炭に火を起して狐色に焼いて」
＊明暗（1916）〈夏目漱石〉六〇「下女が皿の上に狐色（きつねいろ）に焦げたトーストを持って来た」
＊埋葬（1971）〈立原正秋〉四「鴨はきつね色に焼きあがっていた」
＊地を潤すもの（1976）〈曾野綾子〉八・一「三枚にひらいた大魚をキツネ色になるまで、から揚げしているのである」

109

おうどいろ

JIS

黄土色

10YR 6 / 7.5　**C**0 **M**35 **Y**70 **K**30

黄土に似た赤みを帯びた黄色。黄土は、顔料として使う含水酸化鉄で、塗料などに用いる。クレヨンおよびパスの色名。▽こい赤みの黄。[dp-rY]▼一般的にいう「黄土」は、石英、長石、雲母などを含む細砂、粘土から成る黄褐色の土で、砂漠などから風によって半乾燥地に運ばれ、堆積したもの。中国山西省のものに代表される。

＊色葉字類抄（1177-81）「黄土　ワウト」

＊高野山文書・嘉吉三年（1443）五月二八日・山王院一御殿造営勘録状（大日本古文書四・一八五）「三百五十枚にとわうとの代」

＊重訂本草綱目啓蒙（1847）三・土「黄土は山つちの色の黄なるものなり。〈略〉染家にて象牙色（たまごいろ）を染るに用ゆ」

＊蝮のすゑ（1947）〈武田泰淳〉三「足もとの岩壁に黄土色の波が打ちよせるのを隣のベンチの子供たちが熱心に見下してゐた」

＊母なるもの（1969）〈遠藤周作〉「子供の着物は薄藍で、農婦の着物は黄土色で塗られ」

＊面影（1969）〈芝木好子〉四「無地の布を人形に着せ、処々へ絵模様を描こうかと考えはじめた。色は沈んだ黄土色にしてみたい」

＊見知らぬ家路（1970）〈黒井千次〉「黄土色の吸口を持つ煙草の吸がらは、少なくとも袋の中でまだ濡れてはいない」

110

ちょうじいろ

丁子色・丁字色

7.5YR 6 / 6.5　**C**0 **M**40 **Y**65 **K**30

チョウジ（丁子）の樹皮などの煮汁で染めた色。▽くすんだ赤みの黄。[dl-rY]▼チョウジは、フトモモ科の常緑高木。淡紅色の花は芳香があり、つぼみを乾燥させたものを丁子または丁香といい、香料や染料として用いる。

＊源氏（1001-14頃）蜻蛉「丁子に深く染めたるうすものの単衣を」

＊浜松中納言（11C中）三「尼上の御料には、鈍色（にびいろ）の御衣に、ちゃうじぞ

めのうすものの袿」
＊狭衣物語（1069-77頃か）一「ちゃうしに黒（くろ）むまで染み返りたる一襲、紅の単衣」
＊俳諧・犬子集（1633）三・納涼「風かほる雲の衣や丁子染〈興嘉〉」
＊浮世草子・風流曲三味線（1706）五・四「終に召馴ぬ木綿島の袷を上ばり花色染に丁字（ちゃうじ）小紋の羽織」
＊雑俳・住吉みやげ（1708）「ねちくさい・丁子小紋がまきにくい」
＊人情本・後正夢明鳥発端（1823）下「又は芥子焼丁字焼（ちゃうじやき）、鉢木の梅の貝細工」

111 くわちゃ

桑茶

10YR 6 / 6.5　**C**0 **M**40 **Y**80 **K**35

茶がかった桑染色。桑染色よりもやや暗い色をいう。▽くすんだ赤みの黄。**[dl-rY]**

＊洒落本・仕懸文庫（1791）二「くわちゃがへしの小もん、ちりめんのひとへもの」

112 きつるばみ

黄橡

10YR 6 / 4　**C**0 **M**30 **Y**60 **K**30

黄赤の黒ずんだ色。▽くすんだ赤みの黄。**[dl-rY]** ▼「つるばみ」はドングリ（団栗）の古称。

＊令義解（718）衣服・服色条「凡服色、白、黄丹、紫、蘇方、緋、紅、黄橡、纁、蒲萄」
＊令義解（833）僧尼・聴着木蘭条「凡僧尼聴著木蘭、青碧、皀、黄及壊色等衣。謂、木蘭者、黄橡也」

113

きんちゃ

JIS

金茶

9YR 5.5 / 10　　**C**0 **M**50 **Y**100 **K**10

金色がかった茶色。古く、薄い赤みの白茶をいった。▽こい赤みの黄。[dp-rY]

*多情多恨（1896）〈尾崎紅葉〉後・五・二「帯は葡萄色地（ゑびいろぢ）に金茶の網目を織出して」

*風俗画報-二五五号（1902）流行門「鼻緒はフラス又は舶来天にて色は赤、紫、金茶（きんちゃ）等に限るやうなり（代価壱円乃至弐円五拾銭位）」

*青春（1905-06）〈小栗風葉〉春・八「紅鼠の横雲は金茶の縁（へり）を取って、天（そら）もレモン色の黄ろく」

*妻（1908-09）〈田山花袋〉二〇「俥には丸髷の女が金茶色の流行の肩掛をして乗って居た」

*思ひ出（1911）〈北原白秋〉骨牌の女王・黒い小猫「黒い小猫の金茶の眼」

*日本橋（1914）〈泉鏡花〉四〇「萌黄と金茶の翁格子の伊達巻」

*夜明け前（1932-35）〈島崎藤村〉第二部・上・七・二「男の下着の黄八丈にでも織るものと見えて、おばあさん達が風通しのいいところへ乾してゐる糸の好ましい金茶であるのもお民の眼についた」

*スパニエル幻想（1960）〈阿川弘之〉「スパニエルは、〈略〉光線の加減で、金茶色に光る大きな、毛深い耳を顔の両わきに垂らし」

*面影（1969）〈芝木好子〉四「黒い衣装の胸許へ金茶の下着を細くのぞかせると」

114

こはくいろ

JIS

琥珀色

8YR 5.5 / 6.5　　**C**0 **M**50 **Y**75 **K**30

琥珀のような色。▽くすんだ赤みの黄。[dl-rY] ▼琥珀は古代の樹脂類が地中に埋没して石化したもので、ふつう黄色を帯び、透明または半透明。装飾、電気絶縁材などの材料とする。

*草枕（1906）〈夏目漱石〉八「朱泥の急須から、緑を含む琥珀色の玉液を、二三滴づつ茶碗の底へしたたらす」

*冷笑（1909-10）〈永井荷風〉一五「再び琥珀色のシャンパンが平たい盃の中に軽い

響を立てるかと思ふ程、勢付いた新しい泡を立てる」

＊西郷隆盛（1918）〈芥川龍之介〉「無愛想なウエエタアの手で、琥珀色（こはくいろ）の液体がその中に充された」

＊檸檬（1925）〈梶井基次郎〉「洒落た切子細工や典雅なロココ趣味の浮模様を持った琥珀色や翡翠色の香水壜」

＊竹沢先生と云ふ人（1924-25）〈長与善郎〉竹沢先生とその兄弟・四「銀杏返へしに結ひ、琥珀色の鼈甲の櫛を軽くさしてゐた」

＊帰郷（1948）〈大仏次郎〉客「この琥珀色した酒が、いつも恭吾の孤独を慰めてくれる」

＊潮騒（1954）〈三島由紀夫〉八「よく日にやけた稔りのよい腿は、〈略〉そのあらたかに盛り上った肉は、ほとんど琥珀色（こはくいろ）の光沢を放ってゐる」

＊蘭を焼く（1969）〈瀬戸内晴美〉「無色透明だったクリスタルは、たちまち琥珀色に染めあげられると同時に」

115 うつぶしいろ

空五倍子色

9YR 5.5 / 2.5　**C**0 **M**15 **Y**40 **K**50

ヌルデ（白膠木）の枝に生ずる五倍子（ふし）で染めた薄黒い色。▽灰みの赤みを帯びた黄。**[mg-rY]** ▼五倍子は、ヌルデノミミフシという虫が寄生してできるもので、殻にタンニンを多量に含む。

＊古今（905-914）誹諧歌・一〇六八「世をいとひこのもとごとにたちよりてうつぶしぞめの麻のきぬなり〈よみ人しらず〉」

＊大和（947-957頃）一七三「霜雪のふるやのもとにひとりねのうつぶしぞめのあさのけさなり」

＊言塵集（1406）六「あらはし衣　苔衣。うつぶし染など云は法師の衣と云々」

＊浄瑠璃・融大臣（1692頃）二「春の名残の、朧染うつぶし色の御所染は、皆思はくの歌の文字ちらしこもんじ浮世染」

＊随筆・安斎随筆（1783頃）一三「うつぶし色　是も凶服の色即ちにび色なり。是は五倍子に少し鉄醤（おはぐろ）を加へて染れば薄黒くなるなり」

116 なまかべいろ

生壁色

10YR 5.5 / 2　　**C**0 **M**13 **Y**43 **K**50

塗りたてで、まだよく乾いていない壁のような色。▽灰みの赤みを帯びた黄。

[mg-rY]

＊洒落本・二蒲団（1801）「つむぎのなまかべいろのはおり」

＊多情多恨（1896）〈尾崎紅葉〉後・六・一「お種は生壁色の小紋縮緬の紋服に」

＊草枕（1906）〈夏目漱石〉八「生壁色の地へ、焦げた丹と、薄い黄で、絵だか模様だか」

117 つちいろ

JIS

土色

7.5YR 5 / 7　　**C**0 **M**47 **Y**70 **K**32

岩石などが分解して粉末になった、土のような色。▽くすんだ赤みの黄。

[dl-rY]

《参　考》

血の気のない顔色、やつれた顔色などの形容にも用いられる。その場合は「土気（つちけ）色」とも。

＊説経節・さんせう太夫（与七郎正本）（1640頃）中「まつのきゆふねをあふのけてみてあれば、あらいたはしやな、きゃうだいの人々は、つちいろになってをはします」

＊俳諧・類船集（1676）津「土色といふは人の皃の色わろき事也」

＊雑俳・両面鏡（1756）「土いろな顔で橋まで客送る」

＊滑稽本・八笑人（1820-49）初二「死人のごとく口びるまでつち気色に成」

＊怪談牡丹燈籠（1884）〈三遊亭円朝〉一五「眼は血走り、顔色は土気色（つちけいろ）になり」

＊青春（1905-06）〈小栗風葉〉夏・一六「見る見る顔は土色に変って」

＊冥府（1954）〈福永武彦〉「顔の色が土気色をし、半白の、一つまみほどの髪をひっつめに結った老夫人が」

118

くちばいろ

JIS

朽葉色

10YR 5 / 2　　**C**0 **M**27 **Y**54 **K**55

● 枯れた落ち葉のような色。クレヨンおよびパスの色名。▽灰みの赤みを帯びた黄。[**mg-rY**] ▼近世以降の「茶」に相当するもので、「**赤朽葉**」のほかに、黄色みの「**黄朽葉**」があった。

*延喜式（927）一四・縫殿寮「夏季　四月料〈略〉袷袍六領〈藍幷**朽葉**之類〉料」

*忠見集（960頃）「うへのくちばいろのおほむ扇に、ただつるのかたをおもてにかかせたまへる」

*蜻蛉（974頃）中・天禄二年「黒柿の骨にくちばの帷子（かたびら）かけたる几帳どもも、いとつきづきしきも、あはれとのみ見ゆ」

*源氏（1001-14頃）野分「いときよらなるくちはのうすもの、いまやう色の二なく打ちたるなど、ひきちらしたまへり」

*栄花（1028-92頃）駒競の行幸「御几帳、くちばの末濃（すそご）に秋の絵を書きて、櫨綵（はじだん）の紐をせさせ給へり」

*平家（13C前）四・宮御最期「足利は**朽葉**の綾の直垂（ひたたれ）に、赤皮威（あかがはおどし）の鎧きて」

*浄瑠璃・仮名手本忠臣蔵（1748）三「譜代の侍（さむらい）早の勘平。**朽葉**（くちば）小紋の新袴（さらばかま）」

*偸盗（1917）〈芥川龍之介〉二「十七八の若侍で、これは、**朽葉色**（くちばいろ）の水干に黒鞘の太刀を横たへたのが」

*埋葬（1971）〈立原正秋〉五「**朽葉色**の琉球紬に洗い髪の姿が私には眩しかった」

119

たばこいろ

煙草色

7.5YR 4.5 / 4　　**C**0 **M**40 **Y**60 **K**50

● 乾燥させたタバコの葉のような色。▽暗い赤みの黄。[**dk-rY**] ▼嗜好品のタバコ（煙草）は、ナス科の一年草タバコの葉を干して発酵させて作る。ポルトガル語のtabaco, tabaccoから。

*邪宗門（1909）〈北原白秋〉天草雅歌・嗅煙草「あはれ、あはれ、深江（ふかえ）の媼（おば）よ。髪も頬も**煙草色**（タバコいろ）なる、棕櫚の根に蹲（うづく）む媼よ」

120 ろこうちゃ

路考茶

1.5Y 4.5 / 5　C0 M20 Y70 K55

江戸時代、歌舞伎役者、二世瀬川菊之丞（俳名、路考）（一七四一～七三）が、明和三年（一七六六）、八百屋お七の狂言で、下女お杉の役で着た衣装の染色から流行した色。▽暗い赤みの黄。[dk-rY]

＊談義本・根無草（1763-69）後・四「帽子に瀬川の名目あれば、染物に路考茶あり」

＊談義本・当世穴穿（1769-71）二・さがの釈伽もんどう「此世で、ろかう茶やあい鼠をきせ、金もおるの帯に丸ぐけのこしおびさせてさへ」

＊滑稽本・浮世風呂（1809-13）三・上「路考茶（ろかうちゃ）をね、不断着にそめてもらひました」

＊随筆・守貞漫稿（1837-53）一七「又京坂にて芝翫茶璃寛茶市紅茶、江戸の路考茶梅幸茶等は、文化文政天保頃の芝居俳優の名にて当時行れ婦女の用たる由を聞く」

＊国民新聞‐明治三六年（1903）一二月一五日「此冬はオリーブ色の勢力服飾界の全般に及び〈略〉元と鶯茶より脱化せるものにして〈略〉訳して橄欖色と云ひ目白色と云ひ或は音をそのまま文字に現はして織部色と云ふ〈略〉別に路考茶なる名を附しつつあり」

＊日本人のへそ（1969）〈井上ひさし〉一幕・一九「路考茶（ろこうちゃ）の縮緬の袷小袖に襦珍の丸帯を締め」

121 きがらちゃ

黄枯茶・黄唐茶

7YR 4 / 3　C0 M40 Y60 K60

丁子を煎じた汁に少量の鉄分と灰汁（あく）を加えて発色させたもの。枯茶の黄ばんだ色の意から。▽暗い灰みの赤みを帯びた黄。[dg-rY]

＊浮世草子・好色一代女（1686）三・一「黄唐茶（きからちゃ）に刻稲妻の中形身せばに仕立、平曲（ひらまげ）の中嶋田（ちうしまだ）に掛捨の髻（もとゆひ）」

＊浮世草子・日本永代蔵（1688）二・二「独りの娘に黄唐茶（きからちゃ）のふ

り袖に菅笠を着せて」＊浄瑠璃・色竹蘭曲後撰集（1708）二一・染色づくし「移りゃさっと散し紋、そめしとのちゃのきそ始めわがきがらちゃはかはらねど、人の心の二重染」＊歌謡・新編歌祭文集（1688-1736頃）四〇・雁金文七千日五人男「おのれと染まる**黄唐茶**（きがらちゃ）の、江戸茶と鬢も薄くして」＊洒落本・後編風俗通（1775）金錦先生進学解「四方の息（むすこ）株、野暮天より天降、不粋より浮出て、**黄唐茶**（きがらちゃ）の裏を小納戸（おなんど）に翻し」

122

くりいろ

涅色・皂色

10YR 3/2　**C**0 **M**30 **Y**65 **K**75

涅のような色。涅は、水の底によどむ黒い土。古くは黒色、のち褐色がかった黒色。▽ごく暗い赤みの黄。**[vd-rY]**

＊令義解（718）衣服・制服条「无位〈謂。庶人服制亦同也〉皆皂（くりの）縵頭巾」＊書紀（720）天武朱鳥元年正月（北野本訓）「即ち皁（くりそめ）の御衣三具・紫袴二具・絁七匹・糸廿斤・綿卅斤・布卅端賜ふ」＊延喜式（927）四九・兵庫寮「凡大儀分下配撃二鉦鼓一人、及執夫上者〈略〉中務撃二鉦鼓一人各二人〈略〉大儀撃二鉦鼓一人著二平巾冠〈略〉白布襪。烏舄（くりのくつ）」＊観智院本名義抄（1241）「皂頭巾　クリノカウフリ」＊信長記（1622）一五上・武田四郎御追伐のために信濃の国へ発向の事「凡心いたって白からず。涅（くり）にすれば必ずくろむ」＊書言字考節用集（1717）六「皂　クリイロ〔匀会〕皁汁橡実也。其房可二以染一レ黒俗因謂二黒色一曰レ皂」＊談義本・風流志道軒伝（1763）五「汚泥の蓮花（れんげ）を染ざるは、涅（くり）にすれども緇（くろ）まざるの理なり」

123 たんこうしょく

淡黄色

5Y 9 / 6　C0 M3 Y40 K0

淡い黄色。▽うすい黄。[pl-Y]

＊本朝食鑑（1697）五「鷺〈略〉一種大二於鷺一而頭無レ絲脚淡黄色呼号二大鷺一」

＊植物小学（1881）〈松村任三訳〉一〇・有花植物・一綱「桑　桑科　葉は通常心臓形にして春月淡黄色の小花を開く」

＊吾輩は猫である（1905-06）〈夏目漱石〉一「皮膚の色が淡黄色を帯びて」

124 ねりいろ

練色

2.5Y 9 / 1.5　C0 M3 Y15 K0

生絹を練って、膠質（＝セリシン）を除いてしなやかにした糸や織物のような色。練糸や練絹のような色。▽黄みの白。[y-Wt] ▼生絹を伸ばしたり固めたり煮たりすることを「練る」という。練ることによって除かれるセリシンは、二本の繊維状の硬蛋白質フィブロインを粘着させている物質で蛋白質の一種。

＊能因本枕（10C終）一五二・きたなげなるもの「衣のなへたるは、いつれもいつれもきたなげなる中に、ねり色の衣こそきたなけれ」

＊堤中納言（11C中・13C頃）虫めづる姫君「ねり色の綾の袿（うちき）ひとかさね〈略〉白きはかまを好みて著給へり」

＊今昔（1120頃か）一一・一三「急ぎ塗らる色、練色也」

＊源平盛衰記（14C前）四三・二位禅尼入海事「練色（ねりいろ）の二衣（ふたつきぬ）引き纏（まと）ひ、白袴のそば高く挟みて」

＊随筆・貞丈雑記（1784頃）五「練色（ねりいろ）の事〈略〉練色は白くして少薄黄帯たる色也」

＊芋粥（1916）〈芥川龍之介〉「練色（ねりいろ）の衣の綿厚（わたあつ）なのを、二枚まで重ねて、着こんでゐる」

125 とりのこいろ

鳥の子色

5Y 9 / 1.5　**C**0 **M**2 **Y**15 **K**0

鶏卵の殻の色。「鳥の子」は鳥の卵、特にニワトリ（鶏）の卵の意。▽黄みの白。[**y-Wt**] ▼古くから上質の和紙「鳥の子紙」の色として有名。

＊虎明本狂言・吃（室町末 - 近世初）「鳥のこいろのかたびらの、かたのくゎっとさけたるに」

＊交隣須知（18 C中か）二・彩色「豆緑　トリノコ　ソムルニハ　ムツカシフ　ゴザランスカ」

126 ひまわりいろ

JIS

向日葵色

2Y 8 / 14　**C**0 **M**25 **Y**100 **K**0

ヒマワリ（向日葵）の花のような色。▽あざやかな黄。[**vv-Y**] ▼ヒマワリは、キク科の一年草。北アメリカ原産で、採油用・食用・観賞用に広く栽培される。夏から秋にかけ、周縁部が鮮黄色で中心部が褐色の大きな頭状花を横向きに開く。その周縁部の花びらの色にちなむ色名。種子から油を採り、また、食用ともされる。花は太陽の移るのにつれて回るといわれるが実際にはあまり動かない。

127 たんぽぽいろ

JIS

蒲公英色

5Y 8 / 14　**C**0 **M**15 **Y**100 **K**0

タンポポ（蒲公英）の花びらのような色。▽あざやかな黄。[**vv-Y**] ▼タンポポは、キク科の多年草。世界の温帯、亜寒帯に広く分布する。春、花茎の先端に径約三センチメートルの黄色、または白色の花をつける。そのうち黄色の花の色にちなむ色名。

128 きいろ

JIS

黄色

5Y 8 / 14　　C0 M15 Y100 K0

黄金、ヤマブキ（山吹）の花、卵の黄身などのような色。減法混色における三原色の一つ。基本色名の一つ。また、クレヨンおよびパスの色名。▽あざやかな黄。［vv-Y］▼①上代、色名としての「黄」は「赤」の範疇（はんちゅう）にあった。「万葉集」に見える「もみぢ」の多くに「黄葉」が当てられているが、必ずしも黄色をさすものではなく、赤から黄を含む広い色合いをさしたものと考えられている。②日本の色名は、古来明暗を示す語や染料・顔料または物の名による命名が多いが、「黄」の語源ははっきりしない。③「色」がついた形容詞は「黄色い」と「茶色い」だけである。

＊書紀（720）天智九年六月（寛文版訓）「邑（むら）の中に亀（かはかめ）を獲（ゑ）たり。背に申（しん）の字（な）を書（しる）せり。上（うへ）黄（き）に下（した）玄（くろ）し」

＊宇津保（970-999頃）吹上上「けふのかづけ物は、きいろのこうちぎかさねたる女のよそひとて」

＊源氏（1001-14頃）夕顔「きなる生絹（すずし）の単袴（ひとへばかま）、長く着なしたる童の」

＊保元（1220頃か）上・官軍方々手分けの事「かちんの直垂に藍白地を黄に返したる鎧きて」

＊名語記（1275）二「五色の中の黄色をきといへる、如何」

＊中華若木詩抄（1520頃）上「草木もことごとく枯て、黄色（きいろ）になるぞ」

＊随筆・独寝（1724頃）下・一三四「此石は生駒山よりも出る也。かはれる石にてあり。此中に黄なる水ありて」

＊安愚楽鍋（1871-72）〈仮名垣魯文〉三・上「まがひ八丈のきいろへくろみのかかりたる小そで」

＊小学読本（1873）〈田中義廉〉一「菊の花は、多く黄色なり」

＊青春（1905-06）〈小栗風葉〉秋・九「大利根の流は黄色に濁って」

＊坊っちゃん（1906）〈夏目漱石〉一〇「おれはうちへ帰ると、いつでも此蜜柑を眺める。〈略〉あの青い実が段々熟してきて、黄色（きいろ）になるんだらうが、定めて奇麗だらう」

＊唱歌・紅葉〈文部省唱歌〉（1911）「渓の流に散り浮く紅葉、〈略〉赤や黄色（きいろ）の色様々に、水の上にも織る錦」

＊上海（1928-31）〈横光利一〉四「芳秋蘭の黄色な帽子の宝石が、街燈にきらめきながら車の上に揺れていった」

129 くちなし

梔子・支子

4Y 8/8　　C0 M15 Y70 K0

●アカネ科の常緑低木クチナシ（梔子・支子）の実で染めた濃い黄色。また、一般に、やや赤みを帯びた濃い黄色。▽つよい黄。[st-Y]▼「不言色（言わぬ色）」とも。「九重にあらで八重咲く山吹のいはぬ色をば知る人もなし〈円融院〉（新古今－雑上・一四七九）」などは、「言わぬ」を「くちなし（口無）」にかけて、くちなし色を示したもの。

＊続日本紀－天平一四年（742）正月丙辰「仍賚二五位已上被、主典已上支子（くちなし）袍帛袴、府生已下衛士已上絁綿一各有レ差」

＊延喜式（927）四一・弾正台「凡支子染色、可レ濫二黄丹一者、不レ得二服用一」

＊多武峰少将物語（10C中）「この禅師の君の御はらからの君たち、山は夏も寒かなるを、綿物奉入しし給ふ。〈略〉くちなしぞめのうちき一重ね」

＊源氏（1001-14頃）玉鬘「御れうにあるくちなしの御衣ゆるし色なるそへて」

＊金葉（1124-27）秋・一七九「咲きにけり梔子色の女郎花いはねどしるし秋のけしきは〈源縁〉」

＊新勅撰（1235）神祇・五七三「みづがきにくちなしぞめの衣きて紅葉にまじる人やはふりご〈能因〉」

＊義経記（室町中か）一・吉次が奥州物語の事「貞任大事の手負ひてくちなしいろの衣を着て、磐手の野辺にぞ伏しにける」

＊御伽草子・鉢かづき（室町末）「くちなし色にたとへつつ、ものをいはねの松やらん」

＊浮世草子・好色一代男（1682）一・二「此なでしこの腰形くちなし色のぬしや誰」

＊万宝鄙事記（1705）四・一二「梔子（くちなし）染の法　梔子皮も実も細に刻み、一夜水にしたし、よくもみて後、布嚢にて漉し、滓を去り、其汁に帛（きぬ）を漬け、一夜置て、あけの日絞あげ、糊を付、きぬの裏を日おもてにして干す。日によく乾さざれば、梅雨のうちに色変ずる也」

＊滑稽本・浮世床（1813-23）二・下「床（とこ）の障子も〈略〉彩色は丹に山梔（くちなし）に藍紙などを用ゐて」

＊二人女房（1891-92）〈尾崎紅葉〉上・六「煤けたなりに委（お）いたら可いものを。山梔子色（くちなしいろ）に色揚をした麦藁帽子を」

＊夜明け前（1932-35）〈島崎藤村〉第一部・下・一一・三「お民は山梔色（くちなしいろ）の染糸を両手に掛けてゐる」

130 しおう

雌黄・藤黄

2.5Y 8 / 10　　**C**0 **M**20 **Y**80 **K**0

ビルマ、タイなどに産するオトギリソウ科の常緑高木から採るゴム状の黄色樹脂から作った黄色顔料や絵の具の色。毒性がある。ガンボージ。草雌黄。漢名、藤黄（とうおう）。▽明るい黄。**[lt-Y]**

＊延喜式（927）六・神祇・斎院司「画」祭日服并陪従女衣裳」料。〈略〉雌黄五両一分」

＊随筆・独寝（1724頃）下・九四「雌黄は今絵家に用る物は藤黄といふものにて、誠の雌黄にあらぬ也。雌黄は石也」

＊随筆・後はむかし物語（1803）「さらさ団扇といふは青紙にてへりを取うちは板行にて丹と雌黄の彩色なり」

＊重訂本草綱目啓蒙（1847）一四下・蔓草「藤黄　しわう　石部に雌黄ありて混しやすし〈略〉藤黄は和産詳ならず。舶来あり。黄赤色にして塊をなす。甚硬し。磁皿に水をいれて磨は黄汁いつ。画家に用て黄色を彩す」

＊枯菊の影（1907）〈寺田寅彦〉「彩色と云っても絵具は雌黄に藍墨に代赭よりしかなかったが」

《参　考》

古くは、「雄黄」の対。雄黄と同じ砒素の硫化鉱物で、砒素の少ないものをいったと考えられている。両者はごく近い色とされ、その対比を「本草和名」によって記すと、

雄黄＝一名石黄・地精・金之精・帝男精
雌黄＝一名黄石金・月華・金液・帝女血

のようになる。

131 うこんいろ

JIS

鬱金色

2Y 7.5 / 12　　**C**0 **M**30 **Y**90 **K**0

ウコン（鬱金）の根茎で染めたあざやかな濃黄色。媒染剤によって山吹色、黄丹にもなる。▽つよい黄。**[st-Y]** ▼ウコンは、ショウガ科の多年草。熱帯アジア原産で、日本では九州の一部と沖縄で自生。黄色の大きな根茎があり、染料・香料、また、薬用とする。

＊布衣記（1295頃か）「舎人の事。立烏帽子に右近ぞめの走水干、上下同なり」

＊俳諧・毛吹草追加（1647）中「をんなへ

し着る裲襠（うちかけ）やうこんそめ〈盛庸〉」

*浄瑠璃・文武五人男（1694）四天王「名は曇りなき玉川の、露の光や山吹のうこんいとにて候ひしが」

*浮世草子・傾城禁短気（1711）五・二「紬（つむぎ）のうこん染の肌着に、手織嶋と見へて糸太きかすり嶋の着物」

*書言字考節用集（1717）六「鬱金色 ウコンイロ 又作二金青色一」

*浄瑠璃・寿の門松（1718）上「紺にうこんに薄ぞめ浅黄（あさぎ）」

*邪宗門（1909）〈北原白秋〉魔睡・魔国のたそがれ「鬱金（うこん）の百合は血ににじむ眸をつぶり」

*白鳥の話（1949）〈中勘助〉「その純白の羽毛に飾られた全身〈略〉そこへ黒い嘴と足が清楚をこえてこの王者をあたら神仙にしてしまふところを、口もとから鼻へかけての明るい鬱金色（うこんいろ）が嬉しくもこの世にひきとめてゐる」

132 こういろ

香色

2.5Y 7.5 / 4　**C**0 **M**20 **Y**50 **K**20

香染めの色。黄地に赤みを帯びたもの。▽やわらかい黄。**[sf-Y]** ▼香料となる丁子の煎汁で染めるところから。また、ニッケイやキャラなど香木で染めたものの総称ともいわれる。

*宇津保（970-999頃）藤原の君「きよらなるかうの色紙にかきて」

*枕（10C終）三六・七月ばかりいみじうあつければ「かうぞめのひとへ、もしはきすずしのひとへ」

*源氏（1001-14頃）夕霧「もやのきはにかうぞめの御几帳などことごとしきやうに見えぬもの」

*栄花（1028-92頃）初花「絵に書きたる男の様して、かうにうすものの青きかさねたる襖（あを）に、濃紫（こむらさき）の固文（かたもん）の指貫（さしぬき）著て」

*名語記（1275）四「色のなかのかういろ如何。香也、仏前にたく香の色をいへる也」

*米沢本沙石集（1283）八・一「驚て見れば、白御小袖、伏籠（ふせご）の形つきて、香色（かういろ）にこがれてけり」

*太平記（14C後）二五・宮方怨霊会六本杉事「峯の僧正春雅、香の衣に袈裟かけて」

*三国伝記（1407-46頃か）三・三「時に香染の御衣を奉らる」

*光悦本謡曲・道明寺（1532頃）「香の衣に香の袈裟かけ給ひたる老僧の」

*少将滋幹の母（1949-50）〈谷崎潤一郎〉六「問題の筥を香染めの布に包み」

133 すないろ JIS

砂色

2.5Y 7.5 / 2　**C**0 **M**5 **Y**25 **K**20

砂のような、黄色がかった灰色。▽明るい灰みの黄。[lg-Y] ▼英語ではサンド（sand）またはサンドベージュ（sand beige）と呼ばれる。

*抱擁（1973）〈瀬戸内晴美〉一「ナイフでけずったような砂色の石が、どこか普通の石ころとちがうと思って先生に見せたら、隕石だということで」

134 からしいろ JIS

芥子色・辛子色

3Y 7 / 6　**C**0 **M**14 **Y**70 **K**25

芥子の色。また、芥子を練って香辛料や薬用としたものの色。▽やわらかい黄。[sf-Y] ▼芥子は、アブラナ科の草本カラシナ（芥子菜）の種子、またその種子を粉にしたもの。

*雪の涯の風葬（1969）〈高井有一〉九「初めて学校へ出勤する日、彼は濃い草色の背広に芥子色（からしいろ）のネクタイを締めて行った」

135 もくらん

木蘭

2Y 7 / 5　**C**0 **M**20 **Y**70 **K**25

赤みを帯びた茶。▽やわらかい黄。[sf-Y] ▼上代、黄橡（きつるばみ）と同色とされた。

*令義解（833）僧尼・聴着木蘭条「凡僧尼聴レ著二木蘭、青碧、皀、黄及壊色等衣一。謂、木蘭者、黄橡也」

*色葉字類抄（1177-81）「木爛地　モクランチ」

*平家（13C前）八・鼓判官「木蘭地の直垂に折烏帽子で供奉せられたりけるが」

＊随筆・折たく柴の記（1716頃）中「縁塗（へりぬり）のえぼうしに、**木蘭地**（もくらんぢ）の水干袴に絬（くくり）して」
＊談義本・教訓続下手談義（1753）五・総廻向「**木蘭色**（もくらんしき）の破衣」
＊洒落本・田舎芝居（1787）四立目「代官殿は高宮縞の帷子（かたびら）に紺生絹の羽織、**木欄色**（もくらんじき）の野袴」
＊歌舞伎・法懸松成田利剣（1823）四立「**木蘭**（もくらん）の法華の袈裟、その上に市見笠をかざし」

136 くわぞめ

桑染

2.5Y 6 / 4　　**C**0 **M**20 **Y**60 **K**40

クワ（桑）の根皮または木皮の煎汁に、木灰を媒染に用いて染めた色。▽くすんだ黄。［dl-Y］▼クワは、クワ科の落葉高木。果実は紫黒色に熟し甘味がある。

＊令義解（718）衣服・服色条「凡服色、白、黄丹、紫〈略〉**桑**（くはそめ）」
＊浮世草子・好色一代男（1682）五・六「三人ながら**桑染**（くはぞめ）の木綿足袋（もめんたび）はかれしに、独（ひとり）はな緒ずれの跡なき御方あり」
＊浮世草子・傾城色三味線（1701）大坂・六「踏捨（ふみすて）の**桑**（くわ）ぞめ足袋に、細緒（ほそを）のわら草履」
＊万宝鄙事記（1705）四・一二「**桑**（くは）ぞめ　桑の木をよき程に濃くせんじ、其煎じ汁にきぬをつけまきて、しぼらずに干す」
＊浮世草子・日本新永代蔵（1713）五・四「**桑染**（くわぞめ）の黄小袖、綿子（わたこ）は余寒の心づかひ」
＊雪国（1935-47）〈川端康成〉「糸薄（いとすすき）は**桑染色**（くはぞめいろ）の花盛りであった」

137 あぶらいろ

油色

5Y 6 / 4　**C**0 **M**10 **Y**50 **K**40

菜種油のような色。▽くすんだ黄。[**dl-Y**]

＊和漢三才図会（1712）四九「油身魚　俗云阿布良女魚　又云伊太知以乎〈略〉頗似二油色一又似二鯫毛色一故名レ之尾無レ岐肉」

＊万金産業袋（1732）三「不滅といふ唐貝あり。蛤貝の至極大き成やうの貝、外は油色にて内はなはだ白し」

＊語彙（1871-84）「あぶらいし㊗　油色の小石、米中に雑れるものをいふ」

138 あくいろ

灰汁色

2.5Y 6 / 2　**C**0 **M**10 **Y**40 **K**50

灰汁（あく）のような色。▽灰みの黄。[**mg-Y**] ▼灰汁は灰を水につけてできた上澄みの水で、布を洗ったり媒染剤としたりする。

139 こくぼうしょく

国防色

5Y 4.5 / 4　**C**0 **M**20 **Y**70 **K**60

もと、陸軍軍服の色だったことから、カーキー色、また、カーキー色に類する色。▽暗い黄。[**dk-Y**] ▼①日本の陸軍は古くは紺色の上衣であったが、日露戦争の翌年、明治三十九年（一九〇六）からは土色に近い茶褐色に変わった。②昭和十五年（一九四〇）に大日本帝国国民服令が制定され、軍民ともに「国防色」一色となった。

＊仮面の告白（1949）〈三島由紀夫〉三「彼

女もひっつめ髪に国防色のブラウスを着」
＊自由学校（1950）〈獅子文六〉悪い日「国防色のシャツと、ヒモのついた兵隊ズボンを身につけた体つきは」
＊真空地帯（1952）〈野間宏〉四・二「工場で支給されたにちがいない国防色の作業衣には」
＊記念碑（1955）〈堀田善衛〉「井田一作は退屈し切って眼鏡をはずしてレンズを国防色のハンケチで拭い」
＊海と毒薬（1957）〈遠藤周作〉一・一「夕暮になると国防色の車がよく第二外科の入口に停る」

140 こびちゃ

媚茶

2.5Y 4.5 / 2.5　**C**0 **M**3 **Y**50 **K**70

● 黒みがかった濃い茶色。▽暗い灰みの黄。**[dg-Y]** ▼海松色（みるいろ）と同じくヤマモモ（楊梅）の皮で染める。

＊日葡辞書（1603-04）「Cobicha（コビチャ）〈訳〉いくらか黒ずんだ黄色を帯びた黒色」
＊万宝鄙事記（1705）四・一二「こびちゃ染　下地染は右に同（おなじ）やうにて、染あげに、ろくばんといふ薬を茶一ぷく程入染るなり。泥に入れても同じ事なれ共、泥にひたせばよはき也」
＊洒落本・通言総籬（1787）一「あぶらじみた小そで。くろななこのはばのひろいはんゑり。こびちゃななこの帯」
＊人情本・春色辰巳園（1833-35）後・一〇回下「糸織の藍三筋、媚茶（こびちゃ）の茶丸の裏を付たるを、二ツ対に重ね」
＊随筆・秘登利古刀（1839か）「こび茶の風織縮緬（かざをりちりめん）の上著、小納戸（をなんど）ななこの裾廻し、下著も同断」
＊人情本・春色梅美婦禰（1841-42頃）五・叙「鼠が捨（すた）れば媚茶（こびちゃ）を織入（おりいれ）」
＊随筆・守貞漫稿（1837-53）一七「媚茶は天保中江戸に行れ」

141

りきゅうちゃ

利休茶

5.5Y 5.5 / 2.5　**C**0 **M**5 **Y**35 **K**53

茶人、千利休（せんのりきゅう）好みの、緑みの黄で、「利休色」とも。▽灰みの黄。[**mg-Y**] ▼千利休は、安土桃山時代の茶人（一五二二～九一）。堺の人。

142

うぐいすちゃ

JIS

鶯茶

5Y 4 / 3.5　**C**0 **M**20 **Y**70 **K**70

ウグイス（鶯）の背の色に似て、褐色がかった黄緑色。▽暗い灰みの黄。[**dg-Y**] ▼江戸時代、女性に特に好まれた。

*浮世草子・好色盛衰記（1688）二・四「河内もめんの鶯茶（うくひすちゃ）に将棊の駒の染込」

*浄瑠璃・山崎与次兵衛寿の門松（1718）上「春しり顔に七つ屋の蔵の戸出るうぐひす茶の、布子の袖を」

*蛮語箋（1798）「浅蘭色　ウグヒスチャ。ゼー・グルウン」

*随筆・愚雑俎（1825-33）五・茶の染色「後には好事のもてあそびとなりて、金らん、銀らん、白茶、鶯茶、碾茶、から茶、相伝茶〈略〉其ほか茶の本いろをうしなひ、百般の茶色を染いだせるは」

*西洋道中膝栗毛（1874-76）〈総生寛〉一四・上「服は仕方がねへ、矢張（やっぱり）羅紗だが、ヅボンとチョッキは、がらのいい縞を撰んで、マンテルは鶯茶（うぐひすちゃ）の極上とくるんだ」

*風俗画報・二〇一号（1899）流行門「其の間の変遷や奈何む、鶯茶、利休茶（りきうちゃ）、藍納戸、錆納戸、紫紺（しこむ）も一時は流行しつれど」

*田舎教師（1909）〈田山花袋〉一七「帯は白茶と鶯茶（うぐひすちゃ）の腹合せをして居た」

*西郷隆盛（1918）〈芥川龍之介〉「一等室の鶯茶がかった腰掛と、同じ色の窓帷（カアテン）と」

143

ちゅうき

JIS

中黄

7Y 8.5 / 11　　**C**0 **M**5 **Y**100 **K**0

印刷で使われている色名。プロセスインキの黄よりも赤みをもつ、中庸の黄らしい黄色。対応する色名として「赤黄」「青黄」がある。▽明るい緑みの黄。[**lt-gY**]

144

かりやすいろ

JIS

刈安色

7Y 8.5 / 7　　**C**0 **M**3 **Y**65 **K**8

カリヤス（刈安）で染めた色。▽うすい緑みの黄。[**pl-gY**] ▼カリヤスは、イネ科の多年草。ススキ（薄）に似てやや小形。古くから黄色系の染色に用いられた。

＊前田本枕（10C終）一〇〇・うすやうは「薄様（うすやう）は　白き。むらさき。赤き。かりやすそめの青きもよし」

＊貞治六年中殿御会記（1367）「地かりやすの直垂。白泥にて水をかき、黄泥にて楓を書。腰黄薄大帷香。白太刀」

＊太平記（14C後）四〇・中殿御会事「地黄莀（かりやす）に銀泥にて水を書き、金泥にて鶏冠木（かへで）を書きたる直垂に」

＊御供古実（1482頃）「ひゃうもんの事。すはう、袴、染色何にても候へ、三色にて候得ばひゃうもんにて候、あさぎ・梅・かりやすなど、此三色を一ぐの内に染たるをひゃうもんと可ㇾ申候」

＊元和本下学集（1617）「苅安　カリヤス」

＊説経節・さんせう太夫（与七郎正本）（1640頃）下「はだにはあをぢのにしきをめされ、からまきのひたたれに、かりやすいろのすいかんに、たまのかぶりをめされ」

＊咄本・狂歌咄（1672）四「小袖を借につかはしければ、丹田山紬を苅安（かりやす）ぞめにしたるをかしけり」

＊俳諧・七柏集（1781）炭俵の頃「かりやす染の竿に干あがる　西落に八専次郎こち直し〈蓼太〉」

145 なのはないろ

菜の花色

7.5Y 8 / 10　　**C**0 **M**3 **Y**80 **K**0

アブラナ（油菜）の花のような色。▽明るい緑みの黄。**[lt-gY]** ▼①菜の花は、アブラナに限らず、花がよく似ているカブ（蕪）、コマツナ（小松菜）なども区別せずにいう。アブラナは、アブラナ科の一、二年草で、菜種、菜の花とも。②「俳諧・去来抄（1702-04）修行」の「細き目に花見る人の頬はれて　菜種色なる袖の輪ちがい」のように、古く「菜種色」とあるのは、その花の色ではなく菜種油の色と考えられる。

146 ひわちゃ

鶸茶

8.5Y 5.5 / 3　　**C**0 **M**3 **Y**50 **K**50

鶸色（ひわいろ）がかった茶色。▽灰みの緑みを帯びた黄。**[mg-gY]**

*黄表紙・無益委記（1779）「ひわ茶とび茶むらさき小もん其外かわりじまよこじまのねづみ出る」

*随筆・反古染（1753-89）「小袖の染色は〈略〉安永天明のひわ茶、青茶、紫飛」

*随筆・守貞漫稿（1837-53）一二「或書曰明和安永の頃鶸茶柳茶親和染の花手なる衣に緋純子帯の幅五寸ほどなるをしめる云々是女子に非ず男用也、鶸茶　ひはちゃと訓ず今世は唯御殿女中の服に染二此色一也」

*いさなとり（1891）〈幸田露伴〉一「奢侈（おごり）の沙汰ながら過（すぐ）る日買ふてやりし鶸茶天鵞絨（ひわちゃビロウド）の鼻緒ついたる木履（ぽくり）穿きつつ優（ゆたか）に歩む足も」

*多情多恨（1896）〈尾崎紅葉〉後・六・一「黒羽二重の熨斗目の染模様に鶸茶（ひわちゃ）の同じ下着」

*春潮（1903）〈田山花袋〉二「池には漣（さざなみ）、庭には黄菊白菊、その間を悪魔の手となったかの令嬢は、夜会に束ねた髪に鶸茶のリボンをして」

*腕くらべ（1916-17）〈永井荷風〉一八「鶸茶（ひわちゃ）に白く片輪車の絞りはまづゑり円の誂と覚しい」

147 りかんちゃ

璃寛茶

8Y 4.5 / 2.5　**C**0 **M**3 **Y**60 **K**70

江戸時代、大坂の歌舞伎役者、二世嵐吉三郎（俳名、璃寛）（一七六九～一八二一）が好んで用いた茶色。文化から天保（一八〇四～四四）の頃、広く女性の間に流行した。▽暗い灰みの緑みを帯びた黄。[**dg-gY**]

＊雑俳・伊勢冠付（1813）「妓寐くそをたれ・しけ紅み李冠茶に仕る」

＊随筆・愚雑俎（1825-33）五「茶の染色〈略〉路考茶、りくゎん茶、青茶、専斎茶」

＊都繁昌記（1837）乞食「時様競ふ所の染紋衣衫、芝翫茶璃寛茶拗梅花環雀と呼ぶの類」

＊随筆・守貞漫稿（1837-53）一七「又京坂にて芝翫茶璃寛茶市紅茶、江戸の路考茶梅幸茶等は、文化文政天保頃の芝居俳優の名にて当時行れ婦女の用たる由を聞く」

148 きはだいろ

JIS

黄蘗色

9Y 8 / 8　**C**3 **M**0 **Y**70 **K**0

キハダ（黄蘗）の樹皮で染めた色。▽明るい黄緑。[**lt-YG**] ▼キハダは、ミカン科の落葉高木。「おうばく」とも。

＊能因本枕（10C終）七二・たとしへなきもの「黒と白と。思ふとにくむと。あゐときわたと。雨と霧と」

＊浮世草子・西鶴置土産（1693）四・三「きわだ染（ぞめ）の小袖に、紅（もみ）うらのすそをからげて」

149

ひわいろ
JIS

鶸色

1GY 7.5 / 8　　C5 M0 Y80 K20

ヒワ（鶸）の羽を連想させる色。▽つよい黄緑。[st-YG] ▼ヒワ（鶸）は、アトリ科の小鳥のうち、マヒワ、ベニヒワ、カワラヒワの総称。元来はマヒワをさす。

＊日葡辞書（1603-04）「Fiua（ヒワ）〈訳〉黄色の一種」

＊浄瑠璃・十二段草子（1610-15 頃か）五「花橘にみなじろをもって、鶸柳いろを引きかさね」

＊浮世草子・椀久二世（1691）上・秤は情の掛そこなひ「鶸色（ひわいろ）の羽織」

＊社会百面相（1902）〈内田魯庵〉電影・二「鶸色絹（ひわいろぎぬ）の網紐をバンドウ代りに仰々しく房（ふっ）さりと締めてゐた」

＊青春（1905-06）〈小栗風葉〉春・一〇「両の袂がサッと翻（あふ）って、海老茶の袴は鶸色（ひはいろ）の裏を返す」

＊春と修羅（1924）〈宮沢賢治〉小岩井農場「一ひきの馬が汗でぬれ　犂（プラウ）をひいてもそもそ往ったりきたりするそれはひわいろのやはらかな山のこっちがはだ」

150

やなぎちゃ

柳茶

0.5GY 6.5 / 5　　C3 M0 Y70 K30

茶がかった柳色。「威光茶（いこうちゃ）」とも。▽やわらかい黄緑。[sf-YG]

＊洒落本・太平楽巻物（1782）「やなぎちゃのどんすのをびに、ちりめんひとへのぶっかさね」

＊染物重宝記（1784）茶ぞめ物名に品ある事（古事類苑・産業一五）「やなぎちゃ、うぐひす茶、白茶、すみるちゃ、すこぶちゃ、右五色を薄ちゃといふ」

＊雑俳・柳籠裏（1783-86）五月二八日「柳茶を着た後家どふかなびきそふ」

＊洒落本・色講釈（1801）「むかふのやなぎちゃア、せんど参会の時太平（だいへい）がかった女だ」

＊読本・南総里見八犬伝（1814-42）六・六一回「柳の腰に柳茶の副帯楚と締直しても」

＊青春（1905-06）〈小栗風葉〉秋・一〇「柳茶地（やなぎちゃぢ）の琥珀の帯がチラチラ光線を受けて、セルカン織の雲形がオリイブ色に浮けて見える」

151 うぐいすいろ JIS

鶯色

1GY 4.5 / 3.5 **C**3 **M**0 **Y**70 **K**50

● ウグイス（鶯）の羽の色に似た色。クレヨンおよびパスの色名。▽くすんだ黄緑。[dl-YG] ▼①ウグイスは、ウグイス科の鳥。②ウグイスの背の色をいう「鶯茶」の方が古くからあった。

＊蛍川（1977）〈宮本輝〉桜「その純毛の外套は、誰もがしばらく見つめる程鮮やかな鶯色だったが、重竜の精悍な体と切れ長の鋭い目には不思議によく似合った」

152 ねぎしいろ

根岸色

9.5Y 4.5 / 3 **C**0 **M**0 **Y**60 **K**70

● 根岸土で上塗りした根岸壁のような色。▽暗い灰みの黄緑。[dg-YG] ▼根岸土は、砂質の上等な上塗り用の壁土をいう。根岸は東京の地名。

153

みるいろ

JIS

海松色・水松色

9.5Y 4.5 / 2.5　**C**0 **M**0 **Y**50 **K**70

ミル（海松）のような色。▽暗い灰みの黄緑。**[dg-YG]** ▼ミルは、緑藻類ミル科の海藻。

＊太平記（14C後）一三・藤房卿遁世事「細烏帽子に袖単白して、**海松色**（みるいろ）の水干著たる調度懸六人」

＊金色夜叉（1897-98）〈尾崎紅葉〉中・四・二「帯は**海松色**地（みるいろぢ）に装束切摸（うつし）の色紙散の七糸（しちん）を高く負ひたり」

154

きみどり

JIS

黄緑

2.5GY 7.5 / 11　**C**35 **M**0 **Y**100 **K**0

黄と緑の中間のあざやかな色。基本色名の一つ。マンセル表色系のGY（Green Yellow）に相当する。また、クレヨンおよびパスの色名。▽あざやかな黄緑。**[vv-YG]** ▼「黄緑（色）」は字音で「おうりょく（しょく）」と読んだ文献例もある。

＊七新薬（1862）二「鉄加青酸規尼〈略〉**黄緑**色の小針簇って不斉の晶を結ひ、酒精に溶け易く冷水に溶け難く温湯に由て其質を解析せらる」

＊植物小学（1881）〈松村任三訳〉一〇・有花植物・一綱「甜瓜（まくはうり）〈略〉葉花共に南瓜より小に果は大抵**黄緑**色にして生食す」

＊破戒（1906）〈島崎藤村〉七・一「千曲川の水は**黄緑**（わうりょく）の色に濁って」

＊家（1910-11）〈島崎藤村〉下・五「河岸のところには、**黄緑**（きみどり）な柳の花が垂下った」

＊千曲川のスケッチ（1912）〈島崎藤村〉一〇・山の上へ「其日は千曲川の水も**黄緑**に濁って見えた」

＊病室の花（1920）〈寺田寅彦〉「輪生した緑の葉が段々に**黄緑**色に変って来るのであった」

155

まっちゃいろ

JIS

抹茶色

2GY 7.5 / 4　　**C**10 **M**0 **Y**60 **K**25

抹茶のような色。▽やわらかい黄緑。**[sf-YG]** ▼抹茶は、上等の新芽を製茶し、さらに臼（うす）でひいて粉末にしたもので、多く茶の湯に用いる。

156

わかくさいろ

JIS

若草色

3GY 7 / 10　　**C**28 **M**0 **Y**92 **K**0

芽を出して間もない草のような色。▽あざやかな黄緑。**[vv-YG]**

＊邪宗門（1909）〈北原白秋〉外光と印象「若草色の夕あかり濡れにぞ濡るる」

＊抱擁家族（1965）〈小島信夫〉一「『何を着て行こうかしら』『さあ、若草色のツーピースにしたらいいのじゃないのかな』」

＊抱擁（1973）〈瀬戸内晴美〉三「女は〈略〉薄い翅のような若草色の絹で埃を拭う」

157

やなぎいろ

柳色

5GY 7 / 5.5　　**C**29 **M**0 **Y**60 **K**8

ヤナギ（柳）の葉のような色。▽やわらかい黄緑。**[sf-YG]** ▼古くは、萌黄色の経（たていと）と白色の緯（よこいと）で織った織物の色をいった。

＊公任集（1044頃）「昔よりあけの衣は名のみして柳色なる年をふるかな」

＊御伽草子・猿の草子（室町末）「さて又いしゃうのさまざまは、かずをつくして見えにけり〈略〉空いろ、柳色（やなぎいろ）、山ぶき色やうすあさぎ」

158

なえいろ

苗色

4.5GY 7 / 5　**C**27 **M**0 **Y**60 **K**10

苗のような色の意で、薄い萌黄（もえぎ）色をいう。▽やわらかい黄緑。**[sf-YG]**

*助無智秘抄（1166頃か）「二孟旬〈略〉苗色とは黄気ある青物也」

*装束抄（1577頃）「衣色〈略〉苗色〈薄萌木〉」

159

もえぎ

JIS

萌黄・萌木

4GY 6.5 / 9　**C**38 **M**0 **Y**84 **K**0

芽が出たばかりの草木の色。▽つよい黄緑。**[st-YG]** ▼後世の当て字「萌葱」は「浅葱」などに引かれたものか。「萌葱色」はネギ（葱）の萌え出る色の意で別色として扱ったが、文献例はここにまとめた。

*宇津保（970-999頃）春日詣「もえぎの色の織物の御小袿まけたり」

*色葉字類抄（1177-81）「萌黄　モエキ　萌木　同」

*平治（1220頃か）上・源氏勢汰への事「中将成親は、紺地のにしきのひたたれに、萌黄匂のよろひに、鴛のすそ金物打ちたるに、長伏輪の太刀をはき、竜頭の冑をぞきける」

*名語記（1275）八「色にもえぎ如何。答、萌黄とかけり。萌木ともかけり。もゆき也。萌をばきざすとよめり。いまだ青くもならずしてまづ黄にてめぐみいづれば黄老の義ある歟」

*源平盛衰記（14C前）三一・経正参仁和寺宮事「経正は練貫に鶴を縫たる鎧直垂に、萌黄糸縅（もへぎいとをどし）の鎧をぞ著たりける」

*御伽草子・酒呑童子（室町末）「もえぎの腹巻に同毛の甲を添へ」

*浮世草子・世間胸算用（1692）五・一「十二三なる娘の子の正月布子と見えて、もえぎ色に染かのこの洲崎、うらはうす紅にして」

*随筆・貞丈雑記（1784頃）三「もえぎ色と云は春の頃木の葉のもえ出る時の色な

り。されば萌木色（もえきいろ）と書也。萌黄色（もえきいろ）と書はあやまり也」
＊浄瑠璃・伽羅先代萩（1785）七「何声色とは聞かない染色だな。ヱヱかば色の事であろ。但しは萌黄か花色か」
＊日本読本（1887）〈新保磐次〉二「木の葉の色は緑なり。緑をもえぎとも曰ふ」
＊魔風恋風（1903）〈小杉天外〉前・其の室「何でも萌葱色（もえぎいろ）の多（かっ）た滝縞の小掻巻」
＊桟橋（1910）〈森鷗外〉「総の下がった萌葱色（もえぎいろ）の蝙蝠傘を挿して、四五人の女中に取り巻かれて歩む」
＊先生への通信（1910-11）〈寺田寅彦〉巴里から・二「案内者が萌黄色の背広を着た英国人らしいのに説明して居ました」
＊日本橋（1914）〈泉鏡花〉二九「萌葱（もえぎ）がかった、釜底形の帽子を」
＊鶫の巣（1930）〈岡田三郎〉「鮮かな萌黄色（もえぎいろ）した楕円形の芝地を、黄色のチューリップが金の飾杯を連らねたやうにずっと縁どって」

160 あおに

青丹

2.5GY 5.5 / 4.5 **C**20 **M**0 **Y**70 **K**50

「に」は土の意で、青黒い土のような色。また、土から作られた青色顔料の色。▽くすんだ黄緑。［dl-YG］▼古く、奈良坂のあたりから、顔料や塗料として用いる「青土（あおに）」を産出したということから「あおによし」は奈良の枕詞として、「青丹吉（あをによし）寧楽（なら）のみやこは咲く花の薫（にほ）ふが如く今盛りなり〈小野老〉（万葉‐三・三二八）」のように用いられる。ただし、産出したという証拠はなく、当時の奈良の、建物の青や丹の美しさが連想されていたとも考えられている。
＊常陸国風土記（717-724頃）久慈「有らゆる土は、色、青き紺（はなだ）の如く、画に用ゐて麗し。俗（くにひと）、阿乎爾（あをに）といひ、或（また）、加支川爾（かきつに）といふ」
＊名語記（1275）八「あをにとは、昔ならさかに、めでたき紺青、緑青ありけり。それにつきて、あをによしならとはつづけをけりと、きこゆ」

161

こけいろ

JIS

苔色

2.5GY 5 / 5　**C**40 **M**0 **Y**90 **K**45

苔のような緑色。クレヨンおよびパスの色名。▽くすんだ黄緑。**[dl-YG]**

＊藻塩草（1513頃）一八・九月九日よりのきぬの色「こけ色　こきもえぎなり」

＊月山（1974）〈森敦〉「まだまだ夏の気配があって、それが滴るばかりの緑を見せていました。しかし、月山は〈略〉そうした緑の中に、ひとり淡々と苔色を帯びていたのですが」

162

くさいろ

JIS

草色

5GY 5 / 5　**C**30 **M**0 **Y**70 **K**48

草の葉のような色。クレヨンおよびパスの色名。▽くすんだ黄緑。**[dl-YG]**

＊歌舞伎・柳風吹矢の糸条（1864）「侍女宇佐美振袖侍烏帽子庵に木瓜（もくこう）の紋付きし草色（くさいろ）の掛素袍（かけすはう）にて雪洞（ぼんぼり）を持ち」

＊不如帰（1898-99）〈徳富蘆花〉上・一「草色（くさいろ）の紐つけし小紋縮緬（ちりめん）の被布（ひふ）を着たり」

＊破戒（1906）〈島崎藤村〉一七・二「草色の真綿帽子を冠り、糸織の綿入羽織を着た、五十余の男が入口のところに顕れた」

＊ふらんす物語（1909）〈永井荷風〉船と車「草色に塗ってある単純な清洒（せいしゃ）な壁の色彩が」

＊或る女（1919）〈有島武郎〉前・九「東京湾の海は物凄いやうな草色に、小さく波の立ち騒ぐ」

＊暗夜行路（1921-37）〈志賀直哉〉一・九「無造作に外套のポケットから草色（くさいろ）の洋封筒に赤インキで書いた手紙を出して渡した」

＊上海（1928-31）〈横光利一〉四一「次の街角から草色をした英国の駐屯兵の新しい服が見えた」

＊海と毒薬（1957）〈遠藤周作〉一・二「草色の作業衣を着た背のたかい男が数人、だらしのない恰好でかたまっていた」

＊雪の涯の風葬（1969）〈高井有一〉九「初めて学校へ出勤する日、彼は濃い草色の背広に芥子色のネクタイを締めて行った」

163

きくじん

麴塵

5GY 5/3　**C**10 **M**0 **Y**40 **K**55

麴黴（こうじかび）の色によるといわれる色。▽灰みの黄緑。**[mg-YG]** ▼①古くはカリヤス（刈安）、ムラサキ（紫）に灰を加えて染めた。②この色は特に天皇の褻（け）（公の晴れに対して日常的な私ごと）の袍（ほう）の色として禁色とされた。

＊菅家文草（900頃）一・賦得折楊柳「応レ手麴塵軽、候レ顔青眼潔」

＊新儀式（963頃）四・野行幸事「但王卿着二麴塵袍一」

＊小右記－寛弘二年（1005）正月一八日「可レ着二御位御衣一歟、将レ可レ着二御麴塵一歟」

＊和漢朗詠（1018頃）上・春興「門柳また岸柳、風麴塵の糸を宛ぬ〈紀斉名〉」

＊江家次第（1111頃）八・相撲召仰「巳刻御二南殿一、御位袍、延喜五年麴塵御挿鞋、不例御時御直衣」

＊中務内侍日記（1292頃か）弘安一〇年一二月五日「せいりゃう殿に出御なる、きくぢんの御はう、つつじの御下がさね」

＊胡曹抄（1480頃）「天皇袍〈略〉麴塵袍号二青色一、文桐竹鳳凰、賭弓、臨時祭庭座、五月競馬等用レ之也」

＊浄瑠璃・大職冠（1711）二「入鹿の大臣金巾子（きんこじ）の冠、菊塵の装束、さながら天子のよそほひ」

＊歴世服飾考（1893）八「麴塵　青色青白橡魚陵山鳩色などもいへり」

164

おめしちゃ

御召茶

2.5GY 5/2　**C**5 **M**0 **Y**50 **K**55

鶯茶のやや黒ずんだ色。▽灰みの黄緑。**[mg-YG]** ▼「御召」は着物の意。

165 あいみるちゃ

藍海松茶

2.5GY 3.5 / 2　**C**6 **M**0 **Y**60 **K**75

茶色の濃く黒ずんで藍色がかった色。茶がかった海松色が藍色を帯びた色。▽暗い灰みの黄緑。**[dg-YG]**

＊浮世草子・好色万金丹（1694）一・三「かかる家の女郎は、白縮緬に縫紋（ぬいもん）の小袖を浅黄に染め直し、其次を空色、其跡をあゐみるちゃに焼き返す事お定まり也」

＊万金産業袋（1732）五「染色の字類には〈略〉あいみるちゃ　藍豆青、すみるちゃ　素豆青」

＊随筆・嬉遊笑覧（1830）二・上「男女衣服流行の染色〈略〉元文の頃丈長く袖少し大く御服袖口とて針かず少く縫ゆき長く黒袖べり色は檳榔子くり梅藍みる茶木賊色」

＊俗語考（1841）あゐみるちゃ「藍見茶（あゐみるちゃ）也、或書云、藍見茶と云染色は、其はじめすみる茶といへり、そは、松羅（すみる）国の産の絹の色、皆此色に染て舶来せし故の名也。是を京師の染屋に擬摸（うつし）染出し後、海松（みる）の色とおもひ混へて、藍海松といひ出（いで）し歟、又、常の茶に少し藍を見せたる様なる故に、藍見茶と心得たる歟」

166 わかばいろ

JIS

若葉色

7GY 7.5 / 4.5　**C**28 **M**0 **Y**52 **K**10

生え出て間もない草木の葉のような色。▽やわらかい黄緑。**[sf-YG]** ▼「若葉」は夏の季語として広く用いられる。

167

わさびいろ

山葵色

7.5GY 7.5 / 4　**C**30 **M**0 **Y**50 **K**10

●ワサビ（山葵）のような色。▽やわらかい黄緑。［**sf-YG**］▼①ワサビは、アブラナ科の多年草。根茎をすりおろして香辛料とする。②「山葵色」には柔らかい緑の印象がある。

＊思ひ出（1911）〈北原白秋〉わが生ひたち「店全幅（みせいっぱい）の薬種屋式の硝子戸棚には曇った山葵色（わさびいろ）の紙が」

168

まつばいろ

JIS

松葉色

7.5GY 5 / 4　**C**33 **M**0 **Y**60 **K**40

●マツ（松）の葉のような色。「まつのはいろ」とも。▽くすんだ黄緑。［**dl-YG**］▼古く、「松の深緑」とか「深緑常磐の松」とか、松は深緑の代表として用いられた。

＊宇津保（970-999頃）吹上上「青色のまつばうへのきぬの柳がさね」

＊枕（10C終）二八二・狩衣は「狩衣は、香染の薄き、白き、ふくさ、赤色、まつのはいろ」

＊浄瑠璃・傾城島原蛙合戦（1719）五「お小袖は、千代を染込松葉色」

＊洒落本・部屋三味線（1789-1801頃）「紫ちりめんや松葉色は勤をする内着ておくがいい」

＊人情本・春告鳥（1836-37）八・一五「五分ほどの手綱染の前垂、紐は松葉色（まつばいろ）の、呉呂服絲（ゴロフクリン）の端（みみ）を立（たち）落せしを」

169 うらばやなぎ

裏葉柳

9GY 8.5 / 3　**C**18 **M**0 **Y**30 **K**0

ヤナギ（柳）の葉の裏に似た色。▽ごくうすい黄みの緑。［**vp-yG**］▼「柳色（やなぎいろ）」よりさらに白みの色をいう。

170 わかみどり

若緑

10GY 8 / 7　**C**40 **M**0 **Y**50 **K**0

みずみずしい緑色。特にマツ（松）の若葉の色をいうことが多い。▽うすい黄みの緑。［**pl-yG**］

＊宇津保（970-999頃）蔵開上「わかみどりふた葉に見ゆる姫松の嵐吹きたつよをも見てしが」

＊冷笑（1909-10）〈永井荷風〉一〇「鼈甲色（べっかふいろ）をした鶩（あひる）の蒸焼と嫩緑（わかみどり）の色の鮮かなサラドの皿の運び出される頃に」

171 あさみどり

浅緑

10GY 7.5 / 4.5　**C**50 **M**0 **Y**60 **K**0

薄い緑色。▽やわらかい黄みの緑。［**sf-yG**］

＊続日本紀-大宝元年（701）三月甲午「又服制。〈略〉務冠四階浅緑」

＊万葉（8C後）一〇・一八四七「浅緑染め懸けたりと見るまでに春の楊（やなぎ）は萌えにけるかも〈作者未詳〉」

＊源氏（1001-14頃）若菜下「あさみどりの薄様なる文の、押し巻きたる端みゆるを」

＊大和本草（1709）六「防風〈略〉削防風

は葉似二牡丹一。色浅緑、俗、牡丹人参と云。其根大。故削レ之、而售レ之」
＊不如帰（1898-99）〈徳富蘆花〉下・四「春晴うららと、浅碧（あさみどり）の空に雲なく」
＊田舎教師（1909）〈田山花袋〉五六「ごゐさぎを〈略〉買った。嘴（くちばし）は浅緑色（あさみどりいろ）、羽は暗褐色に淡褐色の斑点」
＊鶯（1938）〈伊藤永之介〉「取りすがったがもうそのときは鳥影が浅緑の空を映した窓をかすめて飛び去ってしまってゐた」

《参　考》
浅緑色をしているところから、糸、野辺、霞などにかかる枕詞として用いられる。
＊古今（905-914）春上・二七「浅緑糸よりかけて白露を珠にもぬける春の柳か〈遍昭〉」
＊新古今（1205）哀傷・七五八「あはれなりわが身のはてやあさ緑つひには野べの霞とおもへば〈小野小町〉」

172 うすみどり

薄緑

1.5G 8.5 / 4　**C**20 **M**0 **Y**30 **K**0

● 薄い緑色。クレヨンおよびパスの色名。▽うすい緑。【pl-G】
＊長秋詠藻（1178）中「春霞立ちにけらしな小塩山小松が原のうすみどりなる」
＊夫木（1310頃）二「河上やまた横雲るうすみとり波より霞む淀の明ぼの〈藤原保季〉」
＊ヰタ・セクスアリス（1909）〈森鷗外〉「臭橘（からたち）に薄緑の芽の吹いてゐるのが見える」
＊桐の花（1913）〈北原白秋〉白猫「薄緑色の生絹の笠を透かして青く漉されたオスラムの燭光が」
＊人さまざま（1921）〈正宗白鳥〉「帯を高々と結んだ花嫁さんが、店員が差掛けた薄緑の派手な模様のついた雨傘を持って店先を出て行った時には」
＊好奇心（1948）〈荒正人〉「その地図帳は〈略〉薄緑の一色刷りで」
＊水の葬列（1967）〈吉村昭〉四「湿度のために、その体は、苔かそれともかびが生えているのか薄緑色に染っている」
＊われら戦友たち（1973）〈柴田翔〉一・一「机上に積み重なる寝ぼけた薄緑の書類ファイルを背景に」

《参　考》
「うすみどり」に「淡緑」を当てることもあり、字音で「たんりょく（しょく）」とも。
＊思出の記（1900-01）〈徳富蘆花〉三・二「葡萄も〈略〉淡緑の珠玉をつるし」

173 びゃくろく JIS

白緑

2.5G 8.5 / 2.5　　**C**20 **M**0 **Y**27 **K**0

岩緑青（いわろくしょう）を砕いて作る顔料のうち、最も粒子が細かいもので、白っぽい緑になる顔料の色。▽ごくうすい緑。**[vp-G]**

*文明本節用集（室町中）「**白緑**　ビャクロク」

*和漢三才図会（1712）六一「緑青（ろくしゃう）〈略〉按石緑〈俗云磐緑青〉其最上者称㆓曾米木㆒所謂泥緑者今云**白緑**（ひゃくろく）」

*交隣須知（18C中か）二・彩色「三緑　ビャクロクハ　タントアル　サイシキジャ」

*青春（1905-06）〈小栗風葉〉春・一三「麦は**白緑色**（びゃくろくいろ）に煌めく上を」

*青春（1905-06）〈小栗風葉〉秋・一「ルネッサンス式の厳めしい煉瓦門は、**白緑色**（びゃくろくいろ）に塗られた鉄格子の扉と、鉄鋲の一面に鎧（よろ）はれた欅（けやき）の扉とで二重にハタと閉されて」

*竹沢先生と云ふ人（1924-25）〈長与善郎〉竹沢先生の人生観・四「**白緑**（びゃくろく）に露の光る庭におりて」

*ある偽作家の生涯（1951）〈井上靖〉「桂岳は中期以後絶対に岩石の肌の草や苔などの描写に当って、**白緑**の点描を使はなかったが」

174 みどり JIS

緑・翠

2.5G 6.5 / 10　　**C**70 **M**0 **Y**70 **K**0

青と黄との間色。光の三原色（赤・緑・青紫）の、また、基本色名の一つ。クレヨンおよびパスの色名でもある。草木の葉のような色をいう。▽明るい緑。**[lt-G]**▼カワセミ科の鳥カワセミ（翡翠）の羽の色からともいい、「翠」とも書く。

*万葉（8C後）一〇・二一七七「春は萌え夏は**緑**（みどり）に紅の綵色（まだら）に見ゆる秋の山かも〈作者未詳〉」

*源氏（1001-14頃）夕霧「猶かの**みどり**の

そでのなごり、あなづらはしきにことつけて」
＊伊勢集（11Ｃ後）「紅の涙し濃くばみどりいろの袖もみぢても見えまし物を」
＊八雲御抄（1242頃）三「六位　みどりのそで。あをき衣」
＊玉塵抄（1563）二「目のひとみはあわう緑色なぞ」
＊書言字考節用集（1717）六「緑〈ミドリ〉〔匀会〕青黄色。東方之間色　碧〈ミドリ〉〔匀会〕深青色　翠〈ミドリ〉〔匀会〕青羽曰ㇾ翠」
＊魔風恋風（1903）〈小杉天外〉前・記念会「学校の正門前は、爰に緑色の虹の湧きしかと思はるる大緑門（アーチ）」
＊千曲川のスケッチ（1912）〈島崎藤村〉一・学生の家「右にも左にも麦畠がある。風が来ると、緑の波のやうに動揺する」
＊朴若葉（1950）〈富安風生〉「満山の緑の中の干浴衣」

《参　考》
①海や空などの深い色をいうこともある。その場合は「碧」の字を当てることが多い。
＊長秋詠藻（1178）上「ながめするみどりのそらもかき曇りつれづれまさる春雨ぞふる」
＊日葡辞書（1603-04）「Midorino（ミドリノ）ウミ。ヒロク　フカキ　ウミ」
＊邪宗門（1909）〈北原白秋〉青き花・青き花「そは暗きみどりの空に　むかし見し幻なりき」
＊唱歌・滝〈文部省唱歌〉（1932）「見下せば、足もとには、幾百千の白龍の、をどるよをどるよ、碧（みどり）の淵に」
②黒くつやのある色をいうこともある。多く毛髪について、「緑の黒髪」のようにいう。
＊太平記（14Ｃ後）二〇・義貞首懸獄門事「翠（みどり）の髪を剃下し」
＊内地雑居未来之夢（1886）〈坪内逍遙〉五「色あくまでも白うして、緑（みどり）のたばね髪と相映ず」

175 わかたけいろ

JIS

若竹色

6G　6 / 7.5　　C60 M0 Y55 K0

その年に生え出た若いタケ（竹）のような色。青竹よりさらに若々しい竹の色の意。▽つよい緑。［st-G］▼「青竹色」とともに比較的新しい色名。

176

ろくしょういろ

JIS

緑青色

4G 5/4　**C**57 **M**0 **Y**60 **K**40

孔雀石（石緑）から製する緑色顔料の色。また、銅や銅合金の表面に生じる緑色のさびのような色。「りょくしょういろ」とも。▽くすんだ緑。**[dl-G]**

＊法隆寺伽藍縁起并流記資財帳・天平一九年（747）〈寧楽遺文〉「合綵色物壱拾参種〈略〉通三宝分弐種〈朱砂十三両二分緑青卅三両〉」

＊右京大夫集（13C前）「春よりさきにしためぐみたるわか葉のろくしゃう色なるが、ときどきみえたるに」

＊十訓抄（1252）七・白河法皇雪見御幸小野皇太后宮事「緑青にて色どりたる折舗（をしき）に金の御盃すゑて」

＊仮名草子・犬枕（1606頃）「青（あをき）物空もひとつのうなばらや緑しゃういろの野辺のわか草」

＊滑稽本・戯場粋言幕の外（1806）上「ありゃ紋看板（もんかんばん）と申のでござります。あれにも紺青と朱と緑青（ろくせう）との色わけで、位がわかるげに申まする」

＊虞美人草（1907）〈夏目漱石〉一九「一面に冴へ返る月の色の方六尺のなかに、会釈もなく緑青（ろくしゃう）を使って、柔婉（なよやか）なる茎を乱るる許に描た」

＊MENSURA ZOILI（1917）〈芥川龍之介〉「海は煮切らない緑青色（ろくしゃういろ）を、どこまでも拡げてゐるが」

＊白夜（1966）〈高橋たか子〉「緑青色にかがやく海の深層へと落ちていった」

177

はいみどり

灰緑

1.5G 5/3　**C**40 **M**0 **Y**47 **K**48

灰色がかった緑色。クレヨンおよびパスの色名。「灰緑色」は字音で「かいりょくしょく」とも。▽灰みの緑。**[mg-G]**

＊澪（1911-12）〈長田幹彦〉四「そして灰緑色に静まりかへった海の面（おもて）には一条の長い長い澪（みを）が軟風のために奇怪な象（かたち）に吹き撓（ゆが）められながらうっすりと漂って」

178

ときわいろ

JIS

常磐色・常盤色

3G 4.5 / 7　**C**82 **M**0 **Y**80 **K**38

マツ（松）、スギ（杉）などの常磐（ときわ）木（＝常緑樹）の葉のような色。年中葉の色が緑色で変わらないところから、永久に変わらない色という美称として用いられた。▽こい緑。**[dp-G]**

▼「ときわ」は「とこいわ」を語源とし、常に変わらない岩の意から。

*新撰六帖（1244頃）六「ときは色のちしほのみどり神代よりそめてふるえの住吉の松〈藤原信実〉」

179

かわいろ

革色

5G 3.5 / 2　**C**40 **M**0 **Y**40 **K**70

革を染めるのに、多くこの色を用いたところから、名づけられた色。▽暗い灰みの緑。**[dg-G]**

*人情本・春色梅美婦禰（1841-42頃）五・叙「革色やら紺桔梗やら染込て、ゑたいも分らぬやたら縞」

*随筆・守貞漫稿（1837-53）三〇「菖蒲革。〈略〉鹿皮を以て製レ之色黒緑也。今世江戸にて絹布の類に革色と云物流布す。即菖蒲革色也」

*滑稽本・七偏人（1857-63）二・中「染がぶだうねずみだといいのだが、革色だから誠に気に入らない」

*多情多恨（1896）〈尾崎紅葉〉後・八・三「帯は地模様の革色繻珍と黒繻子の腹合」

*思出の記（1900-01）〈徳富蘆花〉二・五「西山先生を大先生として、中先生には何時も革色の紋付羽織で出かけて来る謹直な松島先生」

*青春（1905-06）〈小栗風葉〉春・九「二宮先生と云ふのは、三十余りの顔の杓んだ小さな女で、〈略〉小紋の三紋の羽織に皮色の袴」

180

ちとせみどり

JIS

千歳緑

4G 4 / 3.5 **C**60 **M**0 **Y**65 **K**60

常緑樹マツ（松）の葉のような深い緑色。マツは千年の齢（よわい）を重ねるといわれることから、めでたい色として生まれた色名。「せんざいみどり」とも。▽暗い灰みの緑。[**dg-G**]

181

ふかみどり

JIS

深緑

5G 3 / 7 **C**95 **M**0 **Y**85 **K**60

深い緑色。クレヨンおよびパスの色名。「深緑（色）」は字音で「しんりょく（しょく）」とも。▽こい緑。[**dp-G**]

*令義解（833）儀制・蓋条「凡蓋、皇太子紫表。蘇芳裏。頂及四角。覆レ錦垂レ総。親王紫大纈。一位深緑。三位以上。紺。四位縹」

*源氏（1001-14頃）澪標「松原のふかみどりなるに、花もみぢをこき散らしたると見ゆるうへのきぬのこきうすき、数知らず」

*思出の記（1900-01）〈徳富蘆花〉一・九「早咲きの胡蝶花が深緑（ふかみどり）の葉の間からほの白く咲むで居た」

*春潮（1903）〈田山花袋〉一六「赤城、榛名の連山が深碧（ふかみどり）の色を呈して」

*吾輩は猫である（1905-06）〈夏目漱石〉二「某画家からの年始状であるが、上部を赤、下部を深緑（ふかみど）りで塗って」

*青春（1905-06）〈小栗風葉〉春・一一「一望目を遮るものも無い外海（そとうみ）の色は、〈略〉何時か拭ふが如く瞭（はっき）りした深緑（ふかみどり）の水面へ」

*行人（1912-13）〈夏目漱石〉友達・一七「塀の内には夏蜜柑のやうな深緑（しんりょく）の葉が瓦を隠す程茂ってゐた」

*美しい村（1963）〈立原正秋〉一「やがて晩夏の深緑（ふかみどり）のなかで、生身の歓びに乱れていく妻のからだの動きがわかった」

182

もえぎいろ

JIS

萌葱色

5.5G 3 / 5　**C**80 **M**0 **Y**65 **K**50

ネギ（葱）の萌え出た芽のような青色がかった緑色。▽暗い緑。[**dk-G**] ▼文献例は「もえぎ（萌黄・萌木）」にまとめた。→159もえぎ（萌黄・萌木）。

183

あんりょくしょく

暗緑色

5G 3 / 4　**C**72 **M**0 **Y**70 **K**70

深い緑色。▽暗い緑。[**dk-G**]

*破戒（1906）〈島崎藤村〉一九・七「河の水は暗緑の色に濁って」

*嵐（1906）〈寺田寅彦〉「暗緑色に濁った濤は砂浜を洗うて打ち上った藻草をもみ砕かうとする」

*満韓ところどころ（1909）〈夏目漱石〉二二「旅順の港は鐘の如く暗緑に光った」

*それから（1909）〈夏目漱石〉六「暗緑（あんりょく）と暗紅を混ぜ合はした様な若い芽が」

*カズイスチカ（1911）〈森鷗外〉「暗緑色（あんりょくしょく）の宇治茶を入れて」

*旅日記から（1920-21）〈寺田寅彦〉三「海の色は暗緑で陸近い方は美しい浅緑色を示して居た」

*あらたま（1921）〈斎藤茂吉〉暗緑林「さやぎつつ鴉（からす）のむれのかくろへる暗緑の森をわれは見て立つ」

*光と風と夢（1942）〈中島敦〉三「芝生とヒビカスの花とに囲まれた・暗緑色の木造二階建、赤屋根の家は」

*私の詩と真実（1953）〈河上徹太郎〉詩人との邂逅「ランボーの色調が原色的で金属的なのに引きかへ、富永のが暗緑色で粘液質だったのは、偶然の体質的な相違に過ぎない」

*記念碑（1955）〈堀田善衛〉「暗緑色の国民服を着た楽員たちのなかに、黒の服を着た女性楽員の数が目立って多かった」

*海辺の光景（1959）〈安岡章太郎〉「伯母は暗緑色の大きな西瓜を取り出した」

184 ちぐさいろ

千草色

10G 7 / 2.5　**C**35 **M**0 **Y**30 **K**10

●うすい浅葱（あさぎ）色。▽明るい灰みの青みを帯びた緑。**[lg-bG]** ▼千草は、ツユクサ（露草）の異名。その花のような色の意か。

＊浮世草子・日本永代蔵（1688）五・二「浅黄の上を千草に色揚げて」

＊浮世草子・西鶴置土産（1693）二・一「千種色（ちくさいろ）のもめんぬのこの身せばにして」

＊浄瑠璃・融大臣（1692頃）二「恋をする身とやれ、ゆひ立られたしぼり、ちくさの妻ごめも、ねよげに見ゆる、木賊色」

＊浮世草子・庭訓染匂車（1716）四・一「四季の仕きせも物好み、〈略〉秋は千種色の袷、綿の代に二布ひとつ、冬は紙子染、大晦日に給銀の算用」

＊歌舞伎・日月星享和政談（延命院）（1878）二幕「おれが頭（かしら）に頼まれて、見立てた結城（ゆふき）の替り縞、裏は真岡の千種染（ちくさぞめ）」

＊歌舞伎・天衣紛上野初花（河内山）（1881）四幕「新之助若衆鬘木綿の着附、千種（ちくさ）の股引」

＊草枕（1906）〈夏目漱石〉一三「一人は千草色の股引の膝頭に」

＊家族会議（1935）〈横光利一〉「泰子はひやりとする麻に壺流しを描いた千草染の着物を着て」

185 せいじいろ JIS

青磁色・青瓷色

7.5G 6.5 / 4　**C**57 **M**0 **Y**40 **K**10

●青磁のような色。▽やわらかい青みの緑。**[sf-bG]** ▼①青磁は、生地・釉（うわぐすり）に鉄分を含有し、焼きあがると淡青緑色、または淡黄色・黄褐色を呈する磁器。中国で古くから焼かれたが、特に、宋代にすぐれたものが作られ、日本へは中世に渡来した。②「源氏-若菜下」に「紅梅二人、桜二人、あをじのかぎりにて、袙（あこめ）濃く薄く、うち目などえならで着せ給へり」とある「あをじ」は銅を呈色剤とした緑色の釉を表面にかけた陶器の色ともされ、「せいじ」と同じであるかは不明。

*米欧回覧実記（1877）〈久米邦武〉一・四「大抵辺鄙の町は、木製の屋多し、白鉛漆粉（ペンキ）を塗り、或は青磁色に塗る」

*青年（1910-11）〈森鷗外〉二三「青磁色（せいじいろ）の鶉縮緬に三つ紋を縫はせた羽織を襲ねて」

*焚火（1920）〈志賀直哉〉「段々白い雲の薄れて行く、そして青磁色の空の拡がるのを眺めて居ると」

*旅人かえらず（1947）〈西脇順三郎〉一六四「青磁色の山々が地平に　小さく並んでいる」

*西方の国（1973）〈高橋たか子〉「大きな船体の、煤のような黒と錆びたような朱とが、水の青磁色に似合っていて」

186

とくさいろ

木賊色・砥草色

7.5G 4.5 / 4　C58 M0 Y50 K50

トクサ（木賊）の茎のような色。▽くすんだ青みの緑。[dl-bG] ▼トクサは、シダ類トクサ科の常緑多年草。

*宇治拾遺（1221頃）一四・七「刑部録といふ庁官、びんひげに白髪まじりたるが、とくさの狩衣に青袴きたるが」

*神道集（1358頃）七・四一「淵名次郎太室太郎は御輿の左右の轅に取付つつ、樴色（とくさいろ）装束に透額の冠を着つつ」

*増鏡（1368-76頃）一一・さしぐし「飯沼の判官、とくさの狩衣、青毛の馬に、きかなものの鞍置きて」

*浄瑠璃・心中重井筒（1707）上「あのやうにほついてはやがて身代はとくさ色でおろすやうに、なってのけふと笑ひける」

*随筆・反古染（1753-89頃）「小袖の染色は〈略〉元文の頃、檳榔子、栗梅、藍みる茶、木賊色」

*交隣須知（18C中か）二・彩色「軟草色　トクサイロノ　ナガイ　キモノ　キタ　人ハ　マエ　ミタヨフナ　人テ　コサル」

*随筆・守貞漫稿（1837-53）一七「掛け萌葱　今云木賊色也」

*虞美人草（1907）〈夏目漱石〉一四「小羊（ラム）の皮を柔らかに鞣（なめ）して、木賊色（とくさいろ）の濃き真中に、水蓮を細く金に描いて」

187

あおたけいろ

JIS

青竹色

2.5BG 6.5 / 4 　**C**50 **M**0 **Y**35 **K**10

青竹のような色。青竹は、幹の青い、なまの竹をいう。▽やわらかい青緑。**[sf-BG]** ▼「若竹色」とともに比較的新しい色名。英語では「バンブーグリーン（bamboo green）」が相当する。

＊宮沢賢治歌稿・明治四二年（1909）四月より「ホーゲーと焼かれたるまま岩山は青竹いろの夏となりけり」

188

てついろ

JIS

鉄色

2.5BG 2.5 / 2.5 　**C**70 **M**0 **Y**50 **K**70

鉄のような色。鉄の色からとも、陶磁器の下絵顔料にする、コバルト化合物を含んだ鉱物呉須（ごす）による色からともいう。▽ごく暗い青緑。**[vd-BG]** ▼鉄の古称「くろがね」から、「くろがねいろ」とも。

＊小学読本（1873）〈榊原芳野〉一「磁石色黒して鉄色を帯たる石なり。其性鉄を吸ふ」

＊油地獄（1891）〈斎藤緑雨〉七「小歌は今日は着更の姿で、上着は青味の勝った鉄色（てついろ）の地に、白い荒いさつま筋の出た御召縮緬」

＊草枕（1906）〈夏目漱石〉八「花毯（くゎたん）が敷いてある。〈略〉周囲（まはり）は鉄色に近い藍で、四隅に唐草の模様を飾った茶の輪を染め抜いてある」

＊婦系図（1907）〈泉鏡花〉前・二四「薄色の鉄の派手な塩瀬（しおぜ）に」

＊少年行（1907）〈中村星湖〉八「其の膚の色は銅（あかがね）と云ふよりは鉄色（くろがねいろ）だ」

＊冷笑（1909-10）〈永井荷風〉一〇「唯勝之助の鉄色した額と頬の血色が遠い海洋の風に染められた名残だと思ふと」

＊放浪時代（1928）〈龍胆寺雄〉二・二「鉄色（てついろ）の壁とクリーム色の境幕（さかひまく）とが向き合って」

＊芽むしり仔撃ち（1958）〈大江健三郎〉三「弟が板戸の節穴からの光へ、いちめんに脂と灰で汚れ鉄色をした顔をうかばせた」

189

みずあさぎ

JIS

水浅葱

1.5B 6 / 3　**C**40 **M**0 **Y**20 **K**30

● 薄い浅葱色。▽やわらかい青緑。**[sf-BG]** ▼「柳多留 - 四（1769）」に、「おやぶんは水浅黄迄着た男」とあるように、江戸時代、この色であったところから、囚人の服をいった。

＊浄瑠璃・国性爺合戦（1715）四「**水浅黄**のもも引しめてはおりきて」

＊談義本・当風辻談義（1753）三・無縁坂の法界寺書状の反詞せし事「町人の葬礼に、**水浅黄**（みづあさぎ）の上下着るを笑ひ」

＊随筆・守貞漫稿（1837-53）一四「半染手拭と云〈略〉半斜に片白片藍の無地、或は片白片**水浅葱**或は片白片浅葱に小紋ある物等、小紋は白也」

＊たけくらべ（1895-96）〈樋口一葉〉四「しごいて締めし帯の**水浅黄**（みづあさぎ）も、見よや縮緬の上染」

＊青春（1905-06）〈小栗風葉〉春・一四「**水浅葱**（みづあさぎ）の絹レイスのショオルを引纏ひながら」

＊家（1910-11）〈島崎藤村〉下・六「三吉は**水浅黄色**のカアテンの懸った玻璃（ガラス）障子のところへ行って見た」

＊浅草紅団（1929-30）〈川端康成〉一一「**水浅葱色**（みづあさぎいろ）のハッピ・コオト一枚のいなせな若衆二人の踊につれて、お下げの髪が揺れるのだ」

＊よじょう（1952）〈山本周五郎〉九「**水浅黄**に染めた生麻の帷子の着ながしで」

190

さびあさぎ

JIS

錆浅葱

10BG 5.5 / 3　**C**50 **M**0 **Y**25 **K**40

● 錆色がかった、くすんだ渋みの感じられる浅葱色。▽灰みの青緑。**[mg-BG]**

191 あおみどり

JIS

青緑

7.5BG 5 / 12 **C**90 **M**0 **Y**55 **K**0

●青みを帯びた緑色。基本色名の一つ。マンセル表色系のBG（Blue Green）に相当する。また、クレヨンおよびパスの色名。「青緑（色）」は字音で「せいりょく（しょく）」とも。▽あざやかな青緑。**[vv-BG]**

＊延喜式（927）一四・縫殿寮「雑染用度〈略〉青緑帛一疋。藍四囲。黄蘗二斤」

＊拾遺愚草（1216-33頃）中「仰げどもこたへぬ空のあおみどりむなしく果てぬ行く末も哉」

＊広本拾玉集（1346）二「住吉の春の柳の青みどり松なき庭のけしき也けり」

＊和漢三才図会（1712）四五「蛤蚧（あをとかけ）〈略〉按蛤蚧〈俗云青蜥蜴〉小者三四寸大者七八寸背青緑色而光有二縦斑文一」

＊星を造る人（1922）〈稲垣足穂〉「数千年の昔から燃えつづけてゐる青緑色の焔と」

＊痩せた花嫁（1925）〈今東光〉「帯止めの青緑色をした翡翠が、けざやかな夏を想はせた」

＊越前竹人形（1963）〈水上勉〉九「白い肌が、青みどりの竹の林を背景にして、ぬけ出てきたようにみえる」

＊忘却の河（1963）〈福永武彦〉七「青緑色というよりは青黒色というに近い海の色を覗き込んだ」

192 なんどちゃ

納戸茶

10BG 4 / 3 **C**60 **M**0 **Y**30 **K**55

●緑色を帯びたあさぎの染色で、青と緑の中間の色。「御納戸茶（おなんどちゃ）」とも。▽暗い灰みの青緑。**[dg-BG]**

＊洒落本・風俗八色談（1756）二・野水問答の事「女のやうな紋所を付たる黒羽二重に、御納戸茶（おなんどちゃ）の裏をつけ」

＊洒落本・遊子方言（1770）発端「丹後嶋の小袖、した着は御納戸茶（おなんとちゃ）縮緬の両めん」

＊随筆・反古染（1753-89頃）「小袖の染色は〈略〉宝暦の頃、御納戸茶、千歳茶、煤竹」
＊蛮語箋（1798）「深油緑　オナンドチャ」
＊随筆・愚雑俎（1825-33）五「絹局より藍みる茶の絹を、ある屋鋪の納戸へおさめしに、年経て出し見給へば、いろそんじかはりたるがゑもいへぬおもしろきいろなりとて、納戸茶となづけられしより、かく流行せりとぞ」
＊随筆・守貞漫稿（1837-53）一七「今世流布の染色には御納戸茶鼠色茶染等也」

193 みずいろ

JIS

水色

6B 8/4　**C**30 **M**0 **Y**10 **K**0

薄青く澄んだ水のような色。クレヨンおよびパスの色名。▽うすい緑みの青。**[pl-gB]**
＊夜の寝覚（1045-68頃）三「濃く薄くみづ色なるを下にかさねて」
＊平家（13C前）八・緒環「朝帰する男の、水色の狩衣をきたりけるに、狩衣の頸（くび）かみに針をさし」
＊浮世草子・好色一代男（1682）二・二「水色のきぬ帷子に、とも糸にさいはい菱をかすかに縫せ」
＊雪中梅（1886）〈末広鉄腸〉下・五「鼠色『フラネル』の浴衣に水色縮緬の『ヘコ』帯」
＊たけくらべ（1895-96）〈樋口一葉〉五「単衣は水色（みづいろ）友仙の涼しげに」
＊虞美人草（1907）〈夏目漱石〉一六「三段目に水色の絹（リボン）が、横に傾いて、ふっくらした片頬が入口の方に向いた」
＊或る女（1919）〈有島武郎〉後・二五「黒繻子と水色匹田（ひった）の昼夜帯」
＊朝の草（1937）〈武田麟太郎〉「彼女は手早く、水色のイヴニングを纏った」
＊僕の語学修業（1949）〈渡辺一夫〉「その時の僕は、暁星学校独特の水色の夏服を着て」
＊恋人たちの森（1961）〈森茉莉〉「水色のブラウスを濃藍色のキュロットの上に出して着た娘がある」
＊不意の声（1968）〈河野多恵子〉「首まわりと袖口をゴムで絞った水色のスモックを着た男の子たち」

194

ひそく

秘色

2B 8.5 / 2　**C**20 **M**0 **Y**12 **K**0

染色で、瑠璃色。「ひしょく」とも。▽ごくうすい緑みの青。[**vp-gB**]▼秘色は、中国の越国産といわれる青磁の器もいう。唐代に、天子への供進の物として、臣下、庶民の使用を禁止したところからの名だが、この器との関連は不明。

＊満佐須計装束抄（1184）三「からあや・しろあを・やなぎさくら・ひそく」

＊胡曹抄（1480頃）「衣色事〈略〉秘色（ひそく）瑠璃色」

195

びゃくぐん

JIS

白群

3B 7 / 4.5　**C**50 **M**0 **Y**20 **K**0

岩絵の具の一種である岩群青のうち、最も粒子が細かいもので、白みを帯びた群青の色。▽やわらかい緑みの青。[**sf-gB**]▼鉱物顔料「群青」のうち、淡い色調のものを「白群」、紺色を呈するものを「紺青（こんじょう）」とする。ただし、「紺青」という別種の顔料もある。

196

かめのぞき

JIS

瓶覗・甕覗

4.5B 7 / 4　**C**40 **M**0 **Y**15 **K**0

淡い藍色。染料の藍汁をためておく藍瓶にちょっと浸けただけの色の意から。▽やわらかい緑みの青。[**sf-gB**]

＊歌舞伎・与話情浮名横櫛（切られ与三）（1853）九幕「『堅気ではじく十呂盤ずめ』『こっちは人と目を瓶のぞき』」

＊滑稽本・七偏人（1857-63）三・下「瓶覗（かめのぞ）きか何かの手拭を真深に冠って」

＊東京曙新聞・明治九年（1876）三月二九

日「縞八丈の半天を着てかめのぞきの天拭ひを一寸吉原冠りにした意気な男」
＊われから（1896）〈樋口一葉〉一一「集まりし人だけに瓶（かめ）のぞきの手拭、それ、と切って分け給へば、一同手に手に打冠り」
＊蝶の皿（1969）〈秦恒平〉「ちょうど藍のかめのぞきか、と見紛いますほどの冴え冴えした色合いでみごとに織り出してございますつづれの帯の柄が」

197 しんばしいろ JIS

新橋色

2.5B 6.5 / 5.5　**C**57 **M**0 **Y**20 **K**8

明治末から大正時代に、東京新橋の芸者たちに好まれた色からの名。「金春色（こんぱるいろ）」とも。▽明るい緑みの青。**[lt-gB]**

198 はなあさぎ

花浅葱

6B 4.5 / 6　**C**77 **M**0 **Y**10 **K**48

ツユクサ（露草）で染めた浅葱色。▽つよい緑みの青。**[st-gB]**
＊後葉（1156頃）雑一「心ざし深からぬ男の、はなあさぎに狩衣せさせける」
＊東北院職人歌合（1348頃）七番「うとくなる人の心の花浅黄いくしほ染めて色あがるらん」

199

あさぎいろ

JIS

浅葱色・浅黄色

2.5B 5 / 8　　**C**82 **M**0 **Y**30 **K**11

「浅葱」は、薄いネギ（葱）の葉の色の意。古くは、「浅黄」と書き、薄い黄色をさしたとも、緑ないし青系の薄い色をさしたともいう。▽あざやかな緑みの青。[**vv-gB**] ▼古い「浅黄」の色合いにも諸説あり、色見本では近来の「浅葱」の色を示すにとどめた。文献例も区別の困難なものが多く、ただ年代順に掲げた。

＊延喜式（927）一四・縫殿寮「浅黄綾一疋〈略〉苅安草大三斤八両。灰一斗二升。薪卅斤」

＊能因本枕（10Ｃ終）四二・こしら川といふ所は「二藍（ふたあゐ）の直衣（なほし）、指貫、あさぎの帷子（かたびら）をぞすかし給へる」

＊飭抄（1238頃）上・袍「浅黄　親王着御。〈略〉無品親王着㆓黄衣㆒。或曰。謂㆓之浅黄㆒。〈略〉是黄色之薄也」

＊右京大夫集（13Ｃ前）「空を見上げたれば、ことにはれてあさき色なるに」

＊浮世草子・日本永代蔵（1688）四・三「自然浅黄色（あさぎいろ）なる猿もがな、もしも手足の付たる鯛も有事もと」

＊俳諧・夜半叟句集（1783頃か）「襟巻の浅黄にのこる寒さかな」

＊随筆・玉勝間（1795-1812）一〇「古き物に浅黄とあるは、黄色の浅きをいへる也。然るを後に、浅葱色とまがひて、浅葱色のことをも、浅黄と書くから、古き物に浅黄とあるをも、誤りて浅葱色と心得られたる也」

＊青春（1905-06）〈小栗風葉〉春・一三「木立の間からちらちら見ゆる浅葱色（あさぎいろ）の海も」

＊冬の宿（1936）〈阿部知二〉一四「浅黄色の大風呂敷に包まれた荷物と」

《参　考》

①「浅葱」の文字が使われるのは近世になってからのようである。「書言字考節用集」では、「浅黄」は俗字で、「浅葱」を本字としている。「玉勝間」では、「浅黄」と「浅葱」とは別の色としながら、「浅黄」と「浅葱」の混同について述べている。「守貞漫稿（1837-53）」でも「今俗に浅黄の字を用ふれども仮字のみ、黄色に非ず」としている。②「浅黄裏」を単に「浅黄」ともいった。「浅黄裏」は江戸時代に、着物の裏地に浅黄木綿を用いた田舎侍をさしたが、一般に野暮で武骨な遊里で持てない好色な男のこと、また、不粋なことをもいった。

＊洒落本・風俗問答（1776）「女郎も本は素人なり、粋（すい）も本は浅黄（あさき）なり」

200 なんどいろ

JIS

納戸色

4B 4/6　C82 M0 Y22 K40

江戸時代に流行した藍染めの色の一つ。色名の由来は、納戸の垂れ幕などに用いられたところからというが諸説あり未詳。「御納戸色（おなんどいろ）」とも。▽つよい緑みの青。[st-gB] ▼「納戸」は、衣服、調度類、器材などを納めておく部屋。一般には、屋内の物置部屋を言う。

*洒落本・後編風俗通（1775）金錦先生進学解「黄唐茶の裏を小納戸（おなんど）に翻し、萌黄裡を黒に染上」

*人情本・春色梅児誉美（1832-33）後・一二齣「腰帯は、おなんど白茶の金まうる、勿論巾は一寸三分」

*随筆・神代余波（1847）上「御納戸染といへるは、花色の黒みある色なりしを、近き頃は空色と浅黄との間色にて匂へるをいへり」

*風俗画報‐一一二号（1896）流行門「島お召ならば藤色、お納戸に黒地の滝縞、勝男縞、児持縞、下衣（したぎ）は重に古代大更紗」

*倫敦塔（1905）〈夏目漱石〉「其真中の六畳許りの場所は冴えぬ色のタペストリで蔽はれて居る。地は納戸色（なんどいろ）、模様は薄き黄で」

*田舎教師（1909）〈田山花袋〉三一「水の色は段々納戸色（なんどいろ）になり」

*大道無門（1926）〈里見弴〉晔・二「お納戸（なんど）に焦茶の網代のお召に、臙脂の吉野織を重ね、うす藤色の小模様の襟」

201 うすはなだ

薄縹

10B 7/3　C30 M0 Y5 K12

薄い縹色。▽明るい灰みの青。[lg-B]

*装束抄（1577頃）「衣色〈略〉花田本名浅黄也。濃花田薄花田有レ之」

*女中言葉（1712）「さんぢゃう　うすはなたの叓」

*読本・昔話稲妻表紙（1806）三・一一「薄縹（うすはなだ）の奴袴（すばかま）も、涙の痕のしみとなり」

202 そらいろ

JIS

空色

9B 7.5 / 5.5　C40 M0 Y5 K0

晴れた大空の色。クレヨンおよびパスの色名。▽明るい青。**[lt-B]** ▼①晴れわたった空の色を連想するのが一般的。基本色名以外で、子供が最も早く覚える固有色名に属する。②「守貞漫稿（1837-53）」に「空色　花色の次を云」とあり、かなり紫みの色をさしたかと思われる。

＊源氏（1001-14頃）澪標「空いろの紙のくもらはしきに、書い給へり」

＊浮世草子・好色一代男（1682）六・五「春めきて空色の御はだつき、中にはかば繻子にこぼれ梅のちらし」

＊浮世草子・好色一代女（1686）一・一「天色（そらいろ）のむかし小袖に八重菊の鹿子紋をちらし」

＊書言字考節用集（1717）六「天色　ソライロ」

＊慶応再版英和対訳辞書（1867）「Azure　浅青色　Azure　空色ノ　Azured　空色ニ画タル」

＊邪宗門（1909）〈北原白秋〉青き花・海辺の墓「いま寒き夕闇のそこ、星のごと濡れてにほへる　天色（そらいろ）の露草七つ」

＊秘密（1911）〈谷崎潤一郎〉「総身をお召しの空色のマントに包み」

＊放浪記（1928-29）〈林芙美子〉「俊ちゃんはお上りさんのやうな恰好で、蛇の目の傘と空色のパラソルを持ってくる」

＊美少女（1962）〈河野多恵子〉「空色の地に薄いピンクの格子の入ったツーピースを着ていた」

203 うすあい

薄藍

9B 6.5 / 3　C30 M0 Y5 K15

藍色の薄いもの。▽灰みの青。**[mg-B]**

＊青春（1905-06）〈小栗風葉〉夏・八「大人しい薄藍の本宮山が朝日を浴びてすっきり聳って居る」

＊灰燼（1911-12）〈森鷗外〉一「着てゐる絆纏（はんてん）も腹掛も〈略〉紺の色が悉く褪めて陸軍の囚徒の着る着物のやうに薄藍色になって」

＊夜明け前（1932-35）〈島崎藤村〉第一部・

うすあい

上・二・二「大判の**薄藍色**（うすあゐいろ）の表紙から、必ず古代紫の糸で綴ぢてある本の装幀までが、彼には好ましく思はれた」
＊助左衛門四代記（1963）〈有吉佐和子〉一・一「高持ちには柿茶色の法被、小前には藍、弱百姓には**薄藍**の法被を配り」
＊母なるもの（1969）〈遠藤周作〉「子供の着物は**薄藍**（うすあい）で、農婦の着物は黄土色で塗られ」
＊林檎の下の顔（1971-73）〈真継伸彦〉五「フォームのすぐ左手の広い田畠のなかに、和枝が通っている嵯峨野女学校の、**薄藍**に塗った木造の校舎が建っている」

204

あいねず

JIS

藍鼠

7.5B 4.5 / 2.5　**C**30 **M**0 **Y**5 **K**55

藍色を帯びた鼠色。「あいねずみ」、また、「藍気鼠（あいけねずみ）」とも。▽暗い灰みの青。**[dg-B]**

＊談義本・当世穴穿（1769-71）二・さがの釈伽もんどう「ろかう茶や**あい鼠**（ねずみ）をきせ、金もおるの帯に丸ぐけのこしおびさせてさへ女房は見あきる物を」
＊随筆・嬉遊笑覧（1830）二・上「〈衣食住記〉〈略〉明和の頃より袖口広く袷の如し。染はるり紺、こんぎきゃう、**藍鼠**、花色」
＊随筆・守貞漫稿（1837-53）一七「今世流布の染色には〈略〉此鼠色亦、深川鼠、銀鼠、**藍鼠**、漆鼠、紅掛ねずみ等種々あり」
＊染物早指南（1853）「**藍気鼠**　灰墨（はいずみ）少々、唐藍同断、明礬水、豆汁」
＊当世文学通（1889）〈内田魯庵〉「対坐（さしむかひ）は二十一二の淑女（いらつめ）。**藍鼠**（あゐねずみ）の羽織に糸織の小袖を着し」
＊多情多恨（1896）〈尾崎紅葉〉後・九・二「**藍鼠**地の更紗紬の夜着の襟から」
＊青春（1905-06）〈小栗風葉〉春・六「**藍鼠**（あゐねず）の玉綾の吾妻（あづま）コオトを端被（はお）ると」
＊婦系図（1907）〈泉鏡花〉前・三八「**藍気鼠**（あゐけねずみ）の半襟」
＊左千夫歌集（1920）〈伊藤左千夫〉明治四四年「**藍鼠**（あゐねずみ）似合へる袷（あはせ）も気乗りせず何に若葉に歎く君かも」

205

あお

JIS

青

10B 4 / 14　　**C**100 **M**3 **Y**0 **K**10

青は、空や海の澄んだ色などを中心に、色相の青緑・青・青紫の範囲にわたる色をいう。古くは無彩色をもさした。基本色名の一つで、光の三原色の一つ。クレヨンおよびパスの色名。▽あざやかな青。**[vv-B]**

*東大寺諷誦文平安初期点（830頃）「青（あを）珠赤珻（あかたま）をば沙土（いさごつち）と斉しくせり」

*枕（10C終）一七・淵は「あを色の淵こそをかしけれ。蔵人などの具にしつべくて」

*源氏（1001-14頃）宿木「この尼君は、住ひかくかすかにおはすれど、装束（さうぞく）のあらまほしく、にび色あをいろといへど、いときよらにぞあるや」

*名語記（1275）二「そらも青色也」

*滑稽本・七偏人（1857-63）四・中「緑青といふやつで真青（まっさを）に塗て」

*行人（1912-13）〈夏目漱石〉兄・一〇「松の緑と海の藍とで、煙に疲れた眼に爽かな**青色**（あをいろ）を射返した」

*或る女（1919）〈有島武郎〉後・三六「天才が持つと称せられるあの**青色**をさへ帯びた乳白色の皮膚」

*都会の憂鬱（1923）〈佐藤春夫〉「私の**青**と黒とを基調色にしてあなたの顔を描かせていただきたいものですね」

*冬の宿（1936）〈阿部知二〉九「肩の怒った**青色**の背広をきて」

*エオンタ（1968）〈金井美恵子〉九「画面の大部分をしめる夜空が、数種の明度の**青色**を使って」

206

てつなんど

鉄納戸

10B 3.5 / 2.5　　**C**50 **M**0 **Y**0 **K**73

鉄色を帯びた納戸色。「鉄御納戸（てつおなんど）」とも。▽暗い灰みの青。**[dg-B]**

*洒落本・北廓鶏卵方（1794）二「いやみなしの男、てつ小納戸鬼ぶとりの小袖」

*洒落本・狐之竇這入（1802）二「てつおなんどに、わりさんせうの小もんをおいたる、なんぶぎぬの小そで」

*洒落本・箱まくら（1822）上「紬のてつなんどの羽織に、博多のをびを〆（しめ）

て」
＊随筆・守貞漫稿（1837-53）一七「鉄納戸藍納戸等種々ともに藍専の色也」
＊おぼろ舟（1890）〈尾崎紅葉〉一「鉄納戸のおぶあこおとに同じ色の天鵞絨（ヴェルウェット）の襟をつけ」
＊二人女房（1891-92）〈尾崎紅葉〉中・七「鉄納戸（てつおなんど）の茄子を食ったりする軟骨動物のごとく」
＊小夜千鳥（1901）〈永井荷風〉一「娉婷（すらり）とした身躰を〈略〉華美（はで）な浴衣に包括（くる）ませ鉄お納戸（てつおなんど）の博多の男帯（をとこおび）を無造作に巻付けて居る」
＊初すがた（1900）〈小杉天外〉二「鉄お納戸（てつおなんど）の厚板の帯」
＊手巾（1916）〈芥川龍之介〉「上品な鉄御納戸（てつおなんど）の単衣を着て」

207 かちがえし

褐返し

7.5B 2 / 3　C40 M0 Y0 K80

全体を深い藍で染めた色。また、いったん別の色で染めた上に更に一面に藍をかけた色。▽ごく暗い青。[vd-B]
＊山槐記－治承三年（1179）四月二一日「下部褐返赤帷」
＊古今著聞集（1254）一六・五一二「かちかへしの狩衣に、ことにひきつくろひて侍るあしげなる伝馬の不可思議なるにこそ、のりて候へ」

208 わすれなぐさいろ

JIS

勿忘草色

3PB 7 / 6　C48 M10 Y0 K0

ワスレナグサ（勿忘草）の花のような色。▽明るい青。[lt-B] ▼①ワスレナグサは、英語forget-me-notの訳語。②ワスレナグサの花の色については、上田敏訳の「海潮音」（1905）わすれなぐさ」に「ながれのきしのひともとは、みそらのいろのみづあさぎ」とあり、北原白秋の「桐の花」（1913）白き露台」にも「仏蘭西のみやび少女がさしかざす勿忘草の空いろの花」などと表現されている。

209 あまいろ

天色

2.5PB 6.5 / 7　**C**55 **M**10 **Y**0 **K**0

天空の色。「あめいろ」とも。▽明るい青。[lt-B] ▼①「天色」で「そらいろ」と読む文献例もあり、その例は「空色」に掲げた。↓201そらいろ（空色）。②「天（あま・あめ）」は、複合語をつくる場合は「あま」の形となることが多く、「あまいろ」の読みがふつう。

210 あさはなだ

浅縹

2PB 6.5 / 5.5　**C**50 **M**10 **Y**0 **K**15

浅く染めた縹色。縹色の中で最も薄い色。▽やわらかい青。[sf-B]

＊続日本紀・大宝元年（701）三月甲午「又服制〈略〉追冠四階深縹、進冠四階浅縹」

＊蜻蛉（974頃）中・安和二年「『やまびこのこたへありとはききながらあとなき空をたづねわびぬる』とあさ花だなる紙にかきて」

＊源氏（1001-14頃）玉鬘「あさはなだの海賦のおり物、おりざまなまめきたれど」

211 うすはないろ

薄花色

2.5PB 6.5 / 5.5　**C**48 **M**13 **Y**0 **K**15

花色の薄いもの。▽やわらかい青。[sf-B]

＊小大君集（1005頃）「心ざし深からぬ男の、花ぞめのかりぎぬせさする。やるとて人心うす花染のかり衣さてだにあらで色やかはらむ」

＊柳葉集（1266か）「せきかねし涙のはてやくれなゐのうすはなぞめの色にいづらん」

＊師兼千首（1380頃）恋「うき中はうす花

衣いま更にそむるこころの色もたのまず」
＊藻塩草（1513頃）一七・色「花色　うすはな色　はなた」
＊匠材集（1597）二「うす花染　うす紅の衣也」
＊俳諧・柱暦（1697）首「小茄子のうすはないろや当座漬〈桃里〉」
＊歌謡・松の葉（1703）三・みどり「花の八重雲たなびきつれて、峰の白雪ふもとの吹雪、野辺の緑と色こき交ぜて、ともに散りしくうすはなむしろ」
＊風俗画報・一一二号（1896）流行門「薄縹（うすはな）に並び矢、同色に菊と藤、お納戸に山形、黒に破れ格子（がうし）と七宝、紅掛に七宝と夏菊」

うすはないろ

212 つゆくさいろ

JIS

露草色

3PB 5/11　**C**73 **M**21 **Y**0 **K**0

ツユクサ（露草）の花で染めた色。
▽あざやかな青。［**vv-B**］▼①ツユクサは、ツクユサ科の一年草。夏、青紫色の小さな花が咲き一日でしおれる。②古くは「つきくさ（月草）」ともいい、摺染（すりぞめ）に用いた。「万葉集（8C後）七・一二五五」には「月草に衣そ染むる」とある。枕詞「月草の」は、その染め色のさめやすいことから「移ろう」にかかる。③ツキクサは「鴨頭草」とも書き、「本草和名（918頃）」に「鴨頭草　和名都岐久佐」とあるほか、同表記は「和名抄」「色葉字類抄」「観智院本名義抄」などの古辞書にも見える。
＊延喜式（927）一五・内蔵寮「奉二諸陵一幣〈略〉鴨頭草木綿廿枚。別二枚」
＊和泉式部集（11C中）上「露草にそめぬ衣のいかなれはうつし心もなくなしつらん」
＊浮世草子・好色二代男（1684）五・五「四十七八なる嚊（かか）が、よごれたる**露草色**（つゆくさいろ）の布子（ぬのこ）に、むかしぬり笠に」

213

はなだいろ

JIS

縹色・花田色

3PB 4 / 7.5　**C**70 **M**20 **Y**0 **K**30

●藍染めの、浅葱と藍との中間くらいの濃さの色。▽つよい青。[**st-B**] ▼①「はないろ」と読む文献例も多いが「花色」は別項目とした。②漢字は、「緗」「碧」とも書いた。「花田」は当て字。③上代の服制では「藍」を含めた広い範囲を指し、「深縹（濃き縹）」「浅縹（薄き縹）」との間に、「中縹」や「次縹（つぎはなだ）」もあった。

＊書紀（720）持統四年四月（寛文版訓）「務（む）の八級には浅（うすき）緑、追（つい）の八級には深（こき）縹（はなた）、進（しん）の八級には浅縹」

＊源氏（1001-14頃）初音「はなたはけにほひおほからぬあはひにて、御ぐしなどもいたく盛りすぎにけり」

＊太平記（14C後）一三・龍馬進奏事「烏帽子に花田（はなた）のうち絹を重ねて」

＊運歩色葉（1548）「縹色　ハナタイロ」

＊書言字考節用集（1717）六「縹色　ハナダイロ　ハナイロ〈略〉花田色　同」

＊寒山落木〈正岡子規〉明治二十六年（1893）夏「紫陽花やはなだにかはるきのふけふ」

＊自然と人生（1900）〈徳富蘆花〉湘南雑筆・秋晩の佳日「余の空も浅黄より縹（はなだ）となり、紫となり、宵の明星一つ夕日の跡に生れ出でぬ」

＊山羊の歌（1934）〈中原中也〉朝の歌「小鳥らの　うたはきこえず　空は今日　はなだ色らし、倦んじてし　人のこころを　諫めする　なにものもなし」

214

あいいろ

JIS

藍色

2PB 3 / 5　**C**70 **M**20 **Y**0 **K**60

●アイ（藍）で染めた色。クレヨンおよびパスの色名。▽暗い青。[**dk-B**] ▼①アイは、タデ科の一年草。古くから、葉や茎は青色系の染料に用いる。②藍瓶に浸けるごとに濃くなり、順次、かめのぞき（瓶覗）、あさぎ（浅葱）、はなだ（縹）、あい（藍）、こん（紺）などと分けて呼ばれる。③「万葉集（8C後）九・一七四二」に「山藍（やまあゐ）もち摺れる衣着て」とあるように、上代・中古では、トウダイグサ科の多年草ヤマアイの葉を染料とした。この場合、今日の藍より緑みの強い淡い青緑色であったと考えられている。

*延喜式（927）一五・内蔵寮「藍染綾一百疋」

*能因本枕（10C終）七二・たとしへなき物「あゐときはだと」

*世俗諺文鎌倉期点（1250頃）「青きこと之を藍（あゐ）に取りて、藍よりも青し」

*筑波問答（1357-72頃）「あゐより出てあゐよりあをく、水より出て水より寒し」

*物理学術語和英仏独対訳字書（1888）〈山口鋭之助〉「Ai Indigo〈略〉藍」

*うたかたの記（1890）〈森鷗外〉上「そのおもての美しさ、濃き藍いろの目には、そこひ知らぬ憂ありて」

*わかれ（1898）〈国木田独歩〉「今しも洗ふ大皿は〈略〉雪白なるに藍色（あゐいろ）の縁とりし品なり」

*虞美人草（1907）〈夏目漱石〉一九「隣室の線香が絶えんとする時、小野さんは蒼白い額を抑へて来た。藍色（あゐいろ）の烟は再び銀屏（ぎんびゃう）を掠めて立ち騰（のぼ）った」

*珊瑚集（1913）〈永井荷風訳〉九月の果樹園「この匂は藍色の大空と、薔薇色（ばらいろ）の土を以て、暑き夏の造り醸せしものなれば」

*一房の葡萄（1922）〈有島武郎〉「あの透きとほるやうな海の藍色（あゐいろ）と、白い帆前船などの水際近くに塗ってある洋紅色とは、僕の持ってゐる絵具ではどうしてもうまく出せませんでした」

*測量船（1930）〈三好達治〉峠「遠く、〈略〉幾つかの草山が見え、柔かなその曲線のたたなはる向ふに藍色に霞んだ『天城』が天を領してゐる」

215 こいあい
JIS

濃藍

2PB 2 / 3.5　**C**80 **M**55 **Y**0 **K**70

● 濃い藍色。藍がかった紫色。「こあい」とも。▽ごく暗い青。[**vd-B**] ▼藍染で濃い色に染めたもので、これより濃くすると紺色になる。

*藻塩草（1513頃）一八・春冬の絹の色々「松かさねのこうちき〈略〉こあひのひとへかさね」

216 うすはなざくら

薄花桜

6PB 7.5 / 5 **C**30 **M**10 **Y**0 **K**0

薄い桜色。また、薄い花色。色見本は後者。▽うすい紫みの青。**[pl-pB]**

＊謡曲・鞍馬天狗（1480頃）「沙那王がいでたちには、肌には薄花桜の単に」

＊浮世草子・好色一代女（1686）一・三「当世皃（たうせいがほ）は少し丸く、色は薄花桜（うすはなざくら）にして」

217 そうしねず

想思鼠

5.5PB 7 / 5 **C**40 **M**15 **Y**0 **K**8

近代以降の文学的な表現による色名らしいが、詳しいことはわからない。▽やわらかい紫みの青。**[sf-pB]**

218 うすぐんじょう

薄群青

7PB 5 / 12 **C**65 **M**45 **Y**0 **K**0

群青色の薄い色。淡い群青色。クレヨンおよびパスの色名。▽あざやかな紫みの青。**[vv-pB]**

219

かきつばたいろ

JIS

杜若色・燕子花色

7PB 4 / 10　**C**80 **M**70 **Y**0 **K**0

● カキツバタ（杜若）の花のような色。▽あざやかな紫みの青。**[vv-pB]** ▼カキツバタは、アヤメ科の多年草。葉はアヤメより広い。五～六月ごろ、濃紫色の大きな花を開く。

*長元八年関白左大臣頼通歌合（1035）「雑色源頼実執二地敷一 三重杜若色浮線綾、以象眼為裏、重其上縫葦手、其裏以銀鏤文」

220

はないろ

花色

6.5PB 4 / 10　**C**80 **M**60 **Y**0 **K**0

● 縹（はなだ）色、または縹色より紫みの強い色をいう。▽あざやかな紫みの青。**[vv-pB]** ▼元来は「花田色」を略したものという。従って、縹と同色をさすことが多く、方言に藍や紺系の色をさす「はないろ」がある。また、花色の「花」にひかれてか、「縹」よりは派手な赤みの色合いをいうこともある。

*待賢門院堀川集（1145-46頃）「露しげみ花色衣かへるとも又も来て見ん野辺の秋萩」

*光悦本謡曲・源氏供養（1464頃）「うつろひやすき花色の、襲の衣の下こがれ、紫の色こそ見えね枯野の萩」

*浮世草子・好色一代男（1682）五・六「ふと布の花色（はないろ）羽織に」

*書言字考節用集（1717）六「縹色 ハナダイロ ハナイロ」

*洒落本・辰巳之園（1770）「御国衆とみへて、花色小袖に浅黄裏を付、洗ひはけたる黄むくの下着」

*安愚楽鍋（1871-72）〈仮名垣魯文〉二・下「しまのはおり布子はないろもめんのうらつきがくうらとは見へず」

*多情多恨（1896）〈尾崎紅葉〉後・八・三「縹色絹（はないろぎぬ）の裾を曳いて」

*思出の記（1900-01）〈徳富蘆花〉八・八「老人の背（うしろ）に咲いて居た花色の蝙蝠傘がすうっとつぼむで」

*護持院原の敵討（1913）〈森鷗外〉「九郎右衛門は花色木綿（はないろもめん）の単物（ひとへもの）に茶小倉の帯を締め」

221

るりいろ

JIS

瑠璃色

6PB 3.5 / 11　**C**90 **M**70 **Y**0 **K**0

宝玉の瑠璃のような色。▽こい紫みの青。**[dp-pB]** ▼瑠璃は梵語の音訳「吠瑠璃（べいるり）」の略から。古代インド、中国などで珍重した青色の宝玉で、七宝の一つ。また、ガラスの類をもさす。

*竹取（9C末-10C初）「金、しろかね、るりいろの水、山より流出たる」

*装束抄（1577頃）「衣色〈略〉瑠璃色〈濃花田也。今濃浅黄と云〉」

*枕草紙装束撮要抄（1729頃）「夏むしのいろしたるとは、るりいろをいふにや」

*随筆・守貞漫稿（1837-53）一七「天保末年真岡木綿瑠璃色紺地に一二寸或は三五寸花形其他種々白く絞りたるを博多絞りと号し浴衣に用ふ」

*いさなとり（1891）〈幸田露伴〉三一「瑠璃色（るりいろ）の黒眼（くろめ）青みざしたる白目の光り流るるごとく」

*はやり唄（1902）〈小杉天外〉一三「瑠璃色（るりいろ）の実を光らしてる茄子」

*満韓ところどころ（1909）〈夏目漱石〉六「細長い塔が、瑠璃色（るりいろ）の大空の一部分を黒く染抜いて」

*蓼喰ふ虫（1928-29）〈谷崎潤一郎〉六「瑠璃色の古伊万里の壺に椿の花の活けてあるのが、夫の枕の向うに見える」

*百鬼園随筆（1933）〈内田百閒〉阿呆の鳥飼「大瑠璃、小瑠璃は〈略〉羽色も美しい瑠璃色を背から腹にぼかしてゐるので、観鳥として丈でも、十分飼って置く値打ちはあります」

222

ぐんじょういろ

JIS

群青色

7.5PB 3.5 / 11　**C**75 **M**58 **Y**0 **K**0

鉱物性の顔料、群青による色。また、そのような色。クレヨンおよびパスの色名。▽こい紫みの青。**[dp-pB]** ▼群青は、天然に産する岩絵の具で、紺色を呈するものを「紺青（こんじょう）」、淡い色調のものを「白群（びゃくぐん）」と称する。ただし、「紺青」という別種の顔料もある。

*小学読本（1874）〈榊原・那珂・稲垣〉二「空青（くうしゃう）は俗に紺青といへ

り、色浅きを群青と称ふ」＊錦木（1901）〈柳川春葉〉一「丁度十月も末の事で、菊日和の暖さが続く、空は群青色（ぐんじゃういろ）に澄み渡るなかへ」＊花物語（1919）〈吉屋信子〉雛芥子「群青色（ぐんぢょういろ）のスカートが風にそよいで黒いスタンキングの細やかな足首が痛々しさうに潮風に吹かれる」＊春と修羅（1924）〈宮沢賢治〉小岩井農場「その透明な群青（ぐんじゃう）のうぐひすが」＊オリンポスの果実（1940）〈田中英光〉一六「開会式（オオプニングセレモニイ）は、南カルホルニアの晴れ渡った群青の空に、数百羽の白鳩をはなち」＊金閣寺（1956）〈三島由紀夫〉一「私はたびたび保津川を窓外に見た。それは化学の実験で使ふ硫酸銅のやうな、くどいほどの群青いろをしてゐた」

223 るりこん JIS

瑠璃紺

6PB 3/8　**C**90 **M**70 **Y**0 **K**20

● 紺色の瑠璃のような色。「紺瑠璃（こんるり）」とも。▽こい紫みの青。**[dp-pB]** ▼仏の髪や仏国土などの色として経典に見える。「観仏三昧経－一」には、「父王白言、唯然天尊、楽㆑見㆓仏髪㆒。如来即以㆑手申㆓其髪㆒。従㆓尼拘楼陀精舎㆒至㆓父王宮㆒、如㆓紺瑠璃㆒」とある。＊宇津保（970-999頃）蔵開上「こんるりのおほきやかなる餌袋ふたつに」＊源氏（1001-14頃）宿木「るりの御盃、瓶子（へいじ）はこんるり也」＊源平盛衰記（14C前）七・康頼造卒都婆事「さす塩社壇を漫（ひたす）時は、紺瑠璃（こんるり）を瑞籬に敷くかと疑はる」＊邇言便蒙抄（1682）臍・彩色門「瑠璃紺 ルリコン」＊書言字考節用集（1717）六「碧紺 ルリコン」＊浄瑠璃・伽羅先代萩（1785）道行「るりこん路孝茶中赤蔵。おいてうかぶ、たんぶた、うんすん。辰やあやあと差出せば」＊随筆・反古染（1753-89頃）「小袖の染色は〈略〉明和の頃留り紺、桔梗」＊狂歌・蜀山百首（1818）秋「しらず心たれをかうらむ朝良はただるりこんのうるほへる露」＊随筆・守貞漫稿（1837-53）一七「藍染の物は不易也。紺縹浅葱等也。紺も近年は蒸紺と云て予め紺に染て湯気を以て蒸㆑之。則瑠璃紺に贋る也」

224

せいらん

青藍

4.5PB 3 / 7　**C**100 **M**60 **Y**0 **K**30

あざやかな藍色をいう。▽こい紫みの青。**[dp-pB]** ▼インジゴのこともいう。

*帰省（1890）〈宮崎湖処子〉九「露けき草路、緑蕪（りょくぶ）、**青藍**（せいらん）の野を経過しつつ」

*落梅集（1901）〈島崎藤村〉雲「夜に入りて一天**青藍**を流したらんやうに、雲色の暗きはいよいよ暗く、星も見えそめぬ」

225

あいさびいろ

藍錆色

8PB 3 / 6　**C**70 **M**60 **Y**0 **K**30

藍色の、濃くて赤みを帯びたもの。▽暗い紫みの青。**[dk-pB]**

*洒落本・傾城買指南所（1778）「夏はさらしのあひさび染（ぞめ）などめすだらふ」

*洒落本・酔姿夢中（1779）「半ざらしのあひさびに絹の小紋のひとへ羽織を着」

*洒落本・女鬼産（1779）「上にはあひさびの唐絽のかたびら」

*滑稽本・古朽木（1780）三「浅黄帷子（かたびら）は昔より澄まず濁らずの譬（たとへ）に引かれて、藍さびをかたはらいたしと見るらめど」

*狂歌・巴人集（1784）「萩見んとむれつつ来るに藍さびのかすりの衣着ぬ人ぞなき」

*随筆・北越雪譜（1836-42）初・中「模様るゐ或は飛白（かすり）いはゆる藍錆（あゐさび）といふは塩沢組の村々」

*置炬燵（1890）〈斎藤緑雨〉下「袖嚙みちぎる忍び泣、雫襦袢の襟に落ちて、すねられたる天鵞絨（びらうど）の藍（あゐ）さび、猶すねて猶さびん」

226

こんじょう
JIS

紺青

5PB 3 / 4　**C**80 **M**55 **Y**0 **K**60

●フェロシアン化カリウムに硫化第一鉄を反応させて作る青色顔料の色。また、そのような色。▽暗い紫みの青。**[dk-pB]** ▼北斎の浮世絵にも用いられた。

＊続日本紀 - 文武二年（698）九月乙酉「令近江国献金青〈略〉安芸長門二国金青緑青」

＊竹取（9C末 - 10C初）「かはきぬをみればこんしゃうのいろ也」

＊栄花（1028-92頃）一六・もとのしづく「経の御ありさまえもいはずめでたし。あるはこんじゃうをぢにて、こがねのいしてかきたれば、こんでいの経なり」

＊色葉字類抄（1177-81）「金青　コムジャウ　俗　紺青　同」

＊滑稽本・戯場粋言幕の外（1806）上「ありゃ紋看板と申のでござります。あれにも紺青（こんぜう）と朱と緑青との色わけで、位がわかるげに申まする」

＊自然と人生（1900）〈徳富蘆花〉湘南雑筆・夙の湘海「今までも紫だちたる紺青の色に湛へ居たりし相海は」

＊草枕（1906）〈夏目漱石〉一二「色は一刷毛の紺青を平らに流したる所々に、しろかねの細鱗を畳んで濃やかに動いて居る」

＊青銅の基督（1923）〈長与善郎〉一四「隈なく晴れ上った紺青（こんじゃう）の冬の空の下に」

＊春の城（1952）〈阿川弘之〉二・一八「紺青の色から汚れた赤い鉄銹色（てつさびいろ）に変るところであった」

227

あおかち

青褐

6PB 2.5 / 2.5　**C**70 **M**60 **Y**0 **K**70

●青みの強い褐（かち）色。▽ごく暗い紫みの青。**[vd-pB]**

＊正倉院文書 - 天平勝宝三年（751）一〇月一四日・装潢紙納充帳（勝宝四年八月一〇日・青褐紙白紙注文）（大日本古文書一二）「青褐紙百卌七張」

＊延喜式（927）四一・弾正台「凡親王以下車馬、従二服色一、通二著皂及躑躅染、青褐一」

228

こんいろ

JIS

紺色

6PB 2.5 / 4　**C**80 **M**60 **Y**0 **K**50

濃い藍色。青と紫を合わせた色。▽暗い紫みの青。**[dk-pB]** ▼①藍染の最も濃い色を「紺」というが、その中でも濃い色の意で、「濃紺」「とめ紺」などの語もある。②染色の代表であったところから、広く染物屋のことを「紺屋（こんや・こうや）」といった。

*落窪（10C後）三「今五部は、こんの紙に黄金の泥して書きて」

*太平記（14C後）六・赤坂合戦事「紺唐綾威（こんのからあやをどし）の鎧（よろい）に白母衣（しろほろ）懸けて」

*浮世草子・好色一代女（1686）四・二「たちながら紺のだいなしの妻をまくりあげて逆手に持て小便をする」

*小学読本（1873）〈田中義廉〉一「紺色は、太陽の熱を、能く通ほすゆゑに、冬は、暖かなれども、夏は熱し」

*東京風俗志（1899-1902）〈平出鏗二郎〉中・七・服装「故に模様、縞柄は繊巧ならんよりは粗大なるを喜び、色地は清淡ならんよりは濃厚なるを尚び、黒色最も行はれ、紺色これに次ぐ」

*満韓ところどころ（1909）〈夏目漱石〉四「紺色（こんいろ）の夏服を着た立派な紳士が出て来て」

*帰去来（1955）〈檀一雄〉「色のさめた羊羹色のダブルを着、紺色の膝のまがった替ズボンを履いて」

*夜と霧の隅で（1960）〈北杜夫〉三「紺色の病院の制服をきた患者は半数にみたなかった」

229

かちいろ

JIS

褐色・搗色・勝色

7PB 2.5 / 3　**C**35 **M**27 **Y**0 **K**65

濃い藍色。藍色の、黒く見えるほど濃いもの。「かちんいろ」とも。▽ごく暗い紫みの青。**[vd-pB]** ▼①縁起をかついで、武具の染色や祝賀の時に用いられた。明治の日露戦争の時にも、「軍勝（ぐんかつ）色」などとして流行した。②兵庫県の飾磨（しかま）地方産が古くから知られ、飾磨の褐、飾磨の褐染、飾磨紺などと呼ばれた。

*宇津保（970-999頃）祭の使「廊より南に

御前に向きて、馬出より馬留までひまなく、かちの衣著たる男ども燈したり」
＊平家（13C前）四・橋合戦「つつ井の浄妙明秀は、かちの直垂に黒皮威の鎧きて」
＊随筆・貞丈雑記（1784頃）三「かちん色と云は黒き色を云。古、異国より褐布（かつふ）と云物を渡しけり。其色黒き色なりし故、黒色をかち色共かつ色とも云褐の字をかつともかちともよむ故也。褐布は今の羅沙の類にて毛織也」
＊随筆・神代余波（1847）上「かち色といふも、極上紺の濃く黒くなりたる色也。さるは近年は空色と浅黄との間にて匂ひやかならぬをいへり。さる物にあらず。紺に染て臼にてつき又そめて、舂きいくたびもいくたびもしかすれば黒くなりて赤き光り出る物也」
＊湯島詣（1899）〈泉鏡花〉一三「滝縞のお召縮緬に勝色（かちいろ）のかはり裏」
＊沙羅の木（1915）〈森鷗外〉沙羅の木「褐色（かちいろ）の根府川石に　白き花はたと落ちたり」

230 あいてついろ

藍鉄色

5PB 2.5 / 2　**C**60 **M**40 **Y**0 **K**75

藍色がかっている鉄色。▽ごく暗い紫みの青。**[vd-pB]**
＊青春（1905-06）〈小栗風葉〉春・八「着て居る紋阿召（もんおめし）の、立涌（たてわく）へ白茶の片矢羽の藍鉄地（あゐてつぢ）が少し玄（くす）んで見えるが」

231 てつこん

JIS

鉄紺

7.5PB 1.5 / 2　**C**80 **M**65 **Y**0 **K**75

鉄色がかった紺色。▽ごく暗い紫みの青。**[vd-pB]** ▼「鉄色」と「紺色」との中間の色合いで、「紺鉄（こんてつ）」とも。

232

ふじいろ

JIS

藤色

10PB 6.5 / 6.5　**C**30 **M**25 **Y**0 **K**0

フジ（藤）の花のような色。クレヨンおよびパスの色名。▽明るい青紫。**[lt-V]** ▼フジは、マメ科の蔓性落葉木本。幹は長さ一〇メートル以上に達し右巻きに他の物に絡む。四～五月、淡紫色の蝶形の花が長く垂れ下がる房となって咲く。

*栄花（1028-92頃）御裳着「ふぢの末濃の織物の御几帳に」

*浮世草子・日本永代蔵（1688）五・五「着（きる）物は花色より外は紅葉（もみぢ）も藤色（ふちいろ）もしらず」

*咄本・鯛の味噌津（1779）唐木「花はふじいろに咲て大きな実がなる」

*洒落本・船頭深話（1802）一「上着は紫鹿の子下着は二三まいそろへふじいろかのこを着」

*たけくらべ（1895-96）〈樋口一葉〉三「はじめの藤色絞（ふぢいろしぼ）りの半襟を袷にかけて着て歩るきしに」

*初すがた（1900）〈小杉天外〉七「藤色（ふぢいろ）の丸打の帯留」

*野菊の墓（1906）〈伊藤左千夫〉「頸のあたり如何にも清げなる、藤色の半襟や花染の襷（たすき）や、それらが悉く優美に眼にとまった」

*家族会議（1935）〈横光利一〉「藤色の御所解模様の菊畑が、淡地の着物に浮き出てゐる」

*真空地帯（1952）〈野間宏〉三・九「藤色と黒をないあわした帯じめをここんとこいぴっちりしてよってな」

233

ふじむらさき

JIS

藤紫

0.5P 6 / 9　**C**40 **M**40 **Y**0 **K**0

藤色がかった紫色。近代、藤色の和服が流行したことによる名。藤色よりやや濃いめの色。▽明るい青紫。**[lt-V]**

*広益地錦抄（1719）一「山紫　こしきぶの木に似てえだしだれず、秋実ありて色藤紫、後は落葉はて実はふさのごとく」

*不言不語（1895）〈尾崎紅葉〉二「下着は更紗絹、友禅の胴着、半襟は藤紫に小さき縫あり」

*今戸心中（1896）〈広津柳浪〉六「藤紫の

なまこの半掛」
*青春（1905-06）〈小栗風葉〉春・二「唯ベダル蹈む両足の白足袋チラチラと藤紫の重袘（かさねぶき）」
*青年（1910-11）〈森鷗外〉二一「藤紫地（ふぢむらさきぢ）に赤や萌葱で模様の出してある、友禅縮緬の袴下の帯は」
*椿（1923）〈里見弴〉「と、部屋の隅の暗さに、電燈の覆ひの紅が滲んで、藤紫の隈となって、しじゅう見馴れた清方の元禄美人が、屏風のなかで死相を現はしてゐる」
*蘭を焼く（1969）〈瀬戸内晴美〉「焔はいっそう透明さを増し、色は更に純度を高めた藤紫になる」

234 おうちいろ

楝色・樗色

1P 6/7　**C**40 **M**42 **Y**0 **K**0

● センダン（楝）の花に似た色。桔梗色という説もある。▽明るい青紫。[lt-V]
▼「おうち」は、センダンの古名。センダン（楝）は香木の栴檀とは別。センダン科の落葉高木。五〜六月ごろ淡紫色の五弁花が群がって咲く。

235 ふじなんど

JIS

藤納戸

9PB 4.5 / 7.5　**C**60 **M**55 **Y**0 **K**10

● 藤色を帯びた納戸色。「藤御納戸（ふじおなんど）」とも。▽つよい青紫。[st-V]

236 しおんいろ

紫苑色

9PB 4.5 / 5　**C**40 **M**40 **Y**0 **K**30

シオン（紫苑）の花のような色。▽くすんだ青紫。[dl-V] ▼シオンは、キク科の多年草。秋に淡紫色の小さな花を多数つける。

*宇津保（970-999頃）あて宮「御つかひにしほんいろの綾の細長、袴一具かづけたまふ」

*枕（10Ｃ終）一四三・殿などのおはしまさで後「八九人ばかり、朽葉の唐衣、薄色の裳に、しをん、萩など、をかしうて居並（ゐな）みたりつるかな」

*源氏（1001-14頃）須磨「白き綾のなよよかなる、しをんいろなどたてまつりて、こまやかなる御直衣、帯しどけなく、うち乱れ給へる御さまにて」

*今鏡（1170）一・望月「殿上人、しほにいろのさしぬき、この御念仏よりきはじめ給しか」

*有明の別（12Ｃ後）二「いまはいといたくすてさせ給ひて、わざといろいろしき御ぞなどはたてまつらず。しをむ、われもかうなどやうのことにはなやかならぬしも」

*増鏡（1368-76頃）九・草枕「院はわれもかう乱れ織りたる枯野の御狩衣・薄色の御衣（ぞ）、しをん色の御指貫（さしぬき）、なつかしき程なるを」

*御伽草子・転寝草紙（室町中）「しをに色の指貫の、色もつやもなべてならぬが」

*装束抄（1577頃）「紫苑色之指貫。九月九日以後。晦日以前。紫苑色の指貫を着す」

237 すみれいろ JIS

菫色

2.5P 4 / 11　**C**65 **M**72 **Y**0 **K**0

スミレ（菫）の花のような色。▽あざやかな青紫。[vv-V] ▼①スミレは、スミレ科の多年草。各地の山野に生え、早春、紅紫色の花を横向きに一つずつ開く。②スミレは、古く「万葉集」の時代から親しまれた花。語源は、その花の形が「スミイレ（墨入＝墨つぼ）」に似ているところからという。

*多情多恨（1896）〈尾崎紅葉〉後・二「菫色の絹ハンケチを顔へ加（あ）てれば」

すみれいろ

*倫敦消息〈1901〉〈夏目漱石〉二「薄紫色の状袋の四隅を一分許り濃い菫色に染めた封書がある」
*婦系図〈1907〉〈泉鏡花〉後・三「菫色（すみれいろ）の手巾（ハンケチ）で、口許（くちもと）を蔽うて笑ったが」
*田舎教師〈1909〉〈田山花袋〉一五「菫色（すみれいろ）の袴を穿いて海老茶のメリンスの風呂敷包をかかへて居た」
*童謡・しゃぼん球〈1920〉〈茅野雅子〉「ういてゆくのは何処（どこ）だらう空はいちめん菫（すみれ）いろ」
*美しい村〈1933-34〉〈堀辰雄〉美しい村「私はその暗い雲の割れ目からちらりと見える、何とも言へずに綺麗な、その菫色がたまらなく好きであった」
*当麻〈1942〉〈小林秀雄〉「老尼が、くすんだ菫色の被風を着て、杖をつき、橋懸りに現れた」
*がらくた博物館〈1975〉〈大庭みな子〉犬屋敷の女「白い煙に青やすみれ色の照明を当てると」

238 はとばいろ

JIS

鳩羽色

2.5P 4 / 3.5　C20 M30 Y0 K30

ハト（鳩）の羽のような色。そのくすんだ色合いから「鳩羽鼠（はとばねずみ）」「鳩鼠色（はとねずみいろ）」とも。▽くすんだ青紫。[dl-V]

*人情本・清談峯初花〈1819-21〉後・二会目「光琳のちどりをおりたる上着に、鳩鼠（はとねずみ）のちりめんの下着」
*慶応再版英和対訳辞書〈1867〉「Colum-bine　稷斗菜（をだまき）　鳩羽色ノ」
*人情本・春色江戸紫〈1864-68頃〉二・一二回「明石縮に紹の重、鳩羽鼠（はとばねずみ）の被布（ひふ）を着たるは、言はでもしるき武家の後室」
*歌舞伎・能中富清御神楽〈1869〉〈三社祭り〉「衣裳引抜き、鳩羽鼠、好みのこしらへになり」
*油地獄〈1891〉〈斎藤緑雨〉三「其時帳場の横で黒縮緬の羽織を着、鳩鼠色（はとねずみいろ）の紐を結んで居たのは」
*二人女房〈1891-92〉〈尾崎紅葉〉中・二「下着は鴿羽鼠地（はとばねずみじ）の更紗縮緬」
*風俗画報‐一一六号〈1896〉流行門「鳩羽等の無地及び丸龍（ぐゎんりう）抔（など）もよし」
*落梅集〈1901〉〈島崎藤村〉七曜のすさび・土曜日の音楽「鹿の子模様の鳩羽色（はとばいろ）なるを着たり」
*青春〈1905-06〉〈小栗風葉〉夏・七「夜目には稍濃い鳩羽（はとば）らしい紹縮緬の振袖湿りと」

239

あおむらさき

JIS

青紫

2.5P 4 / 14　　**C**67 **M**80 **Y**0 **K**0

青みがかった紫色。基本色名の一つ。マンセル表色系のPB（Purple Blue）にあたる色名。クレヨンおよびパスの色名。▽あざやかな青紫。［**vv-V**］

*栄花（1028-92頃）若水「寝殿を見れば御簾いと青やかなるに、朽木形のあをむらさきににほへるより、女房の衣のつま袖口重なり」

240

ききょういろ

JIS

桔梗色

9PB 3.5 / 13　　**C**75 **M**70 **Y**0 **K**0

キキョウ（桔梗）の花のような色。▽こい青紫。［**dp-V**］▼キキョウは、キキョウ科の多年草。八〜九月、茎や枝の頂に青紫色の浅い鐘形の花を開く。秋の七草の一つ。

*藻塩草（1513頃）一八・春冬の絹の色々「八月〈略〉ききゃう　表はなだ裏同じ」

*装束抄（1577頃）「衣色〈略〉桔梗色」

*日葡辞書（1603-04）「Qiqiŏiro（キキャウイロ）〈訳〉この花（桔梗の花）の色で、青と紫との中間色」

*浄瑠璃・女殺油地獄（1721）上「ききゃうぞめの腰変り、縞繻の帯者（しゃ）じゃはひの」

*随筆・柳亭筆記（1842頃か）二「貞徳の御傘に、つじが花もつつじが花といふ事を中略したる名なれども、〈略〉つぢは十字街の形なるべし。此形に花をつなぎて染たるをつぢが花といひ、茶屋染に染めたるを茶屋つぢ、桔梗色に染めたるをききゃうつぢと云ふなるべし」

*足袋の底（1913）〈徳田秋声〉二「桔梗色（ききゃういろ）の襟のかかった袿（しかけ）の裾を、無造作に捌いて些（ちょっ）と坐ると」

*銀河鉄道の夜（1927頃か）〈宮沢賢治〉九「美しい美しい桔梗いろのがらんとした空の下を」

*ある偽作家の生涯（1951）〈井上靖〉「花火で濃い桔梗色（ききゃういろ）を出さうとそれに夢中になってゐたやうです」

241 はなむらさき

花紫

2.5P 3 / 8　**C**70 **M**80 **Y**0 **K**10

藍色がかった紫色。▽こい青紫。**[dp-V]**

*歌謡・田植草紙（16C中-後）晩歌一番「あき人をこゆるかやせんたひつをこゆるか、せんたひつの中のはなむらさきをこゆるよ」

*浮世草子・男色大鑑（1687）六・一「藤の丸の内に伊の字の紋所を、花紫の大振袖につけて」

242 こんあい JIS

紺藍

9PB 2.5 / 9.5　**C**75 **M**70 **Y**0 **K**25

紺色がかった濃い藍色。青紫の濃いもの。▽こい青紫。**[dp-V]**

*春潮（1903）〈田山花袋〉一〇「其群れる黒色、灰色、紺藍色の岩石の彼方（かなた）には、蛟龍の住むらんと覚しき深潭が凄じく腭を開いて、円渦を巻ける其淵の凄じさ！」

243 しょうぶいろ JIS

菖蒲色

3P 4 / 11　**C**70 **M**82 **Y**0 **K**0

ショウブ（菖蒲）の花のような色。▽あざやかな青みの紫。**[vv-bP]** ▼ショウブは、サトイモ科の多年草。香気があり、邪気を払うといわれ、端午の節句に風呂にこの葉を入れる風習がある。また、アヤメ科のハナショウブも単にショウブと呼ばれることが多く、この「しょうぶいろ」は、ハナショウブの花色にちなむ色名。

244

にせむらさき

似紫

5P 4/6　**C**44 **M**60 **Y**0 **K**30

● 江戸時代に流行した紫染めの一つ。蘇芳（すおう）に明礬（みょうばん）を混ぜて染める。▽くすんだ青みの紫。**[dl-bP]** ▼紫に似せた色の意。

＊浮世草子・好色一代女（1686）六・二「明野が原の茶屋風俗さりとてはおかしげに似せ紫（にせむらさき）のしつこくさまざまの染入」

＊雑俳・洗朱（1698）「戯れ女は似せ紫の千入染」

＊浄瑠璃・日本武尊吾妻鑑（1720）二「京小袖、似せむらさきのかさね妻」

＊諸人日用宝（1737）「似せむらさきの染やう」

245

えどむらさき

JIS

江戸紫

3P 3.5/7　**C**60 **M**72 **Y**0 **K**12

● 江戸で染めた紫の染め色で、江戸を象徴する色彩の一種。▽こい青みの紫。**[dp-bP]** ▼京紫が赤みの紫であるのに対する。

＊浮世草子・傾城禁短気（1711）四・二「紫雲と見へしは江戸紫の染分けの、上交（うはがへ）の褄（つま）風にひらめき」

＊談義本・根無草（1763-69）後・跋「由縁ある江戸紫の治郎帽子（やらうぼうし）

は、ことにその色香も深からずや」

*歌舞伎・助六廓夜桜（1779）「江戸紫の鉢巻に、髪は生締め」

*洒落本・当世繁栄通宝（1781）「まづ余国にないものが、時鐘（つりがね）の出来合、江戸むらさき、屋形舟と芝ゑび」

*随筆・一話一言（1779-1820頃）二九「江戸むらさきの、大ひぼを、しっかとしめて」

*随筆・守貞漫稿（1837-53）一七「今世は京紫を賞せず江戸紫を賞す〈略〉是今云江戸紫者青勝也、京紫は赤勝にて」

*新体梅花詩集（1891）〈中西梅花〉江戸紫に題す「むらさき、むらさき、江戸紫、昔はたへ荒栲（あらたへ）の衣に摺つ」

*風俗画報-四六号（1892）人事門「友禅染、正平染、江戸紫等種々あり」

*多情多恨（1896）〈尾崎紅葉〉後・八・三「襟は薄色の金茶に白と江戸紫で」

*真夏の死（1952）〈三島由紀夫〉「江戸紫の匹田紋（ひったしぼ）りの訪問着に、綴れ錦の帯を締めた」

246

ふたあい

二藍

5P 3.5 / 4　**C**40 **M**64 **Y**0 **K**40

● 紅花で染めた上に藍を重ねて染めた色。▽くすんだ青みの紫。**［dl-bP］**▼紅花と藍の割合は若年ほど藍を淡く、壮年ほど紅を淡くするので、二藍の色は使用者の年齢によって各種ある。

*落窪（10C後）二「うす物の濃きふたあゐの小袿（こうちぎ）著給ひて恥づかしと思ひ給へる、いとをかしう匂へり」

*枕（10C終）三五・小白河といふ所は「三位の中将とは関白殿をぞきこえし、かうのうすもののふたあゐの御直衣、ふたあゐの織物の指貫」

*源氏（1001-14後）藤裏葉「直衣こそ、あまりこくてかろびためれ。非参議のほど、何となき若人こそふたあひはよけれ。ひきつくろはんや」

*菟玖波集（1356）雑体「禅林寺仙洞にて為言朝臣二藍の狩衣にうらしたりけるを着たりければ二重に見ゆる一重かりきぬ〈藤原実兼〉うらもなき夏の直衣もみへだすき〈藤原為定〉」

*花鳥余情（1472）一八「直衣の色夏はわかき時二藍次にこき花田、次にあさ花田なり」

247 うすいろ

薄色

6P 6.5 / 2.5　**C**18 **M**30 **Y**0 **K**10

薄い紫色。また、二藍の薄いものもいう。▽灰みの紫。**[mg-P]** ▼ごく薄い紅色をさすこともある。→1うすいろ（薄色）。

*蜻蛉（974頃）上・安和元年「うすいろなるうすものの裳（も）をひきかくれば、腰などちりゐて」

*枕（10C終）四二・あてなるもの「あてなるもの、うす色に白襲（しらがさね）の汗衫（かざみ）」

*源氏（1001-14頃）夕顔「白き袷（あはせ）、うす色の、なよよかなるを重ねて、晴れやかならぬ姿」

*平家（13C前）三・医師問答「浄衣（じゃうえ）のしたに薄色のきぬを着て、夏の事なれば、なにとなう河の水に戯れ給ふ程に」

*浮世草子・好色五人女（1686）三・一「帯は敷瓦（しきがはら）の折びろうど御所かづきの取まはし薄色（うすいろ）の絹足袋」

*小公子（1890-92）〈若松賤子訳〉前編・五「微風（そよかぜ）に靡く桔梗の薄色（うすいろ）が、空と見紛ふ計りに咲き乱れて居った処を通りました」

*思出の記（1900-01）〈徳富蘆花〉一〇・一五「僕は新婦（薄色縮緬の三枚襲に着更えて居る）と相並むで座して居る」

*破戒（1906）〈島崎藤村〉一二・二「女は、薄色（うすいろ）縮緬のお高祖（こそ）を眉深（まぶか）に冠ったまま」

248 むらさき

JIS

紫

7.5P 5 / 12　**C**52 **M**80 **Y**0 **K**0

ムラサキ（紫）の根で染めた色。赤と青との間色。基本色名の一つ。クレヨンおよびパスの色名。▽あざやかな紫。**[vv-P]** ▼ムラサキは、ムラサキ科の多年草。山地に生える。昔から根は紫色の重要な染料とされる。

*万葉（8C後）一二・二九七六「紫（むらさき）の我が下紐の色に出でず恋ひかも痩せむ逢ふよしを無み〈作者未詳〉」

*宇津保（970-999頃）俊蔭「むらさきの雲

に乗れる天人七人」

*源氏（1001-14頃）若紫「むさしのといへばかこたれぬとむらさきのかみにかい給へる」

*宇治拾遺（1221頃）三・一〇「さまざまの物どもをたてまつるなかに、むらさきのうすやうにつつみたるものあり」

*浮世草子・好色一代男（1682）四・六「下には、水鹿子の白むく。上には、むらさきしぼりに青海浪」

*小学読本（1873）〈田中義廉〉四「虹は太陽の光の、水蒸気に映じたるものにして、其色七あり、上は**紫色**、次は紺色、次は淡青、次は緑色、次は黄色、次は樺色、次は赤色なり」

*文鳥（1908）〈夏目漱石〉「三重吉は大得意である。〈略〉其癖寒いので鼻の頭が少し**紫色**（むらさきいろ）になってゐる」

*雪国（1935-47）〈川端康成〉「それにつれて雪に浮ぶ女の髪もあざやかな**紫**光りの黒を強めた」

《参　考》
①染め方は、椿などの木の灰汁（あく）を媒染剤とし、紫草の根から紫液を採って染色した。それは「万葉集（8C後）一二・三一〇一」で、海石榴市（つばいち＝椿市）の歌垣を描くのに「紫は灰さすものぞ」と歌い出していることでもわかる。②上代の冠位や服色の制度以来、最も高貴な色とされてきた。③平安時代には、深紫が禁色の一つとされ、高貴な色としての扱いが定着する一方で、浅紫は「ゆるし色」となって広く愛好された。清少納言は、「枕草子（10C終）」で、「花も糸も紙もすべて、なにもなにも、むらさきなるものはめでたくこそあれ」と述べている。④紫は、色の代表と目されることから、「濃色（こきいろ）」「薄色（うすいろ）」だけで紫をさし、それぞれ「深紫・濃紫」、「浅紫・薄紫」に相当する。⑤ニュートンはスペクトルの紫を「バイオレット（violet）」と称したが、基本色名としての紫は「パープル（purple）」が当てられる。

249 きょうむらさき

京紫

7.5P 4 / 6.5　**C**35 **M**60 **Y**0 **K**28

● 赤みを帯びた紫色。▽つよい紫。
[st-P]
*蛮語箋（1798）「浅青蓮　キャウムラサキ」
*随筆・守貞漫稿（1837-53）一七「今世は**京紫**を賞せず江戸紫を賞す〈略〉是今云江戸紫者青勝也、**京紫**は赤勝にて」

250 こだいむらさき
JIS

古代紫

7.5P 4 / 6　**C**35 **M**63 **Y**0 **K**32

黒みがかった紫。くすんで渋みのある紫。▽くすんだ紫。**[dl-P]** ▼近世以来の「江戸紫」や「京紫」に対して、それらより暗くくすんだ紫を古代の紫として称した。

*黒潮（1902-05）〈徳富蘆花〉一・一・三「古代紫の振袖に白をかさねて、糸錦の帯を胸高にきちんとやの字にしめて居る」

*青春（1905-06）〈小栗風葉〉春・六「古代紫にごちゃごちゃと四君子の縫模様を為た半襟」

*大道無門（1926）〈里見弴〉厄日・一「細（こまか）く、ただ萩ばかりの絽に、古代紫（こだいむらさき）の博多帯といふ、じみすぎるほどの装（なり）も」

*仕立屋マリ子の半生（1928）〈十一谷義三郎〉一「古代紫の天鵞絨の鼻緒のついた小町下駄などと、やはり季節的なプレゼントが時々混ってゐて」

*夜明け前（1932-35）〈島崎藤村〉第二部・下・八・三「鈴の屋の翁以来、ゆかりの色の古代紫は平田派の国学者の間にもてはやされ」

*暗夜行路（1921-37）〈志賀直哉〉三・八「古代紫（こだいむらさき）といふ色が、実際いい具合に古びた羅紗の『火の用心』のやうな袋だった」

*細雪（1943-48）〈谷崎潤一郎〉下・一〇「女たちは皆、姉が黒羽二重、幸子以下の三姉妹がそれぞれ少しづつ違ふ紫系統の一越（ひとこし）縮緬、お春が古代紫の紬、と云ふ紋服姿であった」

251 なすこん
JIS

茄子紺

7.5P 2.5 / 2.5　**C**40 **M**73 **Y**0 **K**70

ナス（茄子）の果実の色のような紺色。▽ごく暗い紫。**[vd-P]** ▼ナスは、ナス科の一年草。重要な果菜として古くから栽培される。

*江戸から東京へ（1921）〈矢田挿雲〉七・一二「オリーブの茄子紺（なすこん）のと云はない昔、紫は江戸の代表色で」

*魔谷（1949）〈中山義秀〉「女は髪を束髪にして、茄子紺（なすこん）の単衣（ひとえ）をきていた」

252 しこん 紫紺・紫根

JIS

8P 2 / 4　　C45 M80 Y0 K70

●ムラサキソウ（紫草）の根のような色。▽暗い紫。**[dk-P]** ▼①ムラサキソウの根で染めた色であったところから、「紫根」と書かれた。「紫紺」は明治以降の用字。②この色の古い文献例はないが、江戸時代の「季寄新題集（1848）」には、冬十一月の季題として、「紫根掘る」が見える。

＊金色夜叉（1897-98）〈尾崎紅葉〉前・一・二「帯は紫根の七糸（しちん）に百合の折枝を縒金（よりきん）の盛上（もりあげ）にしたる」

＊風俗画報‐二〇一号（1899）流行門「利久茶（りきうちゃ）、藍納戸（あゐなんど）、錆納戸（さびなんど）紫紺（しこむ）も一時は流行しつれど、他は盡く潤色（じゅんしょく）したる鼠に非ずや」

＊野菊の墓（1906）〈伊藤左千夫〉「色白の顔に其の紫紺の花を押しつける」

＊青草（1914）〈近松秋江〉七「大島紬の小袖の上に匂ふやうな深い色の紫紺の、変り織の縮緬の羽織を」

＊南方（1935）〈田畑修一郎〉「その彼方には伊豆半島あたりなんだらうが、紫紺色に煙ってゐて何も見えない」

＊地唄（1956）〈有吉佐和子〉「紫紺に浅黄の雲形模様という古粋な着物姿で」

＊三とせの春は過ぎやすし（1973）〈杉浦明平〉四「黒い頭のシルエットがいくつか紫紺の空を地に進んでゆくのが見えるきりだった」

253 あやめいろ 菖蒲色

JIS

10P 6 / 10　　C20 M60 Y0 K0

●アヤメ（菖蒲）の花のような色。▽明るい赤みの紫。**[lt-rP]** ▼アヤメは、アヤメ科の多年草。初夏、黄色い筋のある紫色の花を開く。また、ショウブの古名。

＊浮世草子・好色一代男（1682）一・五「あやめ八丈から織のふる着も」

＊手鑑模様節用（1789か）「あやめ　あゐがちたるを桔梗といふ。赤みがちたるを菖蒲といふ」

254 こうし

紅紫

10P 4 / 10　**C**39 **M**80 **Y**0 **K**10

● 紅がかった紫色。▽あざやかな赤みの紫。[**vv-rP**] ▼「紅紫」とは、普通、紅と紫の意で、また、種々の美しい色をいい、美人や花、衣服などの色彩の美しさをたとえるのに用いる。

＊太平記（14C後）三九・諸大名讒道朝事「懸る処に、柳営庭前の花、紅紫（こうし）の色を交て、其興類無かりければ」

＊中華若木詩抄（1520頃）中「これは、紅紫の花を、鳥鵲に落させじと也」

＊重訂本草綱目啓蒙（1847）一二・隰草「剪春羅〈略〉一名逢坂草。此草も形は似て節黒く、葉背亦紅紫色なり」

＊植物小学（1881）〈松村任三訳〉一〇・有花植物・二綱「百合（さゆり）同上葉は細くして竹葉の如し夏月梢上に花を生す其花は側面に向て開く白色にして紅紫色の暈あり」

＊宝の山（1891）〈川上眉山〉団円「柱は花鳥を刻みなして、紅紫（こうし）の色彩を極めたる様」

＊ボッチチェリの扉（1961）〈森茉莉〉「次に恵麻が、紅紫の縁模様の西洋皿の重ねたものと、取り箸を二膳、割箸の束、とを乗せた黒塗りの通ひ盆を、運んで来る」

255 けしむらさき

滅紫

10P 3 / 3　**C**15 **M**50 **Y**0 **K**70

● やや黒みがかった濃い紫色。字音で「めっし」とも。▽暗い灰みの赤みを帯びた紫。[**dg-rP**] ▼「けし」は彩度を落としたという意。「深滅紫」「中滅紫」「浅滅紫」の別があった。

＊正倉院文書 - 天平勝宝五年（753）八月一九日・写経疏間紙充装潢帳（大日本古文書九）「滅紫紙百七十九張」

＊延喜式（927）四一・弾正台「凡滅紫色者。参議已上聴二通用一」

256 せきちくいろ

石竹色

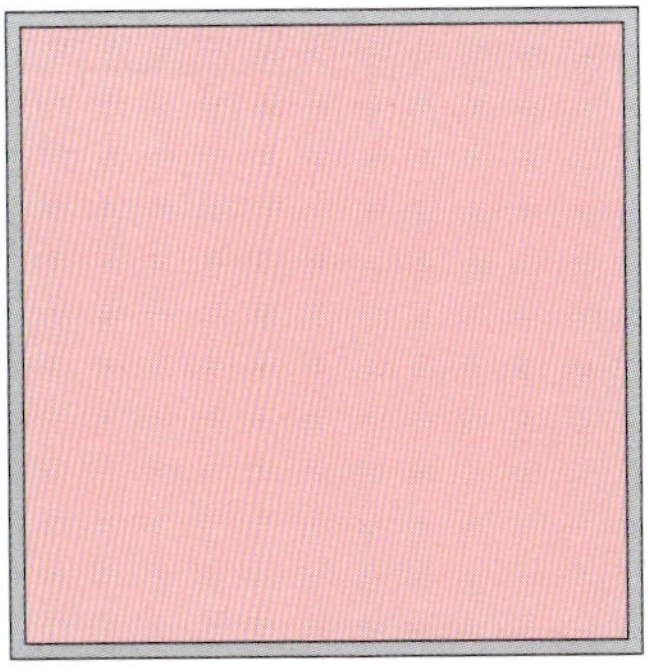

5RP 7.5 / 6　**C**0 **M**30 **Y**5 **K**0

● セキチク（石竹）の花のような色。▽うすい赤紫。**[pl-RP]** ▼セキチクは、ナデシコ科の多年草。中国原産で、観賞用に栽培される。

＊社会百面相（1902）〈内田魯庵〉電影・五「天井から釣したる丸形の石竹色（ピンク、カラー）のホールランプの下に」

＊青春（1905-06）〈小栗風葉〉春・八「紫の袴を召された内親王殿下の、石竹色の服（ドレッス）の宮妃殿下と、お二方の姿を」

257 なでしこいろ

撫子色

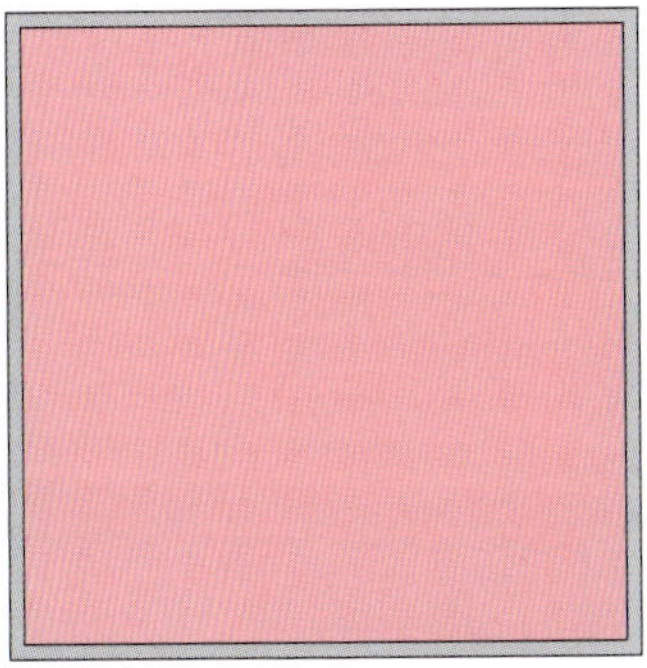

5.5RP 7 / 6　**C**0 **M**40 **Y**3 **K**0

● ナデシコ（撫子・瞿麦）の花のような色。▽やわらかい赤紫。**[sf-RP]**

＊寛和二年皇太后詮子瞿麦合（986）「方人なでしこいろの綾のひとへがさね、ふたあゐのからぎぬ、いろずりのも」

＊古今著聞集（1254）一一・三九三「表紙さまざまにかざりたり。打敷、瞿麦（なでしこ）のふせんれうに卯花を縫たりけり」

258 はいあかむらさき

灰赤紫

5RP 7 / 4　**C**0 **M**30 **Y**4 **K**10

● 灰色を帯びた赤紫色。クレヨンおよびパスの色名の一つ。▽やわらかい赤紫。**[sf-RP]**

259 あかむらさき

JIS

赤紫

5RP 5.5 / 13　　**C**0 **M**75 **Y**0 **K**0

●赤みを帯びた紫色。基本色名の一つ。マンセル表色系のRP（Red Purple）に相当する。クレヨンおよびパスの色名。▽あざやかな赤紫。［**vv-RP**］▼律令時代の朝服では、濃紫（深紫）に次ぐ高貴な色とされた。

＊書紀（720）持統四年四月「其の朝服（みかどころも）は〈略〉広肆より已上には赤紫、正の八級には赤紫」

＊続日本紀 - 大宝元年（701）三月甲午「又服制。親王四品已上、諸王諸臣一位者皆黒紫。諸王二位以下、諸臣三位以上者皆赤紫」

＊源氏（1001-14頃）絵合「かむ屋紙に唐の綺を陪して、あかむらさきの表紙、紫檀の軸、世の常のよそひなり」

＊宇治拾遺（1221頃）二・七「さて此内供は鼻長かりけり。〈略〉色は赤紫にて、大柑子のはだのやうに、つぶだちてふくれたり」

260 ぼたんいろ

JIS

牡丹色

3RP 5 / 14　　**C**3 **M**77 **Y**0 **K**0

●ボタン（牡丹）の花のような色。紫がかった紅色。▽あざやかな赤紫。［**vv-RP**］▼ボタンは、ボタン科の落葉低木。中国原産で、古く日本に渡来し、観賞用として庭に植えられる。紅・紅紫・黒紫・桃・白色などの花色があり、そのうち紅紫系の花の色にちなむ色名。

＊おぼろ夜（1900）〈永井荷風〉「潰島田（つぶししまだ）に牡丹色の結綿（ゆひわた）を掛けて居るが」

＊青春（1905-06）〈小栗風葉〉夏・二「吉野織めいた紋格（もんがら）のセルの単衣（ひとへ）の藍鼠地に、トルコ模様を織出した牡丹色（ぼたんいろ）の帯の少し冗（くど）いのも能く映って」＊思ひ出（1911）〈北原白秋〉わが生ひたち「紺色の可憐な燕の雛が懐かしさうに、牡丹いろの頬をちらりと巣の外に見せて、ついついと鳴いてゐる日もあった」＊社会観察万年筆（1914）〈松崎天民〉「銘仙では牡丹色、紫色、絹紡では濃茶色が最も多し」＊斜陽（1947）〈太宰治〉三「さうしてこの淡い牡丹色の毛糸は、いまからもう二十年も前〈略〉お母さまがこれで私の頸巻を編んで下さった毛糸だった」＊青べか物語（1960）〈山本周五郎〉土堤の秋「棚雲のふちを染めていた眩しいほどの金色は、華やかな紅炎から牡丹色（ぼたんいろ）に変り」＊傷ついた葦（1970）〈曾野綾子〉一・二「牡丹色の司教マントを着た大司教と」

261 えびぞめ

葡萄染

2.5RP 4 / 3　**C**0 **M**40 **Y**3 **K**60

エビカズラ（葡萄葛）の実で染めた色。▽暗い灰みの赤紫。**[dg-RP]** ▼エビカズラは、ブドウ科の植物の古名。ヤマブドウ（山葡萄）、エビヅル（蝦蔓・蘡薁）など。

＊令集解（701）衣服・服色条「古記云。〈略〉蒲萄、謂青色鳩染是也」＊令義解（718）衣服・服色条「凡服色〈略〉蒲萄〈蒲萄者紫色之最浅者也〉」＊書紀（720）天武一四年七月（北野本訓）「朝服（みかどころも）の色を定む〈略〉追位は深き蒲萄（えひそめ）、進位は浅き蒲萄」＊枕（10C終）三〇・すぎにしかた恋しきもの「二藍（ふたあゐ）・えびぞめなどのさいでの、おしへされて草子の中などに、ありける見つけたる」＊とりかへばや（12C後）上「えびぞめのおりもののうちぎ、あはひにぎはしからぬをきなし給へる」＊藁草履（1902）〈島崎藤村〉一「海老染模様（えびぞめもよう）の厚毛布（あつゲット）を掛けて」

262 ぶどうねずみ

葡萄鼠

2.5RP　4 / 2.5　　C0 M30 Y3 K67

葡萄色がかった鼠色。▽暗い灰みの赤紫。**[dg-RP]**

*滑稽本・七偏人（1857-63）二・中「頭巾を持て来たんでありますヨ。だが染めがぶだうねずみだといいのだが」

*驛夫日記（1907）〈白柳秀湖〉一六「高く静かな空に立ち上った煙は、〈略〉傾く月の光に葡萄鼠の色をした空を徐（しづ）かに蛇窪村（じゃがくぼむら）の方に流れて居る」

263 あんこうしょく

暗紅色・殷紅色

3RP　3 / 8　　C0 M60 Y0 K60

濃い、または黒みを帯びた紅色。▽こい赤紫。**[dp-RP]** ▼「殷」は漢音「アン」で黒みの赤の意。「いんこうしょく」と読んだ文献例もある。

*根岸草盧記事（1899）〈正岡子規〉「其真赤な色に段々黒みを帯びて殷紅色といふやうな色になってしかも光沢がある」

*即興詩人（1901）〈森鷗外訳〉旅の貴婦人「嶺の上に片雲あり。その火光を受けたる半面は殷紅なり」

*俳諧師（1908）〈高浜虚子〉五六「一輪の深い濃い殷紅色（いんこうしょく）の大きな花は」

*邪宗門（1909）〈北原白秋〉魔睡・赤き僧正「長き僧服　爛壊（らんゑ）する暗紅色のにほひしてただ暮れなやむ」

*それから（1909）〈夏目漱石〉六「暗緑と暗紅（あんこう）を混ぜ合はした様な若い芽が、一面に吹き出してゐる」

*少年（1911）〈谷崎潤一郎〉「床に敷き詰めた暗紅色の敷き物の柔かさは」

264

しろ

JIS

白

N 9.5　C0 M0 Y1 K0

●あらゆる波長にわたる可視光線を反射する物体を見て感じられる色。ただし、完全な白色の物体は現実には存在しない。クレヨンおよびパスの色名。▽白。[Wt]

＊古事記（712）下・歌謡「つぎねふ　山城女の　木鍬持ち　打ちし大根　根白の断漏（しろ）ただむき　枕かずけばこそ知らずとも言はめ」

＊万葉（8C後）一七・三九二二「降る雪の之路（しろ）髪までに大君に仕へまつれば貴くもあるか〈橘諸兄〉」

＊能因本枕（10C終）二二六・降るものは「降るものは雪。にくけれどみぞれの降るにあられ雪のましろにてまじりたるをかし」

＊交隣須知（18C中か）二・飛禽「白鷺　シラサキコソ　ハラタテタ　カラスガ　白イロヲ　ネタム」

＊玄武朱雀（1898）〈泉鏡花〉一一「其まま中指のさきの節に、萌黄と、桃色と、紫と、赤と、白と、鳶色とで」

＊銀の匙（1913-15）〈中勘助〉前・二四「赤・青・白、いろいろなほほづきをならべて」

＊在りし日の歌（1938）〈中原中也〉春の日の歌「黄色い　納屋や、白の倉、　水車のみえる　彼方まで、　ながれ　ながれて　ゆくなるか？」

＊唱歌・菊の花〈文部省唱歌〉（1941）〈小林愛雄〉「きれいな　花よ、菊の　花、白や　黄色の　菊の　花」

265

きなりいろ

JIS

生成色

10YR 9/1　C0 M0 Y5 K3

●自然のままで、染めたりさらしたりしない糸や生地の色。▽赤みを帯びた黄みの白。[r・y-Wt]▼①ごく新しい色名であるが、無加工、自然志向の風潮にのって一般化した。②「きなり」は、元来「飾らないで生地のまま」という意。古くは「古活字本荘子抄（1620頃）三」に「素面とて木なりな其ままの面ぞ」とあり、現代でも「大阪方言事典（1955）」には「キナリ（生成り）…まぜものをしてないこと」とみえる。

266

ごふんいろ

JIS

胡粉色

2.5Y 9.2 / 0.5　**C**0 **M**0 **Y**2 **K**0

胡粉は白色顔料の名。牡蠣（かき）殻を粉砕・水簸（すいひ＝沈降速度の違いを利用して粒径を二種以上に分離すること）・乾燥して作った炭酸カルシウムを成分とする粉末。白を表わす顔料として中世以降、日本絵画などで広く用いられている。▽黄みの白。[**y-Wt**] ▼古い時代の、たとえば文献例の「法隆寺資財帳」に顔料として載せられている「胡粉」などは、鉛白や白土をさしていたと考えられる。

＊法隆寺伽藍縁起并流記資財帳‐天平一九年（747）〈寧楽遺文〉「合綵色物壱拾参種〈略〉塔分陸種朱砂六十二両一分胡粉二百八十両一分」

＊枕（10C終）一四九・いやしげなるもの「桜の花おほく咲かせて、ごふん・朱砂（すさ）など色どりたる絵どもかきたる」

＊日葡辞書（1603-04）「Gofun（ゴフン）。すなわち、エノグ〈訳〉絵の彩色に用いる種々の色」

＊俳諧・芭蕉杉風両吟百韻（1786）「ろくしゃう青き山の端（は）の月〈芭蕉〉嶋の気色胡粉に奇（よす）る花の浪〈杉風〉」

＊小学読本（1874）〈榊原・那珂・稲垣〉二「俗に胡粉といふは介類を焼たるなり真の胡粉は唐の土と称ふる者なり」

267

ぞうげいろ

JIS

象牙色

2.5Y 8.5 / 1.5　**C**0 **M**1 **Y**12 **K**5

象牙のような色。クレヨンおよびパスの色名。▽黄みのうすい灰色。[**y-plGy**] ▼象牙は、ゾウ（象）の牙（きば）と呼ばれているもので、上顎にある、長くのびた二本の門歯。

＊大道無門（1926）〈里見弴〉白緑紅・三「象牙色（ざうげいろ）に白くて、細面とよりは、長顔と云ひたい、ベロンとした感じ」

＊欅の芽立（1936）〈橋本英吉〉六「時江の

掌（てのひら）に象牙色をした銀杏をざらざらこぼした」
＊贅沢貧乏（1960）〈森茉莉〉「象牙色の枠の中には、レジョン・ドヌウル（芸術家の勲章）をつけたプルウストが、入ってゐる」
＊或殺人（1962）〈森茉莉〉「薄い象牙色の襯衣に白い艶のある綾織らしい斜めの縞の地紋に水灰色のドット風の模様がある」
＊故郷忘じがたく候（1968）〈司馬遼太郎〉「その象牙色の膚質、温度を感じさせるやわらかさ」
＊暗室（1976）〈吉行淳之介〉三二「空は夕焼けておらず、僅かの光を含んだ鈍い象牙色をしていた」

268 かいはくしょく

灰白色

N 8.5　　**C**0 **M**0 **Y**0 **K**10

● 灰色がかった白色。▽うすい灰色。**[plGy]**
＊病論俗解集（1639）「灰白色（クヮイハクショク）ゼウノ色也」
＊重訂本草綱目啓蒙（1847）四〇・魚「鮫魚〈略〉うばざめは一名うばぶか大なるものは長さ六七尋灰白色皮に皺あり歯なし」
＊経国美談（1883-84）〈矢野龍渓〉前・一一「熟々主人の容貌を視るに七十許の高齢にて頭髪鬚髭共に灰白色にして」
＊恩讐の彼方に（1919）〈菊池寛〉三「荒削りされたやうな山が〈略〉灰白色のギザギザした襞の多い肌を露出して」
＊旅日記から（1920-21）〈寺田寅彦〉八「其処は二千余年前の文化の化石で、見渡す限り唯灰白色をした低い建物の死骸である」
＊今年竹（1919-27）〈里見弴〉濠沿の家・一「宮守（やもり）は、内部（なか）の明るい障子や硝子には、必ず二三匹、その灰白な腹をすりつけてゐる」
＊夜と霧の隅で（1960）〈北杜夫〉六「彼は頭蓋の内部にひそむ灰白色の塊りに対して、いささか原始的ともいえる畏怖を感じていた」
＊青い月曜日（1965-67）〈開高健〉二・布袋の笑い「俵のなかには灰白色の乾いた海藻がぎっしりつまっていた」
＊鳩を撃つ（1970）〈五木寛之〉「空は〈灰白色（かいはいしょく）に〉晴れていた」

269 ふかがわねずみ

深川鼠

10GY 7 / 1.5　**C**20 **M**0 **Y**30 **K**33

薄い浅葱色にすこし鼠色を含んだもの。「港鼠（みなとねずみ）」とも。▽緑みの明るい灰色。**[g-ltGy]**

*手鑑模様節用（1789か）上「みなと鼠、此ごろ流行して深川ねずみといふ」

*随筆・秘登利古刀（1839か）「深川鼠の小紋の紋附に」

*随筆・守貞漫稿（1837-53）一七「鼠は薄墨色也。〈略〉深川鼠、銀鼠、藍鼠、漆鼠、紅掛ねずみ等種々あり」

270 うすにびいろ

薄鈍色

N 7　**C**0 **M**0 **Y**0 **K**35

鈍色の薄いもの。喪服、僧服などの色。「うすにぶいろ」とも。▽明るい灰色。**[ltGy]**

*蜻蛉（974頃）中・安和二年「いときなき手して、うすにびの紙にて、むろの枝につけたまへり」

*宇津保（970-999頃）国譲中「うすにぶのひとへがさね、黒つるばみのこうちぎ」

271 ぎんねず JIS

銀鼠

N 6.5　**C**0 **M**0 **Y**0 **K**43

銀色を帯びた鼠色。「ぎんねずみ」とも。▽明るい灰色。**[ltGy]**

*随筆・守貞漫稿（1837-53）一七「此鼠色亦、深川鼠、銀鼠、藍鼠、漆鼠、紅掛ねずみ等種々あり」

*当世書生気質（1885-86）〈坪内逍遥〉一八「銀鼠（ぎんねず）の襟のついた中形縮緬の長襦袢」

*東京風俗志（1899-1902）〈平出鏗二郎〉中・七・二「袴は茶苧・仙台平・博多平

〈略〉山田平等の銀鼠（ぎんねずみ）・藍・茶色の棒立（ぼうだて）・千筋・子持縞など用ゐられ」＊花物語（1919）〈吉屋信子〉蘭「その胸元を包む半襟は薄い銀鼠（ぎんねずみ）の地に、錆竹色で葉を陰と表に振り分けて、白く蘭の花を染め抜いたものでした」＊都会の憂鬱（1923）〈佐藤春夫〉「その銀鼠色（ぎんねずいろ）にすすけた障子へ」＊湘南電車（1953）〈井上友一郎〉「銀鼠の一越縮緬（ひとこしちりめん）に、黄色い塩瀬の名古屋帯を締めてゐるが」

《参　考》同義で「銀灰色（ぎんかいしょく）」という色名もある。＊蟹工船（1929）〈小林多喜二〉五「雨上りのやうな銀灰色の海をバックに」＊真理の春（1930）〈細田民樹〉森井コンツェルン・二「頼子は父親が立ってから、銀灰色（ぎんくゎいしょく）のドレスの膝を流しながら、きつい口調になった」

ぎんねず

272 うすねず

薄鼠

2.5P 6 / 1.5　**C**12 **M**15 **Y**0 **K**40

● 薄い鼠色。「うすねずみ」とも。▽青紫みの灰色。**[pb-mdGy]**

＊浮世草子・好色一代男（1682）七・二「帯は薄鼠（うすねすみ）のまがい織」＊安愚楽鍋（1871-72）〈仮名垣魯文〉二・上「えりはきぬちぢみのうすねずみにかりがねのもやうあり」＊春（1908）〈島崎藤村〉一「薄鼠色の夏の上衣に包まれた優雅（きゃしゃ）な体格」＊坑夫（1908）〈夏目漱石〉「カンテラの灯で照らして見ると、下谷辺の溝渠（どぶ）が溢れた様に、薄鼠（うすねずみ）になってだぶだぶしてゐる」＊欧米印象記（1910）〈中村春雨〉倫敦日記・六月一八日「その向ふに、薄鼠色（うすねずみいろ）のドームが二つ並んで見える」＊黴（1911）〈徳田秋声〉三〇「瀟洒（しょうしゃ）な浴衣に薄鼠（うすねず）の兵児帯をぐるぐる巻にして主が降りて来たが」＊大塩平八郎（1914）〈森鷗外〉九「八つ頃から空は次第に薄鼠色（うすねずみいろ）になって来て」＊大道無門（1926）〈里見弴〉隠家・一「薄鼠（うすねずみ）のソフトの鍔（つば）を、まぶかに引きおろしてもゐたし」＊家族会議（1935）〈横光利一〉「白っぽいお召の大名縞の着物に、薄鼠の献上を締めてゐる」＊死霊・三章（1946-48）〈埴谷雄高〉「こまかな霧粒のまじった薄鼠色の夕闇が」

273 ちゃねずみ
JIS

茶鼠

5YR 6/1　C0 M10 Y15 K45

茶色を帯びた鼠色。「ちゃねず」とも。▽黄赤みの灰色。[**yr-mdGy**]

274 うすずみいろ

薄墨色

N 6　C0 M0 Y0 K50

墨色の薄いもの。多く喪服の染色や、死亡を知らせる手紙の墨色にいう。▽灰色。[**mdGy**] ▼「薄墨衣（うすずみごろも）」は喪服であるが、「薄墨紙」は喪には関係なく、反古（ほご）紙を漉（す）きかえした紙を、その色にちなんでいったもの。

*枕（10C終）二七八・関白殿二月廿一日に「水晶の数珠、うすずみの裳、袈裟、衣、いといみじくて」

*狭衣物語（1069-77頃か）四「うすずみぞめをば、やがて裁（た）ち替ふまじう設けさせ給て」

*申楽談儀（1430）能の色どり「ただ、角帽子の縫物を略して、年寄しく、濁らかして着べし。衣なども、うすずみなんどに染めて着べし」

*随筆・貞丈雑記（1784頃）一六「人死したる時、かなしみの間喪服とてうれへの時着る衣服を着する也。その色はうす墨色とてねずみ色の布の衣服を用る也」

*別れ霜（1892）〈樋口一葉〉六「朝来（あさより）もよほす薄墨色（うすずみいろ）の空模様に」

*草枕（1906）〈夏目漱石〉一「茫々たる薄墨色（うすずみいろ）の世界を、幾条の銀箭が斜めに走るなかを、ひたぶるに濡れて行くわれを」

*断橋（1911）〈岩野泡鳴〉一一「十勝原野の秋色は、遠く義雄の視線と直角に横たはった薄墨の低山の一直線に限られ」

275

ねずみいろ

JIS

ネズミ（鼠）の体毛のような色。▽灰色。［**mdGy**］▼「鼠色」は中程度の明度の無彩色をさす。俗に「四十八茶百鼠」といわれるのは、江戸時代以降多くの茶色と鼠色が登場し、その色数の多さを象徴的にいったもので、慣用色名には「鼠（ねずみ・ねず）」を用いるものが多い。

*十巻本和名抄（934頃）七「騅　毛詩注云騅〈音錐　漢語抄云騅馬鼠毛馬也〉　蒼白雑毛馬也」

鼠色

N 5.5　　**C**0 **M**0 **Y**0 **K**55

*虎明本狂言・察化（室町末・近世初）「『なにとやらいふが、ねずみ色なとりの、まつこれほどな大きさでおじゃる』と云て、おゆびを見する」

*俳諧・毛吹草（1638）六「曇（くもる）夜の空こそ月の鼠色（ねすみいろ）〈長昌〉」

*北条五代記（1641）七「小熊は、鼠色の木綿あはせに、あさきの木綿はかまを着、足半（あしなか）をはき」

*評判記・色道大鏡（1678）二「無地の染色は、黒きを最上とし、茶を次にす。〈略〉此二色は日野紬・八丈の外、上品の地に染合す。無地の鼠色（ねすみいろ）これに同じ」

*浮世草子・好色一代女（1686）六・三「帯は夜目に立やうに鼠色（ねずみいろ）に左巻を五色にと」

*人情本・春色梅児誉美（1832-33）後・一二齣「上着ははでな嶋七子、上羽の蝶の菅縫紋、下着は鼠地（ねずみぢ）紫に大きく染し丁字菱」

*尋常小学読本（1887）〈文部省〉四「杜鵑は、鳩より少しく小さく、全体ねずみ色にして、腹にたかの如きふあり」

*うたかたの記（1890）〈森鷗外〉下「湖水のかたに霧立ちこめ、今出でし辺をふりかへり見るに、次第々々に鼠色になりて」

*魔風恋風（1903）〈小杉天外〉前・其の室「鼠色の障子から、薄い光線（あかり）が射込んだ」

*吾輩は猫である（1905-06）〈夏目漱石〉四「主人は鼠色の毛布を丸めて書斎へ投げ込む」

*二つの手紙（1917）〈芥川龍之介〉「鼠色のオオヴア・コオトに、黒のソフトをかぶって」

*暗夜行路（1921-37）〈志賀直哉〉四・一九「外海の方はもう鼠色（ねずみいろ）の光を海面に持ってゐた」

*青べか物語（1960）〈山本周五郎〉土堤の秋「中天に一つはなれた雲が〈略〉鼠色にかすみながらはがね色に澄みあがった空へ溶けこんでいった」

276 やまばといろ

山鳩色

5GY 5 / 1.5　**C**5 **M**0 **Y**30 **K**55

●ヤマバト（山鳩）の羽のように、黄色に青色のかかった色。▽黄緑みの灰色。[**yg-mdGy**] ▼古く「麹塵（きくじん）」のことをいった。

*兼澄集（1012頃）「かげあきらが筑紫へまかりしに、やまばと色の、かりあををつかはすとて」

*平家（13C前）一一・先帝身投「山鳩色の御衣に、びんづらゆはせ給て」

*義経記（室町中か）六・静若宮八幡宮へ参詣の事「梶原は紺葛の袴に山はといろの水干・立烏帽子」

*易林本節用集（1597）「山鳩色　ヤマバトイロ　天子御衣六位頭」

*浄瑠璃・孕常盤（1710）二「山鳩色に薄べにまぜてさっと一はけはかせかけたる八重がすり」

*書言字考節用集（1717）六「山鳩色　ヤマバトイロ　本名麹塵袍。天子御衣」

*浄瑠璃・義経千本桜（1747）二「山鳩色（やまばといろ）の御衣冠、うやうや敷く台にのせ、其身も倶に衣服を改め」

*雑俳・柳多留-一〇八（1829）「山鳩の御衣に三子の艶（やさ）舎人」

277 りきゅうねずみ

JIS

利休鼠

2.5G 5 / 1　**C**12 **M**0 **Y**20 **K**60

●利休茶に鼠色がかったもの。▽緑みの灰色。[**g-mdGy**] ▼文献例にある北原白秋の詩に、梁田貞が作曲した「城ケ島の雨」によって広く知られる。

*風俗画報-四〇号（1892）服飾門「而て其色合は矢張利久鼠小豆、茶、黒等は」

*風俗画報-一一二号（1896）流行門「紫紺、お納戸、薄縹色、利休鼠、千歳茶（せんざいちゃ）等の菊、牡丹或は紅葉其他草花類が流行の傾きあり」

りきゅうねずみ

＊黒潮（1902-05）〈徳富蘆花〉一・四・四「利久鼠の立小波の小紋縮緬に更紗縮緬を襲ねて」
＊青春（1905-06）〈小栗風葉〉春・八「利久鼠（りきうねずみ）の着物のスラリとした痩削（やせぎす）の女は」
＊白秋小唄集（1919）〈北原白秋〉銀に緑・城ヶ島の雨「雨はふるふる、城ヶ島の磯に、利久鼠の雨がふる」
＊女方（1957）〈三島由紀夫〉五「台本を膝に置いて、着崩れのしない正しい衿元の利休鼠を見せてゐる」
＊面影（1969）〈芝木好子〉五「茶器を手にして髪を滑らした中世の女人像であった。〈略〉茶器を持った女のきものは利休鼠一色で」

278

なまりいろ

JIS

鉛色

2.5PB 5 / 1　**C**3 **M**0 **Y**0 **K**65

● 鉛の色に似た、青みを帯びた灰色。▽青みの灰色。**[b-mdGy]** ▼鉛は、炭素族元素の一つ。蒼白色の柔らかく重い金属。加工が容易で耐食性にすぐれる。

＊遁花秘訣（1820）牝牛痘瘡の真仮を分別する法「牝牛の痘瘡に真痘と仮痘の二種あり。凡真痘は乳房の上に小斑を発す。色青くして初めより鉛色に似たり。中に薄き水に似たる酷厲にして伝染浸蝕すべき液あり」
＊青春（1905-06）〈小栗風葉〉春・二「微かに光を持った鉛色の、靄の薄らいだ空へ、常盤木の木立はスクスクと黒い梢を突出して」
＊坑夫（1908）〈夏目漱石〉「なけなしの髪を頸窩（ぼんのくぼ）へ片附て其心棒に鉛色（なまりいろ）の簪（かんざし）を刺してゐる」
＊或る女（1919）〈有島武郎〉前・一六「眼の周りに薄黒い暈の出来たその顔は鈍い鉛色をして、瞳孔は光に対して調節の力を失ってゐた」
＊母（1930）〈岡田三郎〉一「それが母の終焉だった。そのままの容貌で、一時に血の気がひくと、ふたたび鈍く光る鉛色（なまりいろ）の死面となった」
＊海辺の光景（1959）〈安岡章太郎〉「高知湾の海がナマリ色に光ってゐる」
＊れくいえむ（1973）〈郷静子〉「行く手にははるかに鉛色の空が待ちうけ、その空の下の地獄図を想像することは容易だったが」

279 はいいろ JIS

灰色

N 5　C0 M0 Y0 K68

●灰のように、薄黒い色。基本色名の一つ。クレヨンおよびパスの色名。▽灰色。[mdGy]

＊新編常陸国誌（1818-30頃か）方言「へなはに土なり〈略〉赤きあり、黄なるあり、又灰色したるもあり」

＊おとづれ（1897）〈国木田独歩〉上「地平線上は灰色の雲重りて」

＊欧米印象記（1910）〈中村春雨〉大陸旅行日記・一〇月二七日「家屋の色は黄か又は灰色（はいいろ）で」

＊蟹工船（1929）〈小林多喜二〉二「一面灰色の海のやうな海霧（ガス）の中から」

＊この神のへど（1953）〈高見順〉四「灰色のクロースの背に、〈略〉青いインキで印刷してある本が」

《参　考》

黒と白の中間の色であるところから、主義主張、所属などがはっきりしないこと、また色相から、陰気でさびしいことや無味乾燥なことも表わす。

＊行人（1912-13）〈夏目漱石〉帰ってから・三七「重苦しい灰色（はひいろ）の空気で鎖された」

＊ノリソダ騒動記（1952-53）〈杉浦明平〉一「——田舎というものは定義を灰色にする。法律のこまかな規定はもぐりの利用するためにつくられたようなものだ」

＊野菜売りの声（1969）〈坂上弘〉「彼の方も受験勉強で灰色の生活を送っているのに同情して」

280 あおにび

青鈍

8.5G 4.5 / 1　C30 M0 Y30 K65

●浅葱（あさぎ）色に、青みが混じった色。尼などが用いる色で、凶事や仏教関係の服飾に多く用いられる。「あおにぶ」とも。▽緑みの灰色。[g-mdGy]

＊前田本枕（10C終）一九八・正月、寺にこもりたるは「あをにぶの指貫（さしぬき）わたいりたる白ききぬどももあまたきて」

＊源氏（1001-14頃）若菜下「回向にはあまねきかとにても、いかかはとあり。濃きあをにひの紙にて、しきみにさしたまへ

は、例の事なれと」

*源氏（1001-14頃）初音「経、仏の飾り、はかなくしたる閼伽（あか）の具なども をかしげに、〈略〉あをにびの几帳、心ばへをかしきに」

*更級日記（1059頃）「それもおり物のあをにびいろの指貫（さしぬき）、狩衣きて、廊のほどにて馬にのりぬ」

*浜松中納言（11C中）四「御返、あをにびの紙に、経るままに悲しさまさる吉野山うき世いとふと誰たづねけん」

*装束抄（1577頃）「衣色　〈略〉　青鈍、〈花田濃色也。尼など用色と云〉」

*芋粥（1916）〈芥川龍之介〉「青鈍（あをにび）の水干と、同じ色の指貫（さしぬき）とが一つづつあるのが、今ではそれが上白（うはじろ）んで、藍とも紺とも、つかないやうな色に、なってゐる」

281
にびいろ

● 昔、喪服に用いた濃い鼠色。「にぶいろ」とも。▽暗い灰色。[dkGy]
*九暦－逸文・天暦八年（954）四月一五日「垣下公卿殿上人・諸大夫巻纓、着㆓鈍色衣㆒云々」

*蜻蛉（974頃）上・康保二年「やがて服ぬぐに、にびいろのものども、あふぎまではらへなどするほどに」

*平家（13C前）一一・先帝身投「にぶ色のふたつぎぬうちかづき」

鈍色

N 4　　C0 M0 Y0 K75

*譬喩尽（1786）一「鈍色（にぶいろ）は鼠色をいへり喪服に用ゆ。〈しかるを世にはやらし用ゆ忌べきこと也但遊行上人よりはやると〉」

*随筆・守貞漫稿（1837-53）一七「今世流布の染色には御納戸茶鼠色茶染等也〈略〉鼠は薄墨色也。昔は鈍色と云也」

*虞美人草（1907）〈夏目漱石〉一四「鈍色（にびいろ）に緑に上下に区切って」

*邪宗門（1909）〈北原白秋〉朱の伴奏・序楽「鈍色（にびいろ）長き衣みな瞳をつぶる」

*或る女（1919）〈有島武郎〉前・一二「折り重った鈍色（にぶいろ）の雲の彼方に夕日の影は跡形もなく消え失せて」

*南窗集（1932）〈三好達治〉節物・家鴨「にび色の空のもと　ほど近い海の匂ひ汪洋とした川口の　引き潮どきを　家鴨が一羽流れてゆく」

*王朝詞華集日記（1971）〈竹西寛子〉「右手の空だけが濃い鈍色に暮れなずんでいる」

282

さびねず

錆鼠

2.5B 3.5 / 1.5　**C**40 **M**0 **Y**18 **K**72

藍鼠色に白茶色をかけた色。▽青みの暗い灰色。［b-dkGy］

283

すすたけいろ

JIS

煤竹色

9.5YR 3.5 / 1.5　**C**0 **M**30 **Y**30 **K**72

煤竹（煤けて赤黒くなった竹）のような色。▽赤みを帯びた黄みの暗い灰色。［r・y-dkGy］

*御湯殿上日記‐天文二年（1533）四月六日「山よりとしとしのすすたけのつめた［＝すすたけ色の綿入れ］まいる」

*仮名草子・都風俗鑑（1681）二「帯は大方無地にして、嶋繻子、黒じゆす、鼠、すす竹」

*諸芸小鏡（1686）万染物「すす竹　下地をねずみに染て、上をもも皮のせんじ汁にて染るなり」

*浮世草子・好色五人女（1686）二・三「染分（そめわけ）のかかへ帯、ぎんすすたけの袷（あわせ）、あふぎ流しの中なれなるゆかた」

*万金産業袋（1732）五「すすたけ（煤竹）全く煤にそみたる竹の色よりいへり、銀すす竹、きゃらすすたけ等の品あり」

*洒落本・寸南破良意（1775）きおい「煤竹（すすたけ）いろの弁慶島のどてらに、桃色木綿のひとへ帯を前で結び」

*俳諧・七番日記‐文化一三年（1816）一一月「我家は煤竹色の氷柱哉」

*随筆・我衣（1825）「宝暦五年の頃より江戸町々男女煤竹色の小袖はやる。羽織も帷子もひとへ物、何（いづ）れもすす竹なり」

*歌舞伎・松栄千代田神徳（徳川家康）（1878）四幕「と爰に家康茶木綿の褥の上に、ごまがら袴、すす竹色（だけいろ）の羽織着附にて住居（すまひ）ゐる」

284

こいねず

濃鼠

2.5P 3 / 1　　**C**10 **M**20 **Y**0 **K**75

●鼠色の濃いもの。「こいねずみ」「こねずみ」とも。▽青紫みの暗い灰色。［**pb-dkGy**］

＊俳諧・蕉翁句集（1699-1709頃）「袖の色よごれて寒しこいねづみ」

＊随筆・守貞漫稿（1837-53）一七「多くは地黒小紋濃鼠（こいねず）也」

＊蔵の中（1918-19）〈宇野浩二〉「濃鼠の立絽の薄羽織と、それから薩摩上布との一と組です」

285

せんさいちゃ

仙斎茶・千歳茶

5GY 3 / 1　　**C**20 **M**0 **Y**60 **K**80

●縹（はなだ）色に下染めし、さらに茶に染めた色。「せんざいちゃ」とも。▽黄緑みの暗い灰色。［**yg-dkGy**］▼「仙斎」は人名など、固有の語ではなく当て字。もとは「千歳茶」か。

＊仮名草子・東海道名所記（1659-61頃）二「紋をこそつけねど、たんがら染、せんざいぢゃ、黄がらちゃ、うこん染」

＊雑俳・柳多留－七三（1821）「せんさい茶後の女房が染直し」

＊洒落本・箱まくら（1822）中「せんさい茶の毛（け）どろめんのはをり」

＊随筆・守貞漫稿（1837-53）一七「京坂にて文政頃歟女用紬の定紋付に藍天鵝絨と云染色あり緑の黒き色也、其後仙斎茶と云も似たる故の物也」

＊風俗画報－一一二号（1896）流行門「紫紺、お納戸、薄縹色、利休鼠、千歳茶（せんざいちゃ）等の菊、牡丹或は紅葉其他草花類が流行の傾きあり」

286 けんぼういろ

憲法色

10YR 3/1　**C**0 **M**20 **Y**50 **K**80

● 憲法染の染め色。黒茶色をいう。「憲法染」は室町時代末期の剣術家・染織家、吉岡憲法の創案で、「吉岡染」とも。▽赤みを帯びた黄みの暗い灰色。［**r·y-dkGy**］

*邇言便蒙抄（1682）臍・彩色門「憲法染　ケンホウソメ　黒茶の事也。近比憲法吉岡とて、兵術を以て世に鳴し者あり。此人始て染出せる故に、黒茶を憲法染ともいひならはせりと也」

*雍州府志（1684）七「吉岡染。西洞院四条吉岡氏人、始染㆓黒茶色㆒、故謂㆓吉岡染㆒、倭俗毎事如㆑法行㆑之称㆓憲法㆒、斯染家吉岡祖、毎事如㆑此、故世称㆓憲法染㆒」

*万宝鄙事記（1705）四・一二「けんぼふ色した地を濃きはないろにして、其上を、楊梅（やまもも）の皮をせんじ、三べん染、又藍にて一返そめ、又やまももにて染る也」

*浄瑠璃・大経師昔暦（1715）中「白無垢一重、けんぼうに裾模様ある芦に鷺」

*随筆・守貞漫稿（1837-53）一三「単袷共小紋羽折天保以前は三都ともに地憲法色或は黒がちの茶等にて小紋白を専とす」

287 くろつるばみ

黒橡

N3　**C**0 **M**0 **Y**0 **K**83

● 黒みを帯びた橡染の色。▽暗い灰色。［**dkGy**］▼橡染は一般に鈍色で、ドングリ（団栗）の梂（かさ）を煎じてその浸出液につけて染めることや、染めた物をいう。

*宇津保（970-999頃）国譲中「くろつるばみの御小袿（こうちぎ）うち出でて」

*栄花（1028-92頃）鶴の林「火影（ほかげ）に見奉らせ給へば、くろつるばみの御小袿に」

288

けしずみいろ

消炭色

N2.5　**C**0 **M**0 **Y**0 **K**85

● 消炭のような色。▽暗い灰色。**[dkGy]** ▼消炭は、薪や炭などの火を消してつくる炭。

＊永日小品（1909）〈夏目漱石〉行列「胴中にただ一葉、消炭色（けしずみいろ）の中に取り残された緑が見える」

＊贅沢貧乏（1960）〈森茉莉〉「一枚は消炭色。もう一枚はピンクがかった小豆色と、小豆色を帯びた灰色との、細い格子のぼやぼやした布地である」

289

くろちゃ

JIS

黒茶

2.5YR 2 / 1.5　**C**0 **M**40 **Y**50 **K**85

● 黒みを帯びた茶色。▽黄赤みの黒。**[yr-Bk]**

＊松屋会記・久政茶会記・天正七年（1579）四月二三日「床に定家判のことば、上下くろちゃ、中紫からいんきん」

＊俳諧・類船集（1676）曾「加賀染と云は都のくろちゃ也」

＊雑俳・鳥おどし（1701）「さまざまに・黒茶はきぬの染をさめ」

＊洒落本・風俗七遊談（1756）二・夜発の譚「はやるは黒紬に、ぬめの半襟をかけ、白ぬめの帯。其余は黒茶の木綿に白桟留（しろサントメ）の帯で」

＊浅草紅団（1929-30）〈川端康成〉二六「小粒に揃った歯を丸薬の什が黒茶色（くろちゃいろ）に染めて」

＊モダン辞典（1930）「定式幕（劇）日本の舞台で使用される引幕で、黒茶、緑等の色合ひの幕」

《参　考》

黒茶色になる意味を表わす動詞「黒茶ける」が存在する。

＊地図（1934）〈阿部知二〉「それに地図で想像するときには、もっと美しい街や港であったはずのものが、描いてみると、黒ちゃけてごたごたしたみすぼらしい景色でしかなくなる」

＊虚夢譚（1969）〈金石範〉「黒茶けたその街の広がりを一瞬に収斂する私の眼の後ろに」

290

あかずみ

赤墨

5R 2/1　C0 M40 Y20 K85

●赤色が入った墨色。▽赤みの黒。［r-Bk］▼墨に五彩ありとされ、墨絵の微妙な色の表現を表わす言葉。

291

あおずみ

青墨

5PB 2/1　C40 M20 Y0 K85

●青色が入った墨色。▽青みの黒。［b-Bk］▼墨に五彩ありとされ、墨絵の微妙な色の表現を表わす言葉。

292

すみいろ

JIS

墨色

N2　C0 M0 Y0 K95

●書いたり、染めたりした墨の色。▽黒。［Bk］▼墨は、なたね油や松根を燃やしてできた良質のすすをにかわで練って、香料などを加え、型に入れて固めたもの。硯ですって水に溶かして使う。

＊霊異記（810-824）中・三五「王、三日を経て、墨の如くにして卒（みまか）りぬ」

＊宇津保（970-999頃）吹上下「顔はすみよりも黒く、足手は針よりも細くて、継布のわわけたる鶴脛（つるはぎ）にて」

＊仮名草子・恨の介（1609-17頃）上「かくて自らは憂き世を厭ひ、髪剃り、すみの衣に身をやつし」
＊浄瑠璃・蟬丸（1693頃）五「かさ一本におきふすも身の程かくす我庵と、すみのたもとにすみづきん、経論少々懐中し」
＊俳諧・本朝文選（1706）五・序類・銀河序〈芭蕉〉「草の枕も定らず、墨の袂なにゆへとはなくて、しほるばかりになむ侍る」
＊妻（1908-09）〈田山花袋〉四五「其時分の心持と今の心持に比べて見ると、天と地と墨（すみ）と雪との相違があるが」

293

ろういろ

蠟色・呂色

N1.5　C0 M0 Y0 K100

● 漆工芸の塗りの技法の一つの蠟色塗りの色。「ろいろ」とも。▽黒。[Bk] ▼蠟色塗りは油分を含まない蠟色漆を塗り、木炭で研ぎ出し、種油と角粉（つのこ）をつけて磨き、光沢を出す。「蠟色」は「黸（黒い、の意）」の音をとったものといわれ、元来は黒漆塗りをさすと考えられる。

＊虎明本狂言・塗師（室町末・近世初）「むかしははなうるし、今はとしたけらういろの、うるしのばちもあたりたる、しょくの有様ざんげせよ」
＊日葡辞書（1603-04）「Rŏiro（ラウイロ）〈訳〉何度も漆（うるし）をかけ、唾（つば）をつけてよくみがいたあとに出てくる、漆の色。Rŏirouo（ラウイロヲ）トル〈訳〉このような方法で、または、この色で漆を塗る」
＊洒落本・契国策（1776）南方「ろいろぬりのたんす長持のかな物のめっきに」
＊洒落本・公大無多言（1781）「軒に呂（ろ）いろのきんかんばん、親和流にて大通人講談並傾城買秘事一子相伝と筆太にしるし」
＊歌舞伎・吾嬬下五十三駅（天日坊）（1854）四幕「先づ先箱は紫紐にて黒の蠟色に御定紋たる笹龍胆の金蒔絵」
＊怪談牡丹燈籠（1884）〈三遊亭円朝〉一八「蠟色鞘（ろいろざや）茶柄（ちゃづか）の大刀を」
＊多情多恨（1896）〈尾崎紅葉〉前・一「老婢は蠟色（ろいろ）の円盆に」

294 しこくしょく

紫黒色

5P 1.5 / 1　**C**60 **M**80 **Y**0 **K**98

● 紫がかった黒い色。▽紫みの黒。[p-Bk]

*重訂本草綱目啓蒙（1847）四二・蚌蛤「文蛤〈略〉全殻紫黒色にして花斑なき者を、あぶらがひと云、又びんつけがひと云」

*簑虫と蜘蛛（1921）〈寺田寅彦〉「取り出した虫は〈略〉紫黒色の肌がはち切れさうに肥って居て」

295 くろ

JIS

黒

N1.5　**C**30 **M**30 **Y**0 **K**100

● 木炭や墨のような色。クレヨンおよびパスの色名。▽黒。[Bk] ▼あらゆる波長にわたる可視光線を吸収する物体を見て感じられる色。ただし、完全な黒色の物体は現実には存在しない。

*書紀（720）持統七年正月（北野本訓）「是の日に、詔して天下の百姓をして、黄（き）色の衣（きぬ）を服しむ。奴は皁衣（くろきぬ）をきぬ」

*続日本紀－天平宝字六年（762）正月丁未「仍象二五行之色一。皆画二甲板之形一。碧地者以レ朱。〈略〉白地者以レ黒。黒地者以レ白」

*枕（10C終）二七八・関白殿、二月廿一日に「色のくろさ赤ささへ見えわかれぬべきほどなるが、いとわびしければ」

*仮名草子・伊曾保物語（1639頃）下・一八「たちまちびんひげのくろを抜ひて、白きを残せり」

*彼岸過迄（1912）〈夏目漱石〉停留所・二二「霜降の外套に黒（クロ）の中折といふ服装で」

*午前零時（1952）〈井上友一郎〉感傷の月「黒のツー・ピースを着けた映子がアコーディオン・プリーツの美しいヒダを懐わせながら」

*橋づくし（1956）〈三島由紀夫〉「白地に黒の秋草のちぢみの浴衣を着た」

*鶴（1972）〈竹西寛子〉「丹頂鶴というのは、頭上の赤、後ろ頸から胴にかけての白、喉と風切羽の黒との、かっきりとした取り合わせがいいのに」

296

てつぐろ

JIS

鉄黒

N1.5　C0 M20 Y20 K98

鉄黒は無機顔料の名。鉄化合物の一つ、四三酸化鉄を成分とする黒色顔料。▽黒。［**Bk**］▼四三酸化鉄被膜は防錆などの効果もあり、「黒染め」の名で金属の表面処理に広く用いられている。

＊現代語大辞典（1932）〈藤村作・千葉勉〉「じてつこう　磁鉄鉱　磁性を有する鉄黒色の酸化鉄。製鉄の原料に用ゐる」

297

しっこく

漆黒

N1　C50 M50 Y0 K100

黒漆を塗ったように黒くてつやのある色。まっ黒の意でも使う。▽黒。［**Bk**］

＊山陽詩鈔（1833）三・荷蘭船行「漆黒蛮奴捷二於猱一升レ桅理レ條手爬搔」

＊火の柱（1904）〈木下尚江〉二・一「漆黒（しっこく）なる五分刈の頭髪灯火に映じて針かとも見ゆ」

＊羽鳥千尋（1912）〈森鷗外〉「或る夕明るい灯の下で、色の白い細面に、漆黒（しっこく）な髯を長く垂れて」

＊明暗（1916）〈夏目漱石〉四「けれども其一重瞼の中に輝やく瞳子（ひとみ）は漆黒（しっこく）であった」

＊物質の弾道（1930）〈岡田三郎〉「練油（ポマード）で漆黒（しっこく）に光る髪毛のクェッチョン・マークが蒼白の頬に逆倒（さかだち）してゐるのだ」

＊トカトントン（1947）〈太宰治〉「死なうと思ひました。〈略〉前方の森がいやにひっそりして、漆黒に見えて」

＊死霊‐二章（1946-48）〈埴谷雄高〉「その暗黒時代は、確かに奥知れぬ無限の闇に闇を重ねたようなあやめもわかたぬ漆黒の黒一色で塗りつぶされている」

＊女ひと（1955）〈室生犀星〉くちなはの記・三「下まぶたから四本の漆黒な線が、口に向いてイナヅマ状にはしってゐた」

298 あんこくしょく

暗黒色

N1 C80 M50 Y0 K100

● まっ黒な色。▽黒。[Bk]

*経済要録（1827）一〇「藍葉の本色は暗青物なり。故に此れに灰気を加へ、其暗黒と鈍黄なる気を除去するに因り、始めて鮮美なる空青色を発することにて」

*吾輩は猫である（1905-06）〈夏目漱石〉四「此時期を経過して他の暗黒色に化ける迄毛布（ケット）の命が続くかどうだかは、疑問である」

299 きんいろ

JIS

金色

● 金のような光沢のある美しい黄色。クレヨンおよびパスの色名。字音で、「こんじき」「きんしょく」とも。▼①金は美しい黄色の光沢がある金属元素の一つ。②金の異称「こがね」から「こがねいろ（黄金色・金色）」とも。③上代語に「くがね」があり、「金」の字を当てた。「こがね」「くがね」ともに「きがね（黄金）」を語源とする。

*書紀（720）神武即位前戊午年一二月（北野本室町時代訓）「金色（こかね）の霊（あや）しき鵄（とひ）有りて」

*発心集（1216頃か）一・千観内供遁世籠居事「東の方に金色の雲の立ちたりければ」

*詩学大成抄（1558-70頃）三「薬師如来となりて、金色（こんじき）の光をはなって、山の中へ飛でいかれたぞ」

*日葡辞書（1603-04）「Qinxocu（キンショク）。コガネノイロ」

*俳諧・毛吹草追加（1647）上「わらつとにこがね色なりあめ粽〈近吉〉」

*和英語林集成（初版）（1867）「Konjiki コンジキ 金色（コガネ ノ イロ）」

*舞姫（1890）〈森鷗外〉「被りし巾を洩れたる髪の色は、薄きこがね色にて」

*暑中休暇（1892）〈巌谷小波〉四「其梢にのみ旭日を迎へ、僅に金色（きんしょく）を彩れば」

*みだれ髪（1901）〈与謝野晶子〉春思「金色（こんじき）の翅あるわらは躑躅くはへ小舟こぎくるうつくしき川」

*爛（1913）〈徳田秋声〉三二「青い蜜柑林

には、そっちこっちに黄金色した蜜柑が、小春の日光に美しく輝いてゐた」
＊銀の匙（1913-15）〈中勘助〉前・一四「その皮を日にすかしてみると金いろのうぶ毛がはえて」
＊俚謡・ソーラン節（昭和初頃）北海道（日本民謡集所収）「余市（よいち）よいとこ　一度はござれ　海に黄金（こがね）の波が立つ」
＊最新実用衣服と整容法（1928）〈青木良吉〉「白と黒とは特別な色でありますから、之を中性色と名づけて区別するのが便利であります。尚灰色、金、銀色なども、中性色の一種と考へられます」
＊火の鳥（1949-53）〈伊藤整〉一・二「あの聖画に漂うような、金色に反映する美しい少女時代の私の皮膚は失われた」
＊父の詫び状（1978）〈向田邦子〉薩摩揚「練り上げた魚のすり身を〈略〉たぎった湯鍋へ落しこむ。シューと金色の泡を立てていったん沈み、みごとな揚げ色がついて浮いてくる」

きんいろ

300 ぎんいろ

JIS

銀色

● 銀のような光沢のある青白色。クレヨンおよびパスの色名。字音で、「ぎんしょく」とも。▼①銀は青白色の美しい金属光沢を持ち、金よりやや軽くて堅い金属元素の一つ。②銀の異称「しろがね」から「しろがねいろ（白銀色・銀色）」とも。
＊大観本謡曲・佐保山（1456頃）「これなる衣を寄りて見れば、銀色（ぎんしょく）輝き異香（いきょう）薫じ」
＊遠西医方名物考補遺（1834）八「白金（一種銀色の金属、原名『プラチナ』）」
＊落梅集（1901）〈島崎藤村〉小諸なる古城のほとり「しろがねの衾の岡辺　日に溶けて淡雪流る」
＊神の子（1902）〈国木田独歩〉下「湖水の奥は銀色（ぎんいろ）の霧に包まれて朧に光って居る」
＊海潮音（1905）〈上田敏訳〉真昼「白銀色（しろがねいろ）の布引に、青空くだし天降（あもり）しぬ」
＊銀の匙（1913-15）〈中勘助〉後・一四「地上の花を暖い夢につつんでとろとろとほゑましめる銀色の陽炎のなかに」
＊唱歌・スキー（1942）〈時雨音羽〉「山は白銀（しろがね）、朝日を浴びて、すべるスキーの風切る速さ」
＊哀れな歓楽（1947）〈野間宏〉「プラネタリウムの銀色のドーム屋根は」
＊薔薇くひ姫（1976）〈森茉莉〉「印度の女の詩人に貰ったといふ、銀色の変った形のメダイヨンのついたペンダントとは」

外来語色名

■外来語色名

明治以降に生まれた、
欧米の色名が日本語として定着し、
カタカナで表記される慣用的な色名。

301

ローズピンク

JIS

英 rose pink

10RP 7/8　C0 M50 Y25 K0

ローズはバラ（薔薇）の意。さまざまな色の花をつけるバラのうち、特に紫みを帯びたピンク色の花にちなむ色名。▽明るい紫みの赤。［lt-pR］▼フランスでは、ピンク色のことをロゼ・ローゼ（rosé）と呼ぶ。

302

ドーンピンク

英 dawn pink

7.5RP 7/2　C0 M15 Y5 K20

ドーン（dawn）は夜明けの意。夜明けの空の淡い色。▽明るい灰みの紫みを帯びた赤。［lg-pR］▼①意味の上では和色名の東雲色（しののめいろ）・曙色（あけぼのいろ）が対応するが、より赤みがつよい。②夜明けの空の色は、刻一刻と変化していくので、英語でもdawn pinkだけではなく、dawn grey, dawn blue, rose dawn, golden dawnなどとさまざまに表現される。

303 ブーゲンビリア

英　bougainvillaea

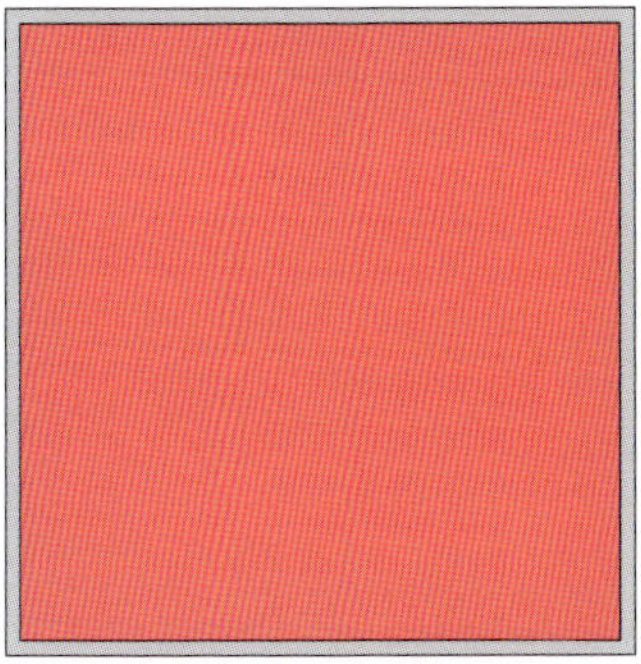

0.5R 5.5 / 11.5　**C**0 **M**75 **Y**30 **K**0

ブーゲンビリア（「ブーゲンビレア」とも）の苞葉の色。▽あざやかな紫みの赤。［**vv-pR**］▼ブーゲンビリアは、オシロイバナ科の蔓性低木。南アメリカの原産。観賞用に温室などで栽培され、多くの園芸品種がある。枝先に三枚の苞葉に包まれた黄白の小花を咲かせるが、苞葉は花よりも大きく、紅紫・深紅・紫・白・橙黄などのあざやかな色彩をもつ。その紅紫の苞葉にちなむ色名。

304 ローズレッド
JIS

英　rose red

7.5RP 5 / 12　**C**0 **M**78 **Y**18 **K**0

ローズはバラ（薔薇）の意。さまざまな色の花を咲かせるバラのうち、とくに赤紫系の花の色にちなむ色名。▽あざやかな紫みの赤。［**vv-pR**］

305 ルビーレッド
JIS

英　ruby red

10RP 4 / 14　**C**0 **M**90 **Y**40 **K**15

ルビーのような濃紅色。▽あざやかな紫みの赤。［**vv-pR**］▼ルビーは赤色の鋼玉（天然のアルミニウムの酸化鉱物）。濃紅色で透明なものが優良で、宝石として珍重される。七月の誕生石。紅玉（こうぎょく）。紅玉石。

*牧羊神（1920）〈上田敏訳〉薔薇連禱「紅玉色（リュビイいろ）の薔薇の花、轎（のりもの）で練ってゆく印度の姫君」

306 コチニールレッド
JIS

英　**cochineal red**

10RP　4 / 12　　**C**0 **M**90 **Y**40 **K**20

中南米に分布し、サボテンに寄生するエンジムシ（コチニールカイガラムシ）の雌を乾燥して粉末としたもの。紅色の染料で、顔料としても用いられる。▽あざやかな紫みの赤。[**vv-pR**] ▼かつては「洋紅（ようこう・ようべに）」の訳語が与えられたので、その文献例もあわせ掲げた。

＊和英語林集成（初版）（1867）「Yōkō　ヤウコウ　洋紅　Cochineal」

＊新聞雑誌・四五号附録・明治五年（1872）五月「其動物より得るもの『ケルメス』『コチニール』洋紅の如きもの」

＊恋慕ながし（1898）〈小栗風葉〉二三「洋紅（やうべに）の鈍黒（どすぐろ）く焼けた赤提燈が揺々（ゆらゆら）と鳶坂を下りて行ったが」

＊舶来語便覧（1912）〈棚橋・鈴木〉「コチニール　洋紅、又臙脂虫　Cochineal（英）コチニールは洋紅を製するに用ゐらる介殻虫科の昆虫即臙脂虫の名称にして〈略〉今は人工品もあれば凡ての洋紅はコチニール製とは見做し難し、西洋絵具の一種にして食用菓子に用ゐらる」

＊一房の葡萄（1922）〈有島武郎〉「どの色も美しかったが、とりわけて藍と洋紅（やうこう）とは喫驚（びっくり）するほど美しいものでした」

＊椿（1923）〈里見弴〉「三十を越して独身の女が、洋紅（やうべに）の覆ひを深々とかぶった台電燈（スタンド）のもとで」

307 ローズマダー

英　**rose madder**

9.5RP　3.5 / 13　　**C**0 **M**100 **Y**30 **K**45

顔料のローズマダーの色。▽こい紫みの赤。[**dp-pR**] ▼①ローズマダーは、アントラキノンと水酸化アルミニウムからつくられる紅色を帯びた顔料。②英語の「マダー（madder）」はアカネ（茜）の意。

＊アルス新語辞典（1930）〈桃井鶴夫〉「ローズ・マダー　英　rose madder　薔薇色、深紅色」

308 ラズベリー

英　raspberry

8RP 3/9　**C**0 **M**90 **Y**20 **K**50

ラズベリーはキイチゴの意。キイチゴの実の色。熟して暗紅色になった実の色をいう。▽こい紫みの赤。〔**dp-pR**〕▼ラズベリーは、ヨーロッパおよびアジア原産のバラ科キイチゴ属の低木。果実は淡紅・暗紅・黄色に熟し、食用となる。寒さに強く、果樹としても栽培される。

309 ワインレッド

JIS

英　wine red

10RP 3/9　**C**0 **M**80 **Y**36 **K**50

赤ワインのような色。▽こい紫みの赤。〔**dp-pR**〕▼ワインは、ブドウ（葡萄）をつぶし、酵母を用いて発酵させて造った酒で、起源は古代バビロニアに遡る。ふつうその色から、赤、白、ロゼに大別されるが、単に「ワインカラー」といった場合も、この赤ワインの色をさす。

310 バーガンディー

JIS

英　burgundy

10RP 2/2.5　**C**0 **M**70 **Y**35 **K**80

フランスのブルゴーニュ地方で産する赤ワインのような色。▽ごく暗い紫みの赤。〔**vd-pR**〕▼バーガンディーはブルゴーニュ（Bourgogne）の英語名。フランス中東部の地方名で、中心都市はディジョン（Dijon）。

311 ベビーピンク JIS

英 **baby pink**

4R 8.5 / 4　**C**0 **M**12 **Y**12 **K**0

ベビーは赤ちゃんの意。乳幼児の服の色に好んで使われるやわらかな色調のピンク。▽うすい赤。**[pl-R]**

312 コーラルレッド JIS

英 **coral red**

2.5R 7 / 11　**C**0 **M**42 **Y**28 **K**0

コーラルはサンゴ（珊瑚）の意。サンゴのうち、特にアカサンゴのような赤い色をいう。▽明るい赤。**[lt-R]** ▼さらに淡いモモイロサンゴのような色は「コーラルピンク」と呼び区別される。

313 ピンク JIS

英 **pink**

2.5R 7 / 7　**C**0 **M**40 **Y**25 **K**0

「ピンク」はナデシコ科ナデシコ属植物の総称で、ナデシコ（撫子）、カーネーション、セキチク（石竹）などが含まれ、色はセキチクなどの花のような色をいう。▽やわらかい赤。**[sf-R]**

＊社会百面相（1902）〈内田魯庵〉電影・五「丸形の石竹色（ピンク、カラー）のホールランプの下に睦まじく食後の茶を喫んでゐた」

＊女生徒（1939）〈太宰治〉「ピンクの裾の

長い、衿の大きく開いた着物に、黒い絹レエスで編んだ長い手袋をして」
＊羽蟻のいる丘（1956）〈北杜夫〉「髪につけたピンク色の大きなリボンを片手でおさえながら」
＊抱擁家族（1965）〈小島信夫〉「時子は〈略〉男物のピンクのセーターを着こんでいた」
＊月山（1974）〈森敦〉「空は晴れ上がってどこも青く、夕焼けているとも思えないのに、雪肌が淡くピンク色に染まったりしていることがあるのです」

《参　考》

①「ピンク」と「桃色」はごく近い色で、しばしば混同されるが語源を異にする。②性的な事柄にかかわることをいうのは日本の「桃色」に由来する。
＊欣求浄土（1968）〈藤枝静男〉「この若い友人が、自分の感心したというピンク映画を見ることを勧めてくれた」

314 ベゴニア

英　**begonia**

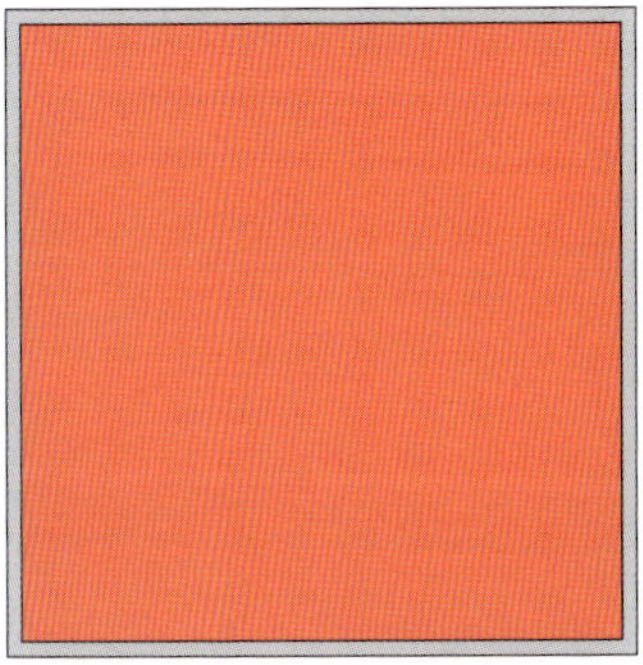

5.5R 6.5 / 10　**C**0 **M**70 **Y**55 **K**0

ベゴニアの花のような色。▽明るい赤。**[lt-R]** ▼ベゴニアは、シュウカイドウ科シュウカイドウ属（ベゴニア属）の植物の総称。多年草または小低木。園芸品種が非常に多く、葉や花を観賞するため鉢植えなどで栽培される。花色には、白・黄・赤・紫などがあるが、そのうち赤い花の色にちなむ色名。

315 シュリンプピンク

英　**shrimp pink**

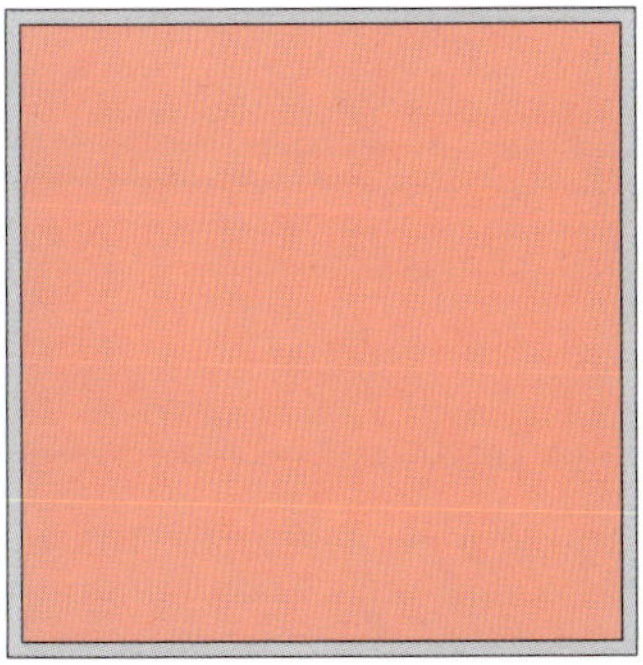

5R 6.5 / 8.5　**C**0 **M**50 **Y**35 **K**0

シュリンプは小型のエビ（海老）。ゆでたエビのようなピンク色。▽やわらかい赤。**[sf-R]**

316 オールドローズ

JIS

英 **old rose**

1R 6 / 6.5　**C**0 **M**50 **Y**23 **K**15

灰色がかった薔薇色。▽やわらかい赤。**[sf-R]** ▼オールド（old）は、昔の、くすんだ、鈍いなどの意。

＊大阪の宿（1925-26）〈水上滝太郎〉九・一「手編らしいオールド・ローズの長い毛糸の肩かけをしてゐた」

＊卍（1928-30）〈谷崎潤一郎〉七「封筒縦四寸五分。横二寸三分。オールドローズの地色の中央に」

317 ローズ

JIS

英 **rose**

1R 5 / 14　**C**0 **M**87 **Y**45 **K**0

ローズはバラ（薔薇）の意。西洋の赤いバラのような色。▽あざやかな赤。**[vv-R]**

＊小さき室内美術（1926）〈森谷延雄〉はしがき「床の色は朱色天井は薄い紫で、壁の掛裂は黄味の這入ったローズ色のスポンヂクロス」

＊風にそよぐ葦（1949-51）〈石川達三〉前・一三「うすいローズのスエターにグレイのスカートをはいている」

＊黯い潮（1950）〈井上靖〉四「ローズ色の紗の帯が、大きい渦巻を散らした青っぽい縮みの着物を、かっきり二つに割って」

＊自由学校（1950）〈獅子文六〉夏の花咲く「ローズ色に塗った壁に、灰色と淡青色で、花模様がかいてあるのは、三色版のローランサンといった調子で」

＊贅沢貧乏（1960）〈森茉莉〉「洋盃の後には鳥の模様を置いたロオズ色の陶器が、映ってゐる」

318 ポピーレッド

JIS

英　**poppy red**

4R 5 / 14　　**C**0 **M**85 **Y**60 **K**0

ポピーはケシ（罌粟）の意。ケシの花のような赤い色。▽あざやかな赤。［**vv-R**］▼ケシは、ケシ科の一、二年草。ケシの花には白・黄・紫などさまざまな色があるが、そのうち特にオレンジがかったつよい赤にちなむ色名。果実は球形で黄褐色に熟し、未熟のものからはアヘンの原料になる乳液を採る。また、種子からはけし油をつくる。日本へは室町時代に伝来したといわれるが、現在は栽培が制限されている。

319 レッド

JIS

英　**red**

5R 5 / 14　　**C**0 **M**80 **Y**60 **K**0

レッドは赤の意。火や血やルビーのような色の総称。可視光線スペクトルの長波長の色。基本色名の一つで、また、光の三原色の一つ。▽あざやかな赤。［**vv-R**］

＊舶来語便覧（1912）〈棚橋一郎・鈴木誠一〉「レッド　赤　Red（英）色の名」

＊黯い潮（1950）〈井上靖〉四「ライトレッドにクロームイエロウを混ぜると、かういふ色にはなる」

320 トマトレッド

JIS

英　**tomato red**

5R 5 / 14　　**C**0 **M**80 **Y**65 **K**0

熟したトマトの実のような色。完熟トマトの赤色。▽あざやかな赤。［**vv-R**］▼トマトは、ナス科の一年草。中央アメリカ原産で、重要な果菜として世界各地で栽培される。日本への伝来は江戸時代で、「大和本草（1709）六」に「唐がき」という名で現われる。「実はほうづきより大にして」とあり、今日のトマトよりかなり実が小さく、もっぱら観賞用であった。食用としての栽培は、新品種が再輸入された明治期以降である。

321 シグナルレッド
JIS

英　signal red

4R 4.5 / 14　　C0 M90 Y65 K0

標準的な赤を用いている交通信号の停止の赤による名。▽あざやかな赤。［vv-R］▼特に、彩度の高さが要求される色。

322 ストロベリー
JIS

英　strawberry

1R 4 / 14　　C0 M90 Y40 K10

ストロベリーはイチゴ（苺）の意。イチゴの実のような色。▽あざやかな赤。［vv-R］▼和色名の「苺色（いちごいろ）」よりも少し赤みのつよい色。

323 カーマイン
JIS

英　carmine

4R 4 / 14　　C0 M100 Y65 K10

サボテンに寄生するエンジムシ（コチニールカイガラムシ）の雌からとった色素のあざやかな紅色。また、その染色。顔料名として「カーミン」がある。「カルミン」とも。▽あざやかな赤。［vv-R］▼①「コチニールレッド」と染料の成分は同じだが、よりあざやかな紅色をいう。また、「外来語辞典（1914）〈勝屋英造〉」に「カーミン　Carmin（英）洋紅」とあるように、同じく「洋紅」と訳された。②語源は「クリムソン」と同じ。

324

チェリー

英 **cherry**

3R 4/12　**C**0 **M**90 **Y**60 **K**10

チェリーはサクランボ（桜桃）の意。サクランボの実の色による名。「チェリーレッド」とも。▽つよい赤。［**st-R**］

325

ゼラニウムレッド

英 **geranium red**

5R 4/12　**C**0 **M**80 **Y**63 **K**5

ゼラニウムの花のような赤色。ゼラニウムには、赤・白・ピンク・赤紫などさまざまな花色の園芸品種があるが、そのうち赤い花の色にちなむ。▽つよい赤。［**st-R**］▼ゼラニウムは、フクロソウ科の多年草。南アフリカ原産で、日本へは江戸末期に渡来し、鉢植え、切花用などに栽培される。

326

マホガニー

英 **mahogany**

5R 3/4　**C**0 **M**70 **Y**50 **K**70

マホガニーの材の色による名。▽暗い灰みの赤。［**dg-R**］▼マホガニーは、センダン科の常緑大高木。北アメリカ南部、西インド諸島に生える。高さは三〇メートルに達し、樹皮は赤褐色ではげ落ちる。材は堅く光沢があり、水に強く、優良な木材として家具などに使われる。

327 マルーン JIS

英 **maroon**

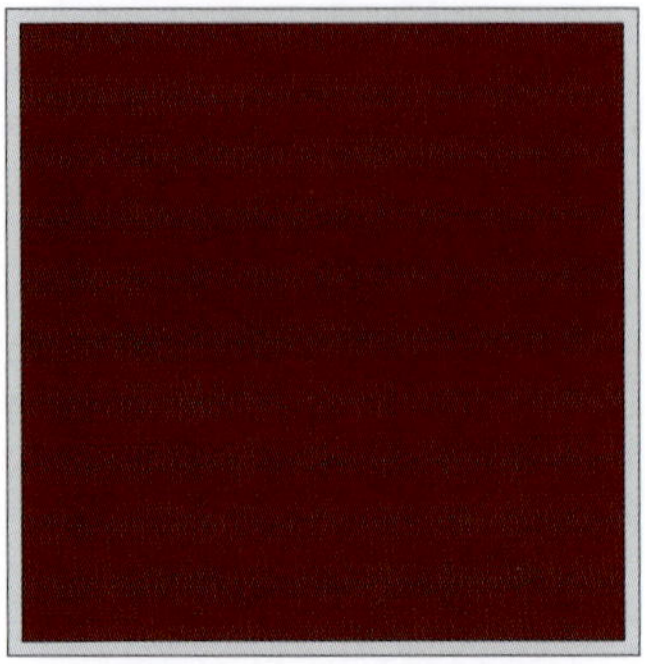

5R 2.5 / 6　**C**0 **M**80 **Y**60 **K**70

暗い赤みを帯びた茶色の大形の西洋栗による名。フランス語の「マロン（marron）」からきた語。▽暗い赤。**[dk-R]**

328 ボルドー JIS

英・仏 **bordeaux**

2.5R 2.5 / 3　**C**0 **M**80 **Y**50 **K**75

ボルドーワインのような色。▽ごく暗い赤。**[vd-R]** ▼ボルドーはフランス南西部、ガロンヌ川に臨む河港都市で、周辺で生産されるワイン（ボルドーワイン）の集散地。特に赤ワインは世界的に名高く、色名に用いられているのはその色。

329 サーモンピンク JIS

英 **salmon pink**

8R 7.5 / 7.5　**C**0 **M**40 **Y**40 **K**0

サーモンはサケ（鮭）の意。サケの肉の色による名。オレンジがかったピンク色。▽やわらかい黄みの赤。**[sf-yR]**

＊歌仙（1952）〈石川淳〉「ネクタイのサーモンピンク春浅し」

330

フラミンゴ

英　flamingo

8R 6.5 / 10　**C**0 **M**55 **Y**45 **K**0

フラミンゴの羽毛の色。▽明るい黄みの赤。**[lt-yR]** ▼フラミンゴは、フラミンゴ科の鳥の総称。首と足が非常に細長く、足には水かきがあり、「く」の字に曲がったくちばしを持つ。羽色はふつう淡赤色で、種類によって濃淡がある。集合性が強く、群れをなして生活する。

331

インディアンレッド

英　Indian red

6.5R 6.5 / 9.5　**C**0 **M**50 **Y**50 **K**0

インド、ベンガル地方産の酸化鉄粘土から製した顔料（ベンガラの一種）の色。▽明るい黄みの赤。**[lt-yR]** ▼「インド（印度）赤」と訳される。

＊外来語辞典（1914）〈勝屋英造〉「インヂアン・レッド Indian red（英）紫色を帯ぶる赤色の顔料にして、製図上レーキと混用し煉化石を現はすなどに用う。印度赤」

332

バーミリオン

JIS

英　vermilion

6R 5.5 / 14　**C**0 **M**75 **Y**75 **K**0

硫化水銀を主成分とする黄色みを帯びた赤色の顔料。また、それから製する絵の具やその色。▽あざやかな黄みの赤。**[vv-yR]**

＊新らしい言葉の字引（1918）〈服部嘉香・植原路郎〉「ヴァーミリオン Vermilion（英）朱」

＊小さな蠣瀬川のほとり（1948）〈上林暁〉「バーミリオンだとか、エローオーカーだとか、〈略〉絵の具の名も覚えた」

333 スカーレット
JIS

英 **scarlet**

7R 5 / 14　**C**0 **M**80 **Y**75 **K**0

和色名の「緋色（ひいろ）」「真紅（しんく）」「猩々緋（しょうじょうひ）」などに当たるとされている色。▽あざやかな黄みの赤。**[vv-yR]**

＊小学生徒改良衣服裁縫伝授（1886）〈松平幾子・久永廉蔵〉「緋の色の染料はポンソーなり、赤いスカーレットか又はルービンを用ひ」

＊駅夫日記（1907）〈白柳秀湖〉二五「スカレット色の燃えるやうな表紙に」

334 ファイアーレッド

英 **fire red**

8R 4.5 / 13　**C**0 **M**80 **Y**80 **K**0

ファイアーは火の意。火のような赤い色。▽あざやかな黄みの赤。**[vv-yR]**

335 テラコッタ
JIS

英 **terracotta**

7.5R 4.5 / 8　**C**0 **M**57 **Y**52 **K**30

テラコッタは元来イタリア語で「焼いた（cotta）＋土（terra）」の意。高温で粘土を焼成して作った塑像、器などの色、また、装飾用の素焼きの陶器などの色をいう。▽くすんだ黄みの赤。**[dl-yR]**

336

カージナルレッド

英　cardinal red

7.5R 3.5 / 12　　**C**0 **M**95 **Y**95 **K**30

カージナルは、ローマ・カトリック教会の枢機卿の意。枢機卿がまとう真紅の衣服の色。▽こい黄みの赤。［**dp-yR**］▼アメリカでは、小鳥のカージナル（猩々紅冠鳥）の羽色を連想することが多いという。

337

ガーネット

英　garnet

6R 2 / 5.5　　**C**0 **M**80 **Y**50 **K**70

宝石のガーネットのような暗い赤色。▽暗い黄みの赤。［**dk-yR**］▼ガーネットは、マグネシウム・マンガン・鉄・カルシウム・アルミニウムなどを含む珪酸塩鉱物で、「柘榴石（ざくろいし）」ともいう。色は、黄・赤・緑・黒などさまざまで、おもに研磨剤に用いられるが、美しいものは磨いて宝石とする。深紅色のものは一月の誕生石であり、その色にちなむ色名。

338

シェルピンク

JIS

英　shell pink

10R 8.5 / 3.5　　**C**0 **M**15 **Y**16 **K**0

シェルは貝殻の意。サクラガイ（桜貝）などの貝殻の内側にみられるようなピンク色をいう。▽ごくうすい黄赤。［**vp-O**］

339 ネールピンク
JIS

英　**nail pink**

10R 8 / 4　　**C**0 **M**16 **Y**20 **K**0

ネールは爪の意。人の爪のような色。健康な爪にみられる、生き生きとしたピンク色をいう。▽うすい黄赤。[**pl-O**]

340 チャイニーズレッド
JIS

英　**Chinese red**

10R 6 / 15　　**C**0 **M**65 **Y**75 **K**0

中国の朱塗りの色。中国の辰地方（現在の湖南省）で採れた赤色顔料の水銀朱「辰砂」による赤。中国ではこの系統の赤が好まれ、多用されている。▽あざやかな黄赤。[**vv-O**]

341 キャロットオレンジ
JIS

英　**carrot orange**

10R 5 / 11　　**C**0 **M**67 **Y**80 **K**10

キャロットはニンジン（人参）の意。ニンジンの根のような橙黄色。▽つよい黄赤。[**st-O**] ▼ニンジンは、セリ科の二年草。ヨーロッパ原産の西洋種と中央アジア原産の東洋種があり、日本へは中国を経て伝わった。主要な野菜の一つとして古くから栽培されている。料理・菓子・ジュースなど幅広く利用される。

342 バーントオレンジ

英 burnt orange

0.5YR 5 / 11　　**C**0 **M**70 **Y**50 **K**20

ふつうより濃いオレンジ色。▽つよい黄赤。[**st-O**] ▼バーントは「焼いた」「焦がした」の意であるが、色名に冠して「ふつうより濃い」「鼠色がかった」などの意味を付加する言葉。

343 チョコレート

JIS

英 chocolate

10R 2.5 / 2.5　　**C**0 **M**60 **Y**60 **K**75

チョコレートのような色。「チョコレートブラウン」とも。▽ごく暗い黄赤。[**vd-O**] ▼チョコレートは、カカオの実を煎って粉にし、砂糖・脂肪・香料などを加えて型に入れて固めた菓子。白いホワイトチョコレートもあるが、一般には焦げ茶色をイメージする。

*黒い眼と茶色の目（1914）〈徳富蘆花〉七・三「寺町通りの彼（かの）チョコレート色の格子戸を潜って、敬二は玄関の銅羅を鳴らした」

*桐畑（1920）〈里見弴〉病犬・四「地べたにべったり倒れてゐるチョコレエト色（いろ）のペスの在所（ありか）は」

*あの道この道（1928）〈十一谷義三郎〉一「女房は、チョコレート色に日焦（ひや）けした小さい首を持った女で、土方の鮹引（たこひき）に通ってる」

*不在地主（1929）〈小林多喜二〉四「何か牧歌的な、うっとりするやうな甘い、美しさで想像してゐたチョコレート色の藁屋根の百姓家」

*医師高間房一氏（1941）〈田畑修一郎〉一・三「ペタルの上で、ブレーキを踏んでゐるチョコレート色の短靴」

*小説太宰治（1949）〈檀一雄〉「寿美ちゃん、チョコレートの靴墨持っていない？」

344

バーントシェンナ

JIS

英　**burnt sienna**

10R　4.5 / 7.5　　**C**0 **M**67 **Y**70 **K**35

バーントシェンナは焼いたシエナ土の意で、シエナ土を焼いたような赤みのつよい茶色。シエナ土は酸化鉄、粘土、砂などの混合した顔料。▽くすんだ黄赤。[**dl-O**] ▼①バーントは、土性顔料を焼いて、色相を濃くした場合や、色がふつうより濃い、鼠色がかった場合などにいう。②焼かない「シエナ土」は黄褐色で、「ローシェンナ（raw sienna）」という。

→349 ローシェンナ。

345

フレッシュ

英　**flesh**

4YR　8.5 / 3　　**C**0 **M**10 **Y**18 **K**0

フレッシュは、肌の色の意。人肌のような色。▽ごくうすい黄赤。[**vp-O**] ▼フレッシュの元来の意味は肉、肉体。

346

ピーチ

JIS

英　**peach**

3YR　8 / 3.5　　**C**0 **M**20 **Y**30 **K**0

ピーチはモモ（桃）の意。モモの果肉のような色。実は熟してやや灰色がかった黄赤色となるが、その色にちなむ。▽明るい灰みの黄赤。[**lg-O**] ▼日本語で「桃色」という場合は、花の淡紅色をさす。英語で花の色をさす場合は「ピーチブロッサム（peach blossom）」という。

347 アプリコット

JIS

英 apricot

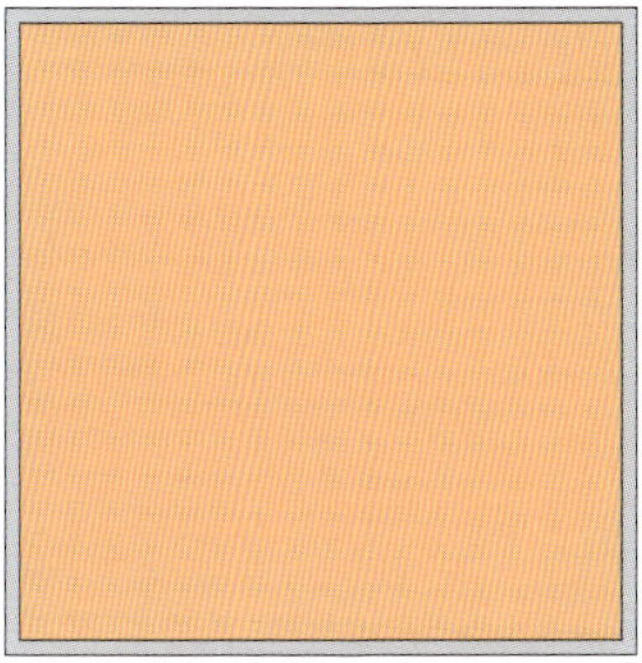

6YR 7 / 6 **C**0 **M**35 **Y**52 **K**0

●アプリコットはアンズ（杏・杏子）の意。アンズの熟した実のような色。▽やわらかい黄赤。[**sf-O**]

＊若いセールスマンの恋（1954）〈舟橋聖一〉八・二「アプリコットのオープン・カラアの下に、岡さんがつけて行ったに違ひないキッス・マークが覗かれた」

348 オレンジ

JIS

英 orange

5YR 6.5 / 13 **C**0 **M**60 **Y**100 **K**0

●オレンジの果皮のような色。▽あざやかな黄赤。[**vv-O**] ▼オレンジは、ミカン科の常緑小高木。

＊金色夜叉（1897-98）〈尾崎紅葉〉中・一「橙色（オレンヂいろ）のリボン」

＊青年（1910-11）〈森鷗外〉四「オレンジ色の日が枕の処まで差し込んで」

＊外来語辞典（1914）〈勝屋英造〉「オレンジ Orange（英）橙。樺色」

＊一兵卒の銃殺（1917）〈田山花袋〉三二「黎明のオレンジ色の空が美しく朗かな朝を予想させる頃」

＊抒情歌（1932）〈川端康成〉「ピンク色の光は愛の光、青色はほんたうに心を癒（いや）す光、それからオレンヂは智慧の光」

＊浮雲（1949-50）〈林芙美子〉一二「太陽はオレンヂ色にふちどりして、〈略〉山の方へかたむきかけてゐた」

＊ゴッホの手紙（1951-52）〈小林秀雄〉「髪の美しさを誇張する、オレンヂの色調」

＊女であること（1956）〈川端康成〉白いしやくやく「その改札口のそとに、オレンジ色のスカアフで頭をつつんださかえが、しょんぼり立ってゐた」

349 ローシェンナ
JIS

英 raw sienna

4YR 5 / 9　**C**0 **M**55 **Y**80 **K**15

酸化鉄、粘土、砂などの混合した顔料用の土（シエナ土）のような色。▽つよい黄赤。[st-O] ▼①シエナ土は、元来イタリア中部トスカーナ州シエナ市（Siena）周辺で産したところからの名。②ロー（raw）は「原料のまま」の意。→344バーントシェンナ。

＊湯女（1898）〈内田魯庵〉「処々（ところどころ）禿げた巌角（いはかど）のローシーンナ色と反映する景色は」

350 タン
JIS

英 tan

6YR 5 / 6　**C**0 **M**45 **Y**70 **K**30

タンは皮をなめす意、また、そのなめしたタン皮の意。タンニンでなめした牡牛の皮のような色。明るい茶のなめし革のような色。▽くすんだ黄赤。[dl-O] ▼タンニンは、植物の樹皮、枝葉、果実、心材、根などから水で抽出して得られる物質。水によく溶け、獣皮と結合して皮の角質化をおさえるので、なめし剤として用いられる。

351 コーヒーブラウン

英 coffee brown

5YR 4 / 4　**C**0 **M**50 **Y**60 **K**60

コーヒーのような色。▽暗い灰みの黄赤。[dg-O] ▼コーヒーは、コーヒーノキの種子（コーヒー豆）を煎って粉に挽いたものを、煮だしたり蒸気を通したりしてつくった飲料。カフェインを含むため覚醒作用のある嗜好品。

352 バンダイクブラウン

英 **Vandyke brown**

3YR 4 / 3.5 **C**0 **M**50 **Y**55 **K**50

一七世紀のフランドルの画家バンダイク（Vandyke, Van Dyck）が好んで用いた褐色。▽暗い灰みの黄赤。**[dg-O]**

＊新らしい言葉の字引（1918）〈服部嘉香・植原路郎〉「ヴァンダイク・ブラウン Vandyke brown（英）焦茶色」

353 ラセットブラウン

英 **russet brown**

5YR 3.5 / 8 **C**0 **M**70 **Y**100 **K**45

赤みを帯びた茶褐色。▽こい黄赤。**[dp-O]** ▼ラセットは、「小豆色」「黄褐色」「薄茶色」「赤褐色」などと訳される語。語源的には錆（rust）などと同じく「赤」に通じ、赤系から茶系の色を幅広くさす。

354 ヘンナ

英 **henna**

3.5YR 3.5 / 7 **C**0 **M**70 **Y**85 **K**45

ヘンナはシコウカ（指甲花）の意。シコウカの葉から作った染料のような色。▽暗い黄赤。**[dk-O]** ▼シコウカは、ミソハギ科の低木。北アフリカからアジア西南部にかけて野生し、熱帯各地で花木・香料・染料用に広く栽培される。和名は、古来、葉を指の爪、皮膚、髭などを染める黄色染料、顔料（ヘンナ染料）に用いたことによる。

355

ココアブラウン

JIS

英　**cocoa brown**

2YR 3.5 / 4　　**C**0 **M**45 **Y**45 **K**55

ココアのような色。▽暗い灰みの黄赤。**[dg-O]** ▼ココアは、カカオの実を煎り、皮を取って粉にしたもの。また、それを湯にとかした飲料。ふつう、砂糖やミルクを加えて飲む。

356

ブラウン

JIS

英　**brown**

5YR 3.5 / 4　　**C**0 **M**40 **Y**50 **K**55

赤と黄の間の暗い色全般をさす。日本語の「茶色」と同様に広い範囲の色を示す。▽暗い灰みの黄赤。**[dg-O]**

＊西洋料理通（1872）〈仮名垣魯文〉三「第三十六等　フラウンと云色に製す」

＊波（1928）〈山本有三〉子・三・一二「コスチュームもライトブラウンで統一した」

＊外燈（1952）〈永井龍男〉花の指紋「インディヤン・ヘッドのブラウン」

357

エクルベージュ

JIS

英　**ecru beige**

7.5YR 8.5 / 4　　**C**0 **M**8 **Y**20 **K**4

元来はフランス語で、エクルはさらしていない麻や絹の色をいい、ベージュは漂白や染色をしていない自然のままの羊毛の色をいう。ここでは「エクルのようなベージュ（ごく薄い茶色）」の意。単に「エクル」「エクリュ」とも。▽うすい赤みの黄。**[pl-rY]** ▼日本語の「生成（きなり）」に相当する色名。

358 マリーゴールド JIS

英 **marigold**

8YR 7.5 / 13　　**C**0 **M**50 **Y**95 **K**0

マリーゴールド（マリゴールドとも）の花のような色。▽あざやかな赤みの黄。［**vv-rY**］▼マリーゴールドは、キク科タゲテス属（Tagetes）の英語名。フレンチマリーゴールド、メキシカンマリーゴールド、アフリカンマリーゴールドなど多数の園芸種がある。

359 マンダリンオレンジ JIS

英 **mandarin orange**

7YR 7 / 11.5　　**C**0 **M**40 **Y**90 **K**5

中国原産のミカン、マンダリンのような色。▽つよい赤みの黄。［**st-rY**］▼中国清朝の高級官吏がこの色の服を着ていたところからの名。

360 ゴールデンイエロー JIS

英 **golden yellow**

7.5YR 7 / 10　　**C**0 **M**35 **Y**70 **K**0

ゴールデンは、金色の、また、黄金のように輝く色の、の意。金色に近い印象を与えるあざやかな黄色をいう。▽つよい赤みの黄。［**st-rY**］

361 シャンパン

英・仏 champagne

8YR 7 / 3　C0 M20 Y40 K10

● シャンパンのような色。▽明るい灰みの赤みを帯びた黄。[lg-rY] ▼シャンパンは、発泡性白ワイン。元来はフランス北東部シャンパーニュ地方の特産であったところからの名。

362 ベージュ

JIS

英・仏 beige

10YR 7 / 2.5　C0 M10 Y30 K10

● 元来フランス語で、漂白したり染色したりしていない、自然のままの羊毛の色をいう。「ベージ」とも。▽明るい灰みの赤みを帯びた黄。[lg-rY] ▼現在では、ごく薄い茶色全般をさす色名になっている。

*恋人たちの森 (1961)〈森茉莉〉「薄茶(ベエジュ)のバアバリのコオトの立てた襟から、橄欖(オリイヴ)地に伊太利(イタリア)模様のマフラアを覗かせ」

*されどわれらが日々 (1963)〈柴田翔〉第三の章「その頃流行しはじめた尖のとがったベージュの女靴が、玄関の踏み石の上に揃えてあった」

*蒼ざめた馬を見よ (1966)〈五木寛之〉一「靴の下には、ベージュ色の上質のカーペットの吸いこまれるような感触がある」

*白く塗りたる墓 (1970)〈高橋和巳〉五「窓はカーテンが二重になっていて、ベージュ色の紗の帳と白いレースが、窓の両わきに垂れ」

*さい果て (1964-71)〈津村節子〉二「ベージュのダスターコートを着た彼が、〈略〉リヤカーをひいて来る姿が、行きずりの人々の目をひいている」

*ふたりとひとり (1972)〈瀬戸内晴美〉「女客はベージュ色の薄いジョーゼットのスカーフをかぶったまま」

*週末 (1974)〈坂上弘〉「翌朝、雨戸を開けてみると、ベージュの花軸の枇杷の花は、盛りのように白い色をつけていた」

363 パンプキン

英 pumpkin

8.5YR 6.5 / 11　**C**0 **M**40 **Y**70 **K**10

パンプキンは、カボチャ（南瓜）の意。カボチャの果肉のような色。▽つよい赤みの黄。[**st-rY**] ▼カボチャは、ウリ科の蔓性一年草。アメリカ大陸原産で、天正年間（一五七三〜九二）に、中国を経て九州に渡来。その後日本各地に広まり、重要な野菜として栽培される。果実と種子を食用とする。はじめカンボジア原産と考えられていたところからカボチャの名がつけられた。

364 バフ

JIS

英 buff

8YR 6.5 / 5　**C**0 **M**24 **Y**50 **K**25

ウシ（牛）、シカ（鹿）などの皮から作った揉み革のような色。▽やわらかい赤みの黄。[**sf-rY**] ▼日本語では「黄褐色」と翻訳されることが多い。

＊スパニエル幻想（1960）〈阿川弘之〉「血統書つきの、バフのコッカー・スパニエルで、もう生後満三年と一ケ月、人間で言えば大方三十を出た立派な婦人ではないか」

365 ビスケット

英 biscuit

8YR 6.5 / 3　**C**0 **M**20 **Y**40 **K**30

菓子のビスケットのような薄い茶色。▽灰みの赤みを帯びた黄。[**mg-rY**] ▼ビスケットは、小麦粉を主材料にした焼き菓子。

366 イエローオーカー
JIS

英 yellow ochre

10YR 6 / 7.5 **C**0 **M**30 **Y**80 **K**30

黄色がかった黄土色。オーカーは「オークル」ともいい、黄土をさし、黄土色を表わす。▽こい赤みの黄。[**dp-rY**]

＊音引正解近代新用語辞典（1928）〈竹野長次・田中信澄〉「オークル Ochre 英 淡黄赭色（うすきあかいろ）を云ふ」

＊小さな蠣瀬川のほとり（1948）〈上林暁〉「バーミリオンだとか、エローオーカーだとか、〈略〉絵の具の名も覚えた」

367 アンバー
JIS

英 amber

8YR 5.5 / 6.5 **C**0 **M**40 **Y**60 **K**30

アンバーは琥珀（こはく）の意。琥珀のような色。▽くすんだ赤みの黄。[**dl-rY**] ▼天然の褐色顔料アンバー（umber）は別語。↓377バーントアンバー・392ローアンバー

368 ヘーゼルブラウン

英 hazel brown

7.5YR 5.5 / 6.5 **C**0 **M**40 **Y**65 **K**30

ヘーゼルはハシバミ（榛）の意。ハシバミの実の色。▽くすんだ赤みの黄。[**dl-rY**] ▼ハシバミは、カバノキ科の落葉低木。日当たりのよい山野に生え、実はドングリ状で、葉状の総苞に包まれ食べられる。ヨーロッパでは果実を採るために栽培もされる。

369 コルク
JIS

英　cork

7YR 5.5 / 4　**C**0 **M**30 **Y**50 **K**30

コルクのような色。▽くすんだ赤みの黄。[**dl-rY**] ▼①コルクは、樹皮の外側に発達する植物体の保護組織の一種。軽くて弾力性に富み、熱・電気・音・水などに優れた耐性を示すため、びんの栓・防音材・保温材などに利用される。地中海沿岸に生育するコルクガシ（ブナ科の常緑大高木）から良質のものがとれる。②日本語のコルクはオランダ語kurkからで、「キョルク」「キュルク」「キルク」とも書き表わされた。

370 キャメル

英　camel

7.5YR 5.5 / 4　**C**0 **M**30 **Y**55 **K**30

キャメルはラクダ（駱駝）の意。ラクダの毛でカシミア織にした高級な洋服地の色。▽くすんだ赤みの黄。[**dl-rY**] ▼ラクダは、ラクダ科の哺乳類。日本でも、江戸時代以前から知られていたが、毛織物やその色名が一般化したのは近代に入ってから。

*外燈（1952）〈永井龍男〉一つ手前「キャメルのナイト・ガウンをまとった千鶴子が、ドアの脇から覗き見していた」

371 トパーズ

英　topaz

0.5Y 5 / 9　**C**0 **M**45 **Y**95 **K**20

宝石のトパーズ（黄玉）のような黄色。▽こい赤みの黄。[**dp-rY**] ▼トパーズは、一一月の誕生石。

*牧羊神（1920）〈上田敏訳〉薔薇連禱「黄玉色（トパアズいろ）の薔薇の花、忘られてゆく伝説の姫君」

*智恵子抄（1941）〈高村光太郎〉レモン哀歌「あなたのきれいな歯ががりりと嚙んだトパァズいろの香気が立つ」

372 シナモン

英 cinnamon

9.5YR 5 / 6　**C**0 **M**50 **Y**90 **K**35

シナモンは、ニッケイ（肉桂）の意。ニッケイの樹皮を乾燥させ粉抹にしたシナモンパウダーの色。▽くすんだ赤みの黄。**[dl-rY]** ▼ニッケイは、クスノキ科の常緑高木。芳香性の樹皮は香辛料として古くから利用されている。紅茶などの飲料にシナモンスティックで風味をつけたり、シナモンパウダーで菓子に香りづけをするなど幅広い用途がある。

373 カーキー

JIS

英 khaki

1Y 5 / 5.5　**C**0 **M**25 **Y**60 **K**35

カーキーは、もとヒンディー語で「泥土色」の意。軍服に用いられることが多い。「カーキ」とも。▽くすんだ赤みの黄。**[dl-rY]**

*風俗画報・二九三号（1904）伏見宮御凱旋「此日殿下はカーキー色の御略服を召させられ」

*青春（1905-06）〈小栗風葉〉秋・一四「真深（まぶか）に冠ったカアキー色の軍帽」

*哀しき父（1912）〈葛西善蔵〉一「カーキ色の兵隊を載せた板橋火薬庫の汚ない自動車がガタガタと乱暴な音を立てて続いて来るのに会ふこともあった」

*紐育（1914）〈原田棟一郎〉大統領選挙日の夜「正規軍はカーキー色の最近式服装であるが、民兵（ミリシア）は各州とも大抵紺青の服、外套だけはカーキー色が多かった」

*色ざんげ（1933-35）〈宇野千代〉「カーキ色の詰襟を着てゲートルを捲いてゐる」

*東京八景（1941）〈太宰治〉「カアキ色の団服を着ていそがしげに群集を掻きわけて歩き廻ってゐる老人を、つかまへて尋ねると」

*播州平野（1946-47）〈宮本百合子〉四「その拍子に〈略〉カーキ服の男の腕に目がとまった」

*試みの岸（1969-72）〈小川国夫〉試みの岸「丸頸（まるくび）の半晒しのシャツにカーキ色のズボン」

374 フォーン

英　**fawn**

8.5YR 4.5 / 2　　**C**0 **M**20 **Y**30 **K**50

フォーンは子鹿の意。子鹿の毛のような色。▽暗い灰みの赤みを帯びた黄。[**dg-rY**]

375 ブロンズ

JIS

英　**bronze**

8.5YR 4 / 5　　**C**0 **M**45 **Y**80 **K**45

ブロンズは青銅の意。青銅のような茶褐色。▽暗い赤みの黄。[**dk-rY**]

《参　考》

和色名では「青銅色」が相当する。

＊五国対照兵語字書（1881）〈西周〉「Bronzer〈略〉青銅色ニスル」

＊放浪時代（1928）〈龍胆寺雄〉一・四「『この受信器（セット）はこれで幾らぐらゐするんです』と、青銅色（せいどうしょく）に著色した木箱を指した」

376 チェスナットブラウン

英　**chestnut brown**

7.5YR 3 / 3.5　　**C**0 **M**60 **Y**90 **K**70

チェスナット（「チェストナット」とも）は西洋栗の意。西洋栗の実の色。▽ごく暗い赤みの黄。[**vd-rY**] ▼熟してはぜた実の皮の赤褐色にちなむが、マルーンより黄色みがつよい色合いにいう。

377 バーントアンバー
JIS

英 burnt umber

10YR 3 / 3　C0 M30 Y50 K65

天然顔料アンバーを焼いた色。クレヨンおよびパスの色名。▽ごく暗い赤みの黄。[vd-rY] ▼①アンバーは天然の褐色顔料。二酸化マンガン、ケイ酸塩などを含む水酸化鉄を主成分とする顔料用の土。元来は、イタリア中部のウンブリア州（Umbria）に産したところからの名。塗料、絵の具の原料に用いる。「ウンブラ」とも。②焼いていないものは「ローアンバー」という。→392ローアンバー。

378 セピア
JIS

英 sepia

10YR 2.5 / 2　C0 M36 Y60 K70

セピアはギリシア語のイカ（烏賊）に由来。イカの墨から製する絵の具の色。また、黒や紅殻などの混合物から成る市販の絵の具の色をいう。「セピヤ」とも。▽ごく暗い赤みの黄。[vd-rY] ▼モノクロ写真は、古くこのセピア色で印画された。

＊落梅集（1901）〈島崎藤村〉雲「洋画に用ふる『セピア』の色彩に似たりき」

＊倫敦塔（1905）〈夏目漱石〉「余はまだ眺めて居る。セピア色の水分を以て飽和したる空気の中にぼんやり立って眺めて居る」

＊坊っちゃん（1906）〈夏目漱石〉五「浜の方は靄（もや）でセピヤ色になった。いい景色だ」

＊野分（1907）〈夏目漱石〉三「深い碧りの上へ薄いセピヤを流した空のなかに」

＊思ひ出（1911）〈北原白秋〉わが生ひたち「『アゲマキ』といふ貝は瀟洒な薄黄色の殻（から）のなかに〈略〉滑稽にもセピア色の褌をしめた小いさな而して美味な生物である」

＊伸子（1924-26）〈宮本百合子〉四・三「伸子は、セピアにやきつけた一枚を渡された。印画としては綺麗に仕上ってゐた」

＊歯車（1927）〈芥川龍之介〉六「するとその店に並んでゐるのはセピア色のインクばかりだった」

＊琵琶湖疏水（1949）〈田宮虎彦〉「水洗いの足りなかったその素人（しろうと）写真はセピア色にいろがうすれていたが」

379

イエロー

JIS

英　**yellow**

5Y 8.5 / 14　**C**0 **M**13 **Y**100 **K**0

イエローは黄色の意。可視光線スペクトルの中で最も明度が高い色。減法混色における三原色（イエロー・マゼンタ・シアン）の一つ。また、基本色名の一つ。▽あざやかな黄。[**vv-Y**]

380

クリームイエロー

JIS

英　**cream yellow**

5Y 8.5 / 3.5　**C**0 **M**5 **Y**35 **K**0

菓子などを作るのに用いるクリームのような黄色。「クリーム色」とも。▽ごくうすい黄。[**vp-Y**] ▼クリームは、牛乳からとった白色の生クリームをいうこともあるが、色名としては、牛乳、卵、小麦粉、砂糖などを混ぜて作ったカスタードクリームの色をさす。

*青春（1905-06）〈小栗風葉〉秋・一〇「自分の纏（まと）って居たクリイム色のレイスのショオルを」

*行人（1912-13）〈夏目漱石〉友達・二九「お兼さんは〈略〉又例のクリーム色の洋傘（かうもり）を開いて帰って行った」

*社会観察万年筆（1914）〈松崎天民〉「袴地は〈略〉海老茶の他に、濃紫、クリーム色、近くは濃鼠色などを見る」

*葱（1920）〈芥川龍之介〉「お君さんは怪しげな紫紺の御召のコオトの上にクリイム色の肩掛をして」

*独房（1931）〈小林多喜二〉豆の話「自動車は昼頃やってきた。〈略〉クリーム色に塗ったナッシュという自動車のオープンで」

*ゴッホの手紙（1951-52）〈小林秀雄〉「被（おほ）ひの散らし模様は、ディアズかモンティセリ風の鳶色、赤に、薔薇に、白に、クリームに、黒に」

*いつか汽笛を鳴らして（1972）〈畑山博〉二「クリーム色の壁と、同色の冷蔵庫の色が蛍光灯の光を受けて艶めいて見えた」

381 ジョンブリアン
JIS

英・仏 jaune brillant

5Y 8.5 / 14　**C**0 **M**13 **Y**100 **K**0

フランス語で「輝くような黄色」を意味する色名。アンチモン酸鉛を主成分とする古い時代の顔料の名が独り歩きし、あざやかな黄色を示すように変わったもの。「ジョンヌブリアン」「ジョーヌブリアン」とも。▽あざやかな黄。[vv-Y]

382 クロムイエロー
JIS

英 chrome yellow

3Y 8 / 12　**C**0 **M**20 **Y**100 **K**0

クロムは金属元素の一つで、クロム酸鉛を主成分とする黄色顔料。また、その顔料から作られる色。黄鉛（おうえん）。「クロームイエロー」とも。▽明るい黄。[lt-Y] ▼鉛を含むため絵の具や塗料には用いられなくなった。

383 サフランイエロー

英 saffron yellow

2Y 8 / 11　**C**0 **M**20 **Y**85 **K**0

乾燥させたサフランの花の柱頭を使って染めた色。▽明るい黄。[lt-Y] ▼サフランは、アヤメ科の多年草。南ヨーロッパ・小アジア地方原産。日本では薬用植物として文久四年（一八六四）ごろから栽培された。秋、若い葉間に芳香のある淡紫色で漏斗状の花が開く。雌しべの柱頭は橙赤色で先は三本に分かれ長く下垂する。その柱頭を乾燥したものは健胃・通経・鎮痙（ちんけい）薬とし、また、菓子や食品の黄色着色料に用いられ

サフランイエロー

る。特に、スペインの炊き込み御飯料理パエリア（paella）の色づけに使われることで有名。

《参　考》

サフラン色といった場合は、秋に咲くサフランの花の色にちなみ、淡紫色をいう。

＊生々流転（1939）〈岡本かの子〉「入口を挟んで両側の壁には明り採りの小窓が開けてあり、湖辺のしら雪をさふらん色に反射してをります」

384 メイズ

英　**maize**

3Y 8 / 8.5　**C**0 **M**15 **Y**70 **K**0

メイズはトウモロコシ（玉蜀黍）の意。トウモロコシの実のような色。▽つよい黄。[st-Y] ▼①トウモロコシは、イネ科の一年草。中米の原産で、世界中で栽培される。偏円形の果実が果穂に規則正しく並び、黄熟する。②トウモロコシをメイズ（maize）というのはイギリス英語。米語ではコーン（corn）が一般的であり、メイズは色名として用いられる。日本ではまだあまりポピュラーでない色名。

385 ネープルスイエロー JIS

英　**Naples yellow**

2.5Y 8 / 7.5　**C**0 **M**18 **Y**70 **K**0

アンチモン酸鉛を主成分とする黄色顔料から作られる色。▽つよい黄。[st-Y] ▼ネープルスは、イタリア半島南部、ティレニア海に臨む港湾都市ナポリ（Napoli）の英語名。ナポリの黄色の意で、イタリアのナポリ近郊から産出する顔料が有名であったところからの名。

386 レグホーン
JIS

英 **leghorn**

2.5Y 8 / 4　　**C**0 **M**8 **Y**36 **K**0

レグホーンは、ニワトリ（鶏）の一品種で、代表的な卵用種。羽色および冠形によって白色・褐色・黒色レグホーンなどに分けられ、そのうち各国で広く飼われている白色レグホーンの羽のような色。「レグホン」とも。▽やわらかい黄。**[sf-Y]** ▼原産地イタリアのリボルノ（Livorno）の英語名レグホーンによる名。リボルノはイタリア中部トスカーナ州の港湾都市。

387 ブロンド
JIS

英 **blond, blonde**

2Y 7.5 / 7　　**C**0 **M**13 **Y**50 **K**5

ブロンドは金髪の意。また特に金髪の女性をさす場合もある。その金髪のような色。▽やわらかい黄。**[sf-Y]** ▼かつては、中国や日本にはこの概念の色は存在しなかった。

*上野公園の油画彫刻会（1891）〈森鷗外〉「岡部昇丸氏の想像人物〈略〉日本種と見ゆるに、其髪『ブロンド』なるは、いかなる故ともわきまへがたかり」

*風俗画報‐二三九号（1901）碇泊「姉なる令嬢（ひめ）にや、ブロンドなる髪の毛」

*あめりか物語（1908）〈永井荷風〉長髪「車を共にして居た金髪（ブロンド）の婦人は其の妻であらうか」

*或る女（1919）〈有島武郎〉前・一〇「その乱れた美しい髪の毛が、夕日とかがやく眩しい光の中で、ブロンドのやうにきらめいた」

*チロルの秋（1924）〈岸田国士〉「僕の髪の毛は、ブロンドぢゃありません」

*ブウランジェ将軍の悲劇（1935-36）〈大仏次郎〉シュネブレ事件・四「美男で、髯がブロンドでヅボンは緋、肋骨の附いた空色の上着」

*夜と霧の隅で（1960）〈北杜夫〉四「ヴェンデヴィッツの、やや灰色がかったブロンドの髪をやけに短く刈りこんだ髪型までが」

*抱擁（1973）〈瀬戸内晴美〉三「染めたのか、自毛なのかわからない見事なブロンドの男の髪を」

388 ストローイエロー

英 **straw yellow**

3Y 7.5 / 5.5 **C**0 **M**15 **Y**60 **K**10

ストローは麦わらの意。麦わらのような黄色。▽やわらかい黄。[sf-Y] ▼麦わらは、刈り取った麦から穂を取り去った茎の部分。屋根をふいたり、麦わら帽子・ストローの材料に用いたりする。

389 バンブー

英 **bamboo**

3.5Y 7.5 / 5 **C**0 **M**15 **Y**65 **K**12

バンブーは、マレー語を語源とし、竹の意。竹材すなわち枯れた竹の色にちなむ、くすんだ黄色。▽やわらかい黄。[sf-Y] ▼日本では、「青竹色」から「枯竹色」まで竹のさまざまな状態にちなんだ色名があるが、竹が分布しないヨーロッパで竹色といえば、この枯れた竹の色となる。

390 マスタード

英 **mustard**

3.5Y 5.5 / 6.5 **C**0 **M**20 **Y**65 **K**40

マスタードは洋芥子（ようがらし）の意。洋芥子のようなくすんだ黄色。▽くすんだ黄。[dl-Y]

391

ハニー

英　honey

3.5Y　6.5 / 7.5　　C0 M20 Y70 K10

ハニーは蜂蜜の意。蜂蜜のような色。▽こい黄。［dp-Y］▼蜂蜜はミツバチが植物の花からとって巣に貯えた蜜。花の種類によって色も変わり、淡黄色から褐色まで幅があるが、ふつうは淡い茶色。糖分がきわめて多く栄養価が高い。食用・薬用とされる。

《参　考》
和色名では「蜂蜜色」が相当する。
＊芽むしり仔撃ち（1958）〈大江健三郎〉七

「雪の上にできた蜂蜜色のしみがゆるやかに融けこみ沈下して行った」
＊白い髪の童女（1969）〈倉橋由美子〉「老人らしからぬつやをもった手が優雅に動いて、蜂蜜色の液体が注がれた」

392

ローアンバー

JIS

英　raw umber

2.5Y　4 / 6　　C0 M30 Y75 K55

天然顔料アンバーのような黄褐色。▽暗い黄。［dk-Y］▼①アンバー（umber）は、二酸化マンガン、ケイ酸塩などを含む水酸化鉄をその主成分とする顔料用の土のことで、元来は、イタリア中部ウンブリア州（Umbria）産の土を使ったところからの名。「ウンブラ」とも。ただし、アンバー（amber）は琥珀の意で別色。②ロー（raw）は「原料のまま」の意。アンバーは焼くと黄褐色から赤褐色に変化し、その色は「バーントアンバー」という。→377バーントアンバー。

＊湯女（1898）〈内田魯庵〉「樹木の欝葱（こんもり）した山が重なり合って、近いのは濃いテレベルト色で、遠い処はローアンバー色をして、折々紫（むらさき）がかった雲烟が其中を往来してゐる」

＊外来語辞典（1914）〈勝屋英造〉「アンバー Umber（英）褐色顔料。濃茶色。黄こげ茶色」

ローアンバー

393 カドミウムイエロー

英 **cadmium yellow**

6Y 8.5 / 12　**C**0 **M**10 **Y**100 **K**0

硫化亜鉛カドミウムを原料とする無機顔料の一つ、カドミウム顔料の黄色。▽あざやかな緑みの黄。**[vv-gY]** ▼古くから使われ、黄色の顔料のなかでは耐熱性にすぐれ安定度が高い。油絵の具に使われる。

394 カナリーイエロー JIS

英 **canary yellow**

7Y 8.5 / 10　**C**0 **M**2 **Y**70 **K**0

カナリヤ（カナリアとも）の羽毛のような黄色。「カナリヤ色」とも。▽明るい緑みの黄。**[lt-gY]** ▼カナリヤは、アトリ科の小鳥。アフリカ大陸の北西、大西洋上に浮かぶカナリー諸島およびその周辺が原産。スズメ大で、ふつう黄色。一六世紀からヨーロッパで品種改良され、愛玩用として広く飼育される。日本には天明（一七八一〜八九）期に渡来した。

395 サルファーイエロー

英 sulphur yellow

8.5Y 8.5 / 8.5　**C**0 **M**0 **Y**70 **K**8

サルファーはイオウ（硫黄）の意。イオウの色。▽明るい緑みの黄。[**lt-gY**] ▼イオウは非金属元素の一つで、黄色、無臭のもろい結晶体。火山地帯に多く産し、火薬・マッチ・医薬品の原料として用いられる。

396 レモンイエロー

JIS

英 lemon yellow

8Y 8 / 12　**C**0 **M**0 **Y**80 **K**0

熟したレモンのような色。クロム酸バリウムまたはクロム酸ストロンチウムから作られる淡黄色の顔料による色。「レモン色」とも。レモン色はクレヨンおよびパスの色名の一つ。▽あざやかな緑みの黄。[**vv-gY**]

*青春（1905-06）〈小栗風葉〉春・八「天もレモン色に黄ろく、入日は最う二分ばかり沈んで」

*檸檬（1925）〈梶井基次郎〉「レモンヱローの絵具をチューブから搾り出して」

*母子叙情（1937）〈岡本かの子〉「街を歩くと紫色やレモン色の室内灯を背景に」

*ゴッホの手紙（1951-52）〈小林秀雄〉「髪の美しさを誇張する、オレンヂの色調、クローム、薄いレモン・イエローまで行く」

*ボロ家の春秋（1954）〈梅崎春生〉「ある土曜日の午後、僕は画布を前にして、レモンイエロウの効果に苦心惨憺してゐますと」

*若いセールスマンの恋（1954）〈舟橋聖一〉八・三「レモン・イエローのストールを巻いた夜の酔ひどれ女」

*最後の旅（1969）〈加賀乙彦〉「もろこし色に縁取られたレモン色の六つの花弁は」

*日々の収拾（1970）〈坂上弘〉「赤茶けたレモン色のローラーカナリヤが入っていた鳥籠とか」

*ベティさんの庭（1972）〈山本道子〉九「女はレモン・イエローのパンタロンスーツを着て」

397 オリーブドラブ

JIS

英　olive drab

7.5Y 4 / 2　　**C**0 **M**7 **Y**55 **K**70

暗いオリーブ色。くすんだオリーブ色。▽暗い灰みの緑みを帯びた黄。［**dg-gY**］▼ドラブ（drab）は淡褐色、くすんだ黄褐色を意味する語。

398 オリーブ

JIS

英　olive

7.5Y 3.5 / 4　　**C**0 **M**10 **Y**80 **K**70

オリーブの実のような色。クレヨンおよびパスの色名。▽暗い緑みの黄。［**dk-gY**］▼①オリーブは、モクセイ科の常緑高木。黄白色の花には芳香がある。日本には、江戸時代の末に渡来した。②近代、カンラン科の常緑高木「カンラン」と混同され、「橄欖」と書いてオリーブと読ませたりした。

＊国民新聞 - 明治三六年（1903）一二月一五日「此冬はオリーブ色の勢力服飾界の全般に及び〈略〉訳して橄欖色と云ひ目白色と云ひ或は音をそのまま文字に現はして織部色と云ふ」

＊青春（1905-06）〈小栗風葉〉春・三「オリイブ色の玉スコッチの手編のショオル」

＊趣味の遺伝〈夏目漱石〉（1906）一「オリーヴ色の新式の軍服を着けた士官が二三人通る」

＊鳥影（1908）〈石川啄木〉五・二「本の小口からは、橄欖色（オリーブいろ）の栞（しをり）の房が垂れた」

＊欧米印象記（1910）〈中村春雨〉大西洋航海日誌・六月一〇日「陸は全く見えずなって、四囲の水の、樺黄（オリーブ）がかってゐるのが、何時の間にか、深青色に化（な）ってゐた」

＊或る女（1919）〈有島武郎〉前・一「オリーヴ色の絹ハンケチに包んだ小さな物を渡さうとした」

＊母子叙情（1937）〈岡本かの子〉「オリーヴ色の壁に彩色画が七八点、エッチングが三十点ほど懸け並べられてあった」

399 シャルトルーズイエロー

英 **chartreuse yellow**

9Y 8 / 10　**C**3 **M**0 **Y**70 **K**0

フランス産の甘味リキュール、シャルトルーズ酒のうち、黄色みを帯びたシャルトルーズ酒のような色。↓400シャルトルーズグリーン。▽あざやかな黄緑。[vv-YG]

400 シャルトルーズグリーン

JIS

英 **chartreuse green**

4GY 8 / 10　**C**20 **M**0 **Y**70 **K**0

フランス産の高級リキュール、シャルトルーズ酒のうち、緑みを帯びたシャルトルーズ酒のような色。▽明るい黄緑。[lt-YG] ▼シャルトルーズ酒は、フランス南東部、グルノーブル北東のジュラ山中にある大シャルトルーズ修道院でつくられる。ブランデーをベースにして多くの薬草を使用したものといわれ、黄色・緑色・無色の三種がある。↓399シャルトルーズイエロー。

401 リーフグリーン

JIS

英 **leaf green**

5GY 6 / 7　**C**40 **M**0 **Y**80 **K**12

リーフは（樹木の）葉の意。木の葉の黄緑色。▽つよい黄緑。[st-YG] ▼幅広い範囲の黄緑色についていうが、木を特定して「アーモンドグリーン（アーモンドの木の葉の色）」「ファーグリーン（モミの木の葉の色）」「エルムグリーン（ニレの木の葉の色）」といった表現もある。

402 グラスグリーン
JIS

英 **grass green**

5GY 5 / 5　　**C**30 **M**0 **Y**70 **K**48

グラスは草の意。草の葉のような緑色。▽くすんだ黄緑。**［dl-YG］**▼日本語では「草色」が相当する。ただし、「草の色」といった場合は、秋の黄葉した枯れ草の色であり、秋の季語として用いられる。

403 エルムグリーン

英 **elm green**

3.5GY 4.5 / 5　　**C**30 **M**0 **Y**80 **K**40

エルムはニレ（楡）の意。ニレの木の葉の色にちなむ色名。▽暗い黄緑。**［dk-YG］**▼ニレは、ニレ科ニレ属の高木の総称。日本にはハルニレ・アキニレ・オヒョウなどがあり、しばしば街路樹や公園樹とされる。

404 オリーブグリーン
JIS

英 **olive green**

2.5GY 3.5 / 3　　**C**20 **M**0 **Y**75 **K**70

オリーブの葉のような黄緑色。また、オリーブの実が熟す前のつよい黄緑色。▽暗い灰みの黄緑。**［dg-YG］**

405 シーグリーン
JIS

英　sea green

6GY 7 / 8　**C**50 **M**0 **Y**85 **K**0

シーは海の意。澄んだ海のような緑色。▽つよい黄緑。[st-YG] ▼①日本語では「海緑色」と訳すことがある。②海の明るい青みを強調した「シーブルー」もある。③「蛮語箋」(1798)」には「浅蘭色　ウグヒスチャ。ゼー・グルウン」とあるが、「ゼー・グルウン(zee groen)」は「シーグリーン」に当たるオランダ語。④シーグリーンは青緑系もさすが、JISではこの色を採用している。

406 ピーグリーン

英　pea green

6GY 6 / 4.5　**C**30 **M**0 **Y**60 **K**30

ピーはエンドウ(豌豆)の意。緑の実を食用とするグリンピースにちなむ色。▽くすんだ黄緑。[dl-YG] ▼エンドウ豆は、マメ科の一、二年草。ヨーロッパ原産。古代ギリシア・ローマ時代から栽培されており、日本へは九〜一〇世紀頃の渡来という。種子と若いさやを食用とする。

407 アイビーグリーン
JIS

英　ivy green

7.5GY 4 / 5　**C**55 **M**0 **Y**85 **K**45

アイビーはツタ(蔦)の一種キヅタ(木蔦)の意。キヅタの葉のような暗い黄緑色。▽暗い黄緑。[dk-YG] ▼キヅタは、ウコギ科の蔓性常緑低木。東アジアに広く分布し、日本では本州以南の山地に生える。枝は気根を出し、地上・岩上をはい、他樹などによじのぼる。耐寒性が強く、また、日陰でもよく育つことで知られ、園芸植物としても親しまれている。

408 モスグリーン

英　**moss green**

6.5GY　4 / 4　　**C**30 **M**0 **Y**70 **K**60

モスはコケ（苔）の意。コケのような緑色。▽暗い黄緑。［**dk-YG**］

＊真理の春（1930）〈細田民樹〉頭の上の街・六「男のやうな黒いベレエ帽を被（かぶ）った女と、すばらしい海草色（モスグリーン）の外套を着た女が、ちょっと頬笑（ほほえ）みあひながら〈略〉看守を待ってゐた」

409 アップルグリーン

JIS

英　**apple green**

10GY　8 / 5　　**C**40 **M**0 **Y**55 **K**5

アップルはリンゴ（林檎）の意。青リンゴの果皮の色。▽やわらかい黄みの緑。［**sf-yG**］▼リンゴは、バラ科の落葉高木。アジア西部からヨーロッパ東南部の原産で、古くから栽培される。日本へは江戸末期に渡来し、明治時代になってから本格的に栽培が始まった。多くの栽培品種があり、日本では赤リンゴが一般的だが、ヨーロッパでは青リンゴも多い。

410 ピスタシオグリーン

英　**pistachio green**

8.5GY　7.5 / 3.5　　**C**25 **M**0 **Y**42 **K**8

ピスタシオ（「ピスタチオ」とも）の実の緑色。▽やわらかい黄みの緑。［**sf-yG**］▼ピスタシオは、ウルシ科の落葉高木。西アジア原産で、古くから果樹として栽培されている。果実は玉子状で、果肉を除くと白い殻状の核果（ピスタシオナッツ）があり、その中に緑色多肉の子葉がある。生食されるほか、菓子の材料などにされる。

411

セラドン

英 celadon

10GY 7.5 / 1.5　**C**15 **M**0 **Y**25 **K**10

セラドンは、青磁の意。欧米に渡った青磁のような色。▽緑みの明るい灰色。［**g-ltGy**］

412

セージグリーン

英 sage green

8GY 6 / 3　**C**30 **M**0 **Y**50 **K**30

セージは、薬用サルビアの意。乾燥させた薬用サルビアの葉のような緑色。▽灰みの黄みを帯びた緑。［**mg-yG**］▼薬用サルビアは、シソ科の多年草。南ヨーロッパ、地中海沿岸の原産。五～七月、茎の上部に紫・青・白などの唇形花を多数つける。葉はサルフィア葉と呼ばれ、古くから薬用にされるが、現在は香辛料としての利用が盛ん。観賞用にも栽培される。

413

オパールグリーン

英 opal green

4G 8 / 3.5　**C**30 **M**0 **Y**30 **K**0

宝石のオパールのような、乳白がかった緑色。「オパール色」とも。▽うすい緑。［**pl-G**］▼オパールは、含水珪酸を主成分とする鉱物。半透明の乳白色で、不純物によって種々の色が現われる。乳白色の地に赤や緑の輝きのあるものは、プレシャスオパール（precious opal）またはノーブルオパール（noble opal）といい、みがいて宝石とする。一〇月の誕生石。

オパールグリーン

＊舎密開宗（1837-47）外・二・二三「阿巴爾（ヲパール）色〈阿巴爾は宝石の名、乳色、日光に随て異色現〉を発し漸く赤色に変じて赤粉沈む」

＊青春（1905-06）〈小栗風葉〉春・一一「繁吹（しぶき）は虹を吐き、サッとオパアル色の幕を張って」

＊貧しき人々の群（1916）〈宮本百合子〉七「はてしない大空の紺碧の拡がり、山々の柔かな銀青色の連り。靄が彼方の耕地の末でオパール色に輝いてゐる」

＊牧羊神（1920）〈上田敏訳〉薔薇連禱「蛋白石色（オパアルいろ）の薔薇の花、後宮の香烟につつまれて眠（やす）む土耳古（トルコ）の皇后」

414 ミントグリーン JIS

英 **mint green**

2.5G 7.5 / 8 **C**45 **M**0 **Y**50 **K**0

ミントはハッカ（薄荷）、また薄荷油の意。色は薄荷油を主原料に用いたリキュール、薄荷酒の色にもとづく。代表的な薄荷酒ペパーミントの緑色をいう。▽明るい緑。[lt-G] ▼シソ科ハッカ属にはペパーミント（セイヨウハッカ）・スペアミント（ミドリハッカ）・アップルミント（マルバハッカ）など多数の品種があり、香料・調味料・薬用などに幅広く利用される。

415 コバルトグリーン JIS

英 **cobalt green**

4G 7 / 9 **C**70 **M**0 **Y**60 **K**0

酸化コバルトと酸化亜鉛からなる緑色顔料から作られる色。クレヨンおよびパスの色名。▽明るい緑。[lt-G] ▼顔料のコバルトグリーンは、下地の色を覆い隠す力が大きく、安定している。絵の具、パステルなどに用いる。

＊若いセールスマンの恋（1954）〈舟橋聖一〉一・一「母の絵の具で云ふと、セルリアン・ブルーをもっと明るくした地色に、濃いコバルト・グリーンで」

416 エメラルドグリーン

JIS

英 emerald green

4G 6 / 8　　C80 M0 Y72 K0

● エメラルドのような明るい、冴（さ）えた緑色。また、硫酸銅を含む顔料の名。クレヨンおよびパスの色名。▽つよい緑。[st-G] ▼エメラルドは宝石の一つ。五月の誕生石で、緑玉石・翠玉・翠緑石などともいう。

*自然と人生（1900）〈徳富蘆花〉自然に対する五分時・自然の色「飛沫は箇々日光を捉へて金紫の色に輝やき、其の落ちてまたむらむらと湧き上る時、冷艶清美実に云ふべからざる緑青色（エメラルドグリーン）を帯ぶ」

*舶来語便覧（1912）〈棚橋一郎・鈴木誠一〉「エメラルドグリーン　緑青色。Emerald green（英）」

*大島圭介南柯の夢（1955）〈河上徹太郎〉一〇「沼の水は指をつけると染まりさうなエメラルド・グリーンやセルリアン・ブルーであり」

*火屋（1973）〈津島佑子〉「エメラルド・グリーンの深い森に囲まれた、三本の黄色い円錐形の塔を持つ西洋の城の遠景が、鮮やかに父親と娘の正面に現われる」

417 グリーン

JIS

英 green

2.5G 5.5 / 10　　C82 M0 Y80 K0

● グリーンは緑の意。黄と青の中間の色。基本色名の一つ。また、光の三原色（レッド・グリーン・ブルー）の一つ。「グリン」とも。▽あざやかな緑。[vv-G] ▼ヨーロッパでは赤に次いで黄と相前後して用いられるようになった色名。

*風俗画報‐三三二号（1906）流行門「少女帽〈略〉大方は其服地と同一のものを用ゐ、又強て色変りをとの好みにはグリーン、ブリューなど専ら喜ばる」

＊妻（1908-09）〈田山花袋〉一四「其緑色（グリーン）の表紙の本を展（ひろ）げて」
＊アヱ・マリア（1923）〈谷崎潤一郎〉五「ピンクかグリーンの派手な色の褪めかかった奴で」
＊物質の弾道（1930）〈岡田三郎〉「グリーンの照明に鮮かに浮く大植木鉢のヒマラヤ杉の蔭かどこかに」
＊弔花（1935）〈豊田三郎〉「彼女は濃いグリンのドレスに小さい宝石をかざり」
＊女性の風俗（1955）〈吉田謙吉〉現代風俗アラモード・街頭スタイルブック②「紺のジャンパーのファスナーを外したまま下から明るいグリーンのブラウスが強くさしのぞいていた」
＊地唄（1956）〈有吉佐和子〉「『だけど、エメラルドの色が好きなのよ、私は』『何色や』『グリーン』」
＊秋のめざめ（1957-58）〈円地文子〉一度見えし「グリーンのハーフコートを引っかけた郡が」

418 マラカイトグリーン

JIS

英 **malachite green**

4G 4.5 / 9　　**C**90 **M**0 **Y**85 **K**10

マラカイトはクジャク（孔雀）石の意。クジャク石からつくられた顔料の色による名。▽こい緑。［**dp-G**］▼クジャク石は銅の含水炭酸塩鉱物。ダイヤモンド光沢またはガラス光沢を持つ。

419 クロムグリーン

英 **chrome green**

1.5G 3.5 / 6　　**C**80 **M**0 **Y**80 **K**50

クロムイエローとプルシャンブルーとの混合物からなる緑色顔料から作られる色。「クロームグリーン」とも。▽暗い緑。［**dk-G**］▼酸化クロムの緑を言うこともある。

＊雪夫人絵図（1948-50）〈舟橋聖一〉二・鬼女の章「月を背負って、初島の島影が、クローム・グリンに、光って見えた」

420 ハンターグリーン

英 hunter green

2G 3 / 6　**C**85 **M**0 **Y**80 **K**55

ハンターは狩人の意。狩人が着る狩猟服に使用される暗い緑色。▽暗い緑。**[dk-G]** ▼狩猟服は森林の中で獲物を追うときに目立たないように、森林と同じ緑色を使う。ただし、キツネ狩りなどでは深紅色の上着（hunting pink）を着用する。

421 エバーグリーン

英 evergreen

1.5G 3 / 2.5　**C**50 **M**0 **Y**60 **K**70

エバーグリーンは常緑樹、ときわ木の意。常緑樹の葉のような深い緑。エバー（ever）は、いつも、常に、の意。▽暗い灰みの緑。**[dg-G]**

422 ボトルグリーン

JIS

英 bottle green

5G 2.5 / 3　**C**80 **M**0 **Y**70 **K**65

ボトルは瓶の意。ガラス製の瓶、特にワインの瓶に多く見られる、濃い緑色をいう。▽ごく暗い緑。**[vd-G]**

423

スプルース

英　**spruce**

3G 2.5 / 2.5　　**C**80 **M**0 **Y**80 **K**70

スプルースはトウヒ（唐檜）の意。トウヒの葉の色。▽ごく暗い緑。［**vd-G**］
▼トウヒは、マツ科の常緑大高木。材は建築・土木・船舶材・パルプ材・曲物（まげもの）などに広く用いられる。

424

アイスグリーン

英　**ice green**

7.5G 8.5 / 2.5　　**C**20 **M**0 **Y**20 **K**0

アイスは氷の意。氷は、薄いときは透明だが、厚みを増すと鈍い緑色を帯びるようになる。その厚い氷が示す緑色。▽ごくうすい青みの緑。［**vp-bG**］

425

ジェードグリーン

英　**jade green**

10G 5.5 / 5　　**C**65 **M**0 **Y**55 **K**25

ジェードは宝石の翡翠（ひすい）の意。翡翠のような緑色。▽くすんだ青みの緑。［**dl-bG**］▼翡翠は緑色、または半透明でガラス光沢のある硬玉。五月の誕生石。

《参　考》
和色名では「翡翠色」が相当する。
＊瀬山の話（1924）〈梶井基次郎〉「浮し模様のある典雅な瓶の中に入ってゐる、琥珀色や薄い翡翠色の香水を見に来る」

426 フォレストグリーン

JIS

英 **forest green**

7.5G 4.5 / 5 **C**70 **M**0 **Y**55 **K**33

フォレストは森の意。森の緑。高木が群生する森林地帯、特に針葉樹林帯に見られる深い緑色をいう。▽くすんだ青みの緑。〔**dl-bG**〕

427 ビリジアン

JIS

英 **viridian**

8G 4 / 6 **C**80 **M**0 **Y**60 **K**30

酸化クロムの水和物からなる、耐久性のある青緑色の顔料から作られる色。クレヨンおよびパスの色名。「ビリジャン」とも。▽くすんだ青みの緑。〔**dl-bG**〕

428 ビリヤードグリーン

JIS

英 **billiard green**

10G 2.5 / 5 **C**85 **M**0 **Y**55 **K**60

ビリヤードは玉突きの意。ビリヤード台の表面（競技面）には濃い緑色の羅紗（ラシャ）が貼ってあり、その色にちなんだ色名。▽暗い青みの緑。〔**dk-bG**〕

429

ナイルブルー

JIS

英 **Nile blue**

10BG 5.5 / 5 **C**70 **M**0 **Y**40 **K**20

ナイル川の水の色による名。「ナイル青」とも。▽くすんだ青緑。〔**dl-BG**〕▼ナイル川は、アフリカ大陸東部を北流する大河。川の水は緑がかった青色を特徴とするが、緑みに重きを置いた「ナイルグリーン」の色名もある。

430

ピーコックグリーン

JIS

英 **peacock green**

7.5BG 4.5 / 9 **C**90 **M**0 **Y**50 **K**0

ピーコックはクジャク（孔雀）の意。クジャクの羽の緑色。▽あざやかな青緑。〔**vv-BG**〕▼クジャクは、キジ科の鳥。さまざまな羽色のうち、つよい緑色をいう。

431

ピーコックブルー

JIS

英 **peacock blue**

10BG 4 / 8.5 **C**100 **M**0 **Y**40 **K**5

ピーコックはクジャク（孔雀）の意。クジャクの羽の青色。▽こい青緑。〔**dp-BG**〕▼クジャクは、キジ科の鳥。さまざまな羽色のうち、つやのある青緑色をいう。

432 ターコイズブルー
JIS

英 **turquoise blue**

5B 6/8　**C**80 **M**0 **Y**20 **K**0

ターコイズは、トルコ石の意。トルコ石のような青緑色。▽明るい緑みの青。［**lt-gB**］▼トルコ石は宝石の一つで、一二月の誕生石。

433 マリンブルー
JIS

英 **marine blue**

5B 3/7　**C**100 **M**0 **Y**15 **K**50

海の青さのようなブルーの意。▽こい緑みの青。［**dp-gB**］▼青く澄みきった海の色に対して用いられる色名だが、実際の色はやや緑みがかった濃い青色をいう。

434 スカイブルー
JIS

英 **sky blue**

9B 7.5/5.5　**C**40 **M**0 **Y**5 **K**0

晴れ渡った空の色。▽明るい青。［**lt-B**］▼英語では単に「スカイ（sky）」とも。

*外来語辞典（1914）〈勝屋英造〉「スカイ・ブリュー　sky blue（英）〈略〉天空色」

*雪夫人絵図（1948-50）〈舟橋聖一〉二・白拍子の章「誠太郎は、白地に、スカイブルウの縁を取ったアロハを着て、脛（すね）を出してゐる」

435 ベビーブルー

JIS

英 baby blue

10B 7.5 / 3　**C**30 **M**0 **Y**5 **K**0

ベビーは赤ちゃんの意。乳幼児の服に好んで用いられる、やわらかな色調のブルー。▽明るい灰みの青。**[lg-B]**

436 ホリゾンブルー

JIS

英 horizon blue

7.5B 7 / 4　**C**40 **M**0 **Y**8 **K**0

ホリゾンは地平線・水平線の意。地平線（あるいは水平線）近くの空の色。▽やわらかい青。**[sf-B]** ▼空の色は天頂から地平に近づくにしたがって青みを減らして白っぽさを増していく。

437 シアン

JIS

英 cyan

7.5B 6 / 10　**C**100 **M**0 **Y**0 **K**0

青と緑の中間の色。減法混色における三原色（イエロー・シアン・マゼンタ）の一つとして、染色・印刷などで青の意で用いられる語。「シアンブルー」とも。ここでは印刷色のシアン一〇〇パーセントの色票を示している。▽明るい青。**[lt-B]** ▼シアンは「濃い青」を意味するギリシャ語が語源で、「シアノタイプ（cyanotype）＝青写真」などの言葉をつくる。また、ドイツ語の「チアノーゼ（Zyanose）」のZyan‐も同語源。

438 セルリアンブルー
JIS

英 cerulean blue

9B 4.5 / 9　**C**80 **M**0 **Y**5 **K**30

錫酸コバルトを焼成して作る青色顔料。また、その色。▽あざやかな青。[**vv-B**]

＊若いセールスマンの恋（1954）〈舟橋聖一〉一・一「母の絵の具で云ふと、セルリアン－ブルーをもっと明るくした地色に、濃いコバルト－グリーンで」

＊大鳥圭介南柯の夢（1955）〈河上徹太郎〉一〇「沼の水は〈略〉エメラルド・グリーンやセルリアン・ブルーであり」

439 アクアマリン

英 aquamarine

7B 4.5 / 6　**C**80 **M**0 **Y**10 **K**50

宝石のアクアマリン（藍玉）のような青色。藍玉色。▽つよい青。[**st-B**] ▼アクアマリンは、緑柱石（ベリリウムとアルミニウムの珪酸塩鉱物で、緑色結晶はエメラルドになる）の一種で、三月の誕生石。

440 ダックブルー

英 duck blue

8B 4 / 9　**C**90 **M**0 **Y**5 **K**45

ダックはカモ（鴨）の意。カモの羽の色。▽あざやかな青。[**vv-B**] ▼カモの羽の青い色にちなむ色名だが、緑色にちなむ色名として「ダックグリーン(duck green)」もある。

441 ライトブルー

英 light blue

2.5PB 8 / 4　　C30 M0 Y0 K0

●明るいブルーの意。▽うすい青。[pl-B]▼「ライト（light）」は、明るい、薄いなどの意で、接頭語的に他の色名に付く。

＊埋葬者（1950）〈檀一雄〉「半透明のライトブルウの靄がかかって」

＊旅・昭和三二年（1957）二月号・スキー楽しや〈本間ちづ子〉「ライト・ブルーの大空たかくちょいとジャンプのすばらしさ」

442 フォーゲットミーノット

英 forget-me-not

3PB 7 / 6　　C50 M5 Y0 K0

●フォーゲットミーノットはワスレナグサ（勿忘草）の花の色。▽明るい青。[lt-B]▼①ワスレナグサはムラサキ科の一年草または多年草。ヨーロッパ原産で、観賞用に栽培もされる。春から夏にかけて、青色の小さな花を多数つける。②英語forget-me-notの直訳がワスレナグサ。和色名の「勿忘草色（わすれなぐさいろ）」はJIS慣用色名の一つ。

443 サックスブルー JIS

英 saxe blue

1PB 5 / 4.5　　C60 M0 Y3 K40

●ザクセンの青色の意。インジゴを材料とする染料の染め色で、灰みの青。▽くすんだ青。[dl-B]▼サックスはドイツ東部の州、かつては国名でもあったザクセンのフランス語名から。「サクソンブルー（Saxon blue）」「サクソニーブルー（Saxony blue）」ともいう。

444 ブルー

JIS

英 blue

2.5PB 4.5 / 10　C100 M40 Y0 K0

ブルーは青の意。広く、晴れた空の色や海の澄んだ色のような青色をいう。基本色名の一つで、光の三原色の一つ。▽あざやかな青。[w-B]

＊風俗画報・三三二号〈1906〉流行門「又強（しひ）て色変りをとの好みにはグリーン、ブリューなど専ら喜ばる」

＊アヒル競騒曲〈1929〉〈徳川夢声〉四「一羽五千円もするブルーとかコバルトだとかのセキセイインコが逃げて」

＊面影〈1969〉〈芝木好子〉二「ブルーのかろやかな服に同色の小さな帽子を小意気にかぶった若い女が立って」

＊抱擁〈1973〉〈瀬戸内晴美〉二「遊園地の入口に〈略〉ピンクとブルーと白で塗りあげられたお伽の国のお城が聳え」

《参　考》

ノバーリスの小説「青い花」、メーテルリンクの戯曲「青い鳥」などで青（ブルー）は人間の求めるロマンや幸福を象徴している。一方で、「憂鬱な」の意味をもち、blue devils（青い悪魔・憂鬱）とか、blue Monday（憂鬱な月曜日）といった語もある。また、俗に「みだらな」の意味をもち、blue film（ポルノ映画）の語もある。

＊風に吹かれて〈1967-68〉〈五木寛之〉独りでする冬の旅「立ちこめる青春のブルーな匂いであり」

＊月は東に〈1970-71〉〈安岡章太郎〉二「税関であの八ミリがブルー・フィルムの嫌疑をうけようとは」

445 コバルトブルー

JIS

英 cobalt blue

3PB 4 / 10　C100 M50 Y0 K0

アルミン酸コバルトを主成分とする鮮明な青色顔料。絵の具や合成樹脂・陶磁器の着色材料などに用いられる。「コバルト色」とも。▽あざやかな青。[w-B] ▼コバルトは鉄族元素の一つ。

＊湯女〈1898〉〈内田魯庵〉「取別け雨上りの時は水蒸気が一面に立罩（こ）めて光線の具合でアンチモニイがかったコベルト色に見えるのが」

＊風俗画報・三四〇号〈1906〉紀念切手と

絵葉書「両種共に通常切手の大きさと等しく三銭紅色一銭五厘は藍色（コバルトブリュー）にして」

*森の絵（1907）〈寺田寅彦〉「コバルトの空には玉子色の綿雲が流れて」

*舶来語便覧（1912）〈棚橋一郎・鈴木誠一〉「コバルトブリュー　青藍色の一種 Cobalt - blue〔英〕色の名称なり」

*旅日記から（1920-21）〈寺田寅彦〉三「午後には海が純粋なコバルト色になった」

*斜陽（1947）〈太宰治〉三「淡い牡丹色のぼやけたやうな毛糸で、私はそれに、コバルトブルウの色を足してセエタにするつもりなのだ」

*虫（1970）〈黒井千次〉「そこにはコバルトブルーのインクでなだらかな丘陵と薄い雲の浮いた空とが一色に刷り込まれていた」

*がらくた博物館（1975）〈大庭みな子〉すぐりの島「ぼくは〈略〉鮮やかな緑とかコバルトブルー、それから向日葵やオレンジやオリーヴの色が好きなんだ」

446 インジゴ

英　**indigo**

2.5PB 2.5 / 5　**C**80 **M**40 **Y**0 **K**55

インドアイ（インド藍）で染めた色。インディゴ。インディゴー。▽暗い青。**[dk-B]** ▼①インドアイはキアイ（木藍）の一種。マメ科コマツナギ属のうち、天然藍を採取した植物の総称。狭義には、そのうち、北インド原産の植物を指す。紀元前二〇〇〇年ごろ、エジプトで染料に用いられ、ローマ帝国の盛期には、indicumの名称で盛んにヨーロッパへもたらされた。②ニュートンはスペクトルの七色（赤・橙・黄・緑・青・藍・紫）の一つ藍色をインジゴと称した。③合成染料としては、一八八〇年、ドイツ人バイエルが初めて合成。九〇年、ドイツ人ホイマンが工業的製法を発明。藍青色の光沢をもつ柱状結晶で、水に溶けない。木綿、麻、絹、羊毛などの染色に広く用いられる。


*社会百方面（1897）〈松原岩五郎〉椋鳥「是れはオーラミンなり是はインジゴなり、是は赤樺、是は銀鼠などとあらまし絵の具の名を教はるまでが丁寧にて」

*自然と人生（1900）〈徳富蘆花〉自然に対する五分時・相摸灘の落日「相豆の山忽ちにして印度藍色（インヂゴオ）に変ず」

*光と風と夢（1942）〈中島敦〉八「私は他の雲々を見た。〈略〉暗い藍（インディゴオ）から曇った乳白に至る迄の微妙な色彩変化のあらゆる段階を見せてゐる」

*母子像（1972）〈金井美恵子〉「新月の夜の色の厚いインジゴブルーのビロードのカーテンも引いてあったので」

447 ヒヤシンス

JIS

英 hyacinth

5.5PB 5.5 / 6　**C**60 **M**30 **Y**0 **K**0

ヒヤシンスの花の色。ヒヤシンスには、青・紫・紅・橙・黄・白などさまざまな花色の園芸品種があるが、そのうち青・紫系統の花の色にもとづく色名。▽くすんだ紫みの青。[**dl-pB**] ▼ヒヤシンスは、ユリ科の多年草。ギリシア、シリア、トルコ付近の小アジア周辺が原産。オランダで盛んに品種改良が行なわれ、多数の園芸品種が生まれた。日本へは文久三年（一八六三）に伝えられたといい、観賞用に栽培される。

448 フォグブルー

英 fog blue

4.5PB 4.5 / 2.5　**C**20 **M**5 **Y**0 **K**50

フォグは濃い霧の意。濃い霧のような青みを帯びた灰色。「ブルーフォグ」とも。▽暗い灰みの紫みを帯びた青。[**dg-pB**] ▼フォグより薄いものはミスト（mist）、さらに薄い靄（もや）はヘイズ（haze）という。

449 ウルトラマリンブルー

JIS

英 ultramarine blue

7.5PB 3.5 / 11　**C**82 **M**70 **Y**0 **K**0

非常に深い青色の顔料による色。単に「ウルトラマリン」とも。▽こい紫みの青。[**dp-pB**] ▼ほぼ「群青」に相当し、鉱物のラピスラズリを原料とした。

＊輿地誌略（1826）三「碧沙（ピサ）は、〈略〉亜爾抜斯多　白色石　育爾多刺瑪隣（ユルトラマリン）　青石、顔料とす　礬石を出す」

＊雪夫人絵図（1948-50）〈舟橋聖一〉二・青浪の章「綾子の方は、パリッとしたウル

トラマリンの外套に、派手なアクセサリイ。直之も、けふは、薄青の鼻眼鏡などをかけて、一寸、若返つてゐる」
＊海の光（1949-56）〈檀一雄〉五「青すぎる千里の海は視界一杯に広がりつくしていた。白帆も何もない。碧落をそのままうつして、ウルトラマリンの青だ」
＊夢見草（1970）〈加賀乙彦〉「覗くとサモンピンクやらウルトラマリンの仄暗い照明の底に高級車が沈んでいる」

450 ラピスラズリ

英 **lapis lazuli**

6.5PB 3.5 / 10　**C**80 **M**60 **Y**0 **K**0

ラピスラズリは、古来飾り石とされた鉱物、瑠璃石（青金石とも）の意。瑠璃石の青い色。▽こい紫みの青。[**dp-pB**] ▼ラピスは元来ラテン語で「石」の意、ラズリはペルシア語で「青」の意。瑠璃石は、ナトリウム・アルミニウム・硫黄・珪素を主成分とする青や紺色の半透明で、ガラス光沢を有する鉱物。顔料、装飾用に古くから用いられる。

451 スマルト

英 **smalt**

5PB 3.5 / 6　**C**80 **M**50 **Y**0 **K**30

青色ガラスのスマルトの色。▽くすんだ紫みの青。[**dl-pB**] ▼スマルトは、シリカ・炭酸カリウム・酸化コバルトを溶融して作った青色ガラスのことで、ガラスやエナメルなどの着色剤として用いる。「花紺青（はなこんじょう）」とも。

452 ロイヤルブルー

英　**royal blue**

7PB 3 / 12　**C**95 **M**75 **Y**0 **K**0

ロイヤルは「国王の」「王室の」の意。英国王室のいわゆるオフィシャルカラーにちなむ色。▽こい紫みの青。［**dp-pB**］

453 オリエンタルブルー

JIS

英　**oriental blue**

7.5PB 3 / 10　**C**90 **M**75 **Y**0 **K**0

オリエンタルは、「東洋の」「東洋風な」の意。中国の呉須（ごす）染付（陶磁器）の青色をいう。「チャイナブルー（China blue）」とも。▽こい紫みの青。［**dp-pB**］

454 アイアンブルー

JIS

英　**iron blue**

5PB 3 / 4　**C**80 **M**50 **Y**0 **K**50

アイアンブルーは顔料の名。フェロシアン化カリウムの溶液に硫酸鉄と酸化剤を加えて製造した青色顔料。日本名紺青。また、その色。▽暗い紫みの青。［**dk-pB**］

455 プルシャンブルー
JIS

英 **Prussian blue**

5PB 3 / 4　**C**80 **M**50 **Y**0 **K**50

プロシアの青の意。フェロシアン化鉄あるいはそれに近い化合物からなる濃青色の人工顔料による色。日本名紺青。「プルシア藍」とも。▽暗い紫みの青。**[dk-pB]** ▼①一八世紀初頭プロイセン（英語名プロシア）の首都ベルリンで製造されたことによる名。②製造地から「ベルリンブルー（Berlin blue）」ともいう。また、そのオランダ語Berlijns blauwから、日本では「ベレンス」とも。

*蛮語箋（1798）「深月白　コイソライロ。ベルレンス・ブラーウ」

*自然と人生（1900）〈徳富蘆花〉自然に対する五分時・此頃の富士の曙「空は卵黄より上りて極めて薄き普魯士亜藍色（プルシアあゐ）となり、白雪の富士高く晴空に倚るを見む」

*小春（1900）〈国木田独歩〉五「普魯西（プルシャン）ブリューでは無論なしコバルトでも濃い過ぎるし、こんな空色は書き難（に）くい」

*外来語辞典（1914）〈勝屋英造〉「ベルリン・ブリュー Berlin blue（英）濃き紺色の顔料」

*猟銃（1949）〈井上靖〉「チュウブから搾ってなすり附けたやうなプルシャン・ブルウの、真冬の、陽に輝いた海の一点を見詰めた儘立ってゐましたが」

*若いセールスマンの恋（1954）〈舟橋聖一〉三・一「ベルリン・ブルーの毛布の中で、由香子は素足を組み合した」

456 サファイアブルー

英 **sapphire blue**

7PB 2.5 / 12　**C**100 **M**75 **Y**0 **K**0

宝石のサファイアのような青い色。「サファイア色」とも。▽こい紫みの青。**[dp-pB]** ▼サファイアは青色のコランダム（鋼玉）。「青玉（せいぎょく）」「青宝石」とも。九月の誕生石。

*外来語辞典（1914）〈勝屋英造〉「サファイア Sapphire（英）〈略〉青玉色」

*蓼喰ふ虫（1928-29）〈谷崎潤一郎〉二「指には網目に編んだサファイア色の絹の手袋が嵌まってゐて」

457

ネービーブルー

JIS

英 **navy blue**

6PB 2.5 / 4　　**C**70 **M**50 **Y**0 **K**70

イギリス海軍（ネービー）の軍服の色による名。単に「ネービー」とも。▽暗い紫みの青。**[dk-pB]**

＊浮雲（1949-50）〈林芙美子〉八「何時もネビイブルウのソックスに、白い靴をはいてゐた」

＊鉛筆ぐらし（1951）〈扇谷正造〉見だしのモザイク「なんとイキな白のブラウスにネービー・ブルーのスカートと来ると、これまた戦後日本の新風景で」

458

ミッドナイトブルー

JIS

英 **midnight blue**

5PB 1.5 / 2　　**C**80 **M**50 **Y**0 **K**80

「ミッドナイト」は真夜中の意で、ほとんど黒に近い暗青色。▽ごく暗い紫みの青。**[vd-pB]**

459

ウィスタリア

JIS

英 **wistaria**

10PB 5 / 12　　**C**50 **M**45 **Y**0 **K**0

ウィスタリアはフジ（藤）の意。藤の花のような紫色をいう。▽あざやかな青紫。**[vv-V]** ▼フジは、マメ科の蔓性落葉木本。日本が原産。本州、四国、九州の山野に自生し、観賞用に栽植もされる。藤棚を作ったり、鉢植えも行なわれる。四～五月、紫色の蝶形花が長く垂れ下がる房となって咲く。

460 ヘリオトロープ JIS

英 **heliotrope**

2P 5 / 10.5　**C**50 **M**57 **Y**0 **K**0

ヘリオトロープの花の色にちなむ色名。▽あざやかな青紫。[**vv-V**] ▼ヘリオトロープは、ムラサキ科の常緑低木。ペルー原産で、日本では観賞用に温室で栽培される。四季を通じ、紫色の小さな五弁花を枝の先端に密生する。花は芳香をもち、その成分は香水の原料とされる。

461 バイオレット JIS

英 **violet**

2.5P 4 / 11　**C**65 **M**75 **Y**0 **K**0

バイオレットはスミレ（菫）の意。スミレの花のような色。▽あざやかな青紫。[**vv-V**] ▼①一般的には青みの強い紫をいい、赤みの強い紫をパープルというのに対応する。②ニュートンがプリズムによって取り出した七色のスペクトルの紫を、バイオレットと称した。

*青春（1905-06）〈小栗風葉〉春・一〇「ヴァイオレットのインキと、筆筒と、香水の罎を水入に為たのと」

462 ベルフラワー

英 **bellflower**

2P 3.5 / 12　**C**70 **M**75 **Y**0 **K**0

ベルフラワーの花の色。▽こい青紫。[**dp-V**] ▼ベルフラワーは、キキョウ科カンパヌラ属（ホタルブクロ属）の植物の総称として用いられるが、日本では特にダルマチア原産のポルテンシュラギアナ（和名オトメギキョウ）をさしていう。藤色の鐘形の花を多数付け、鉢植えなどで観賞用に栽培される。

463 パンジー

JIS

英　pansy

1P　2.5 / 10　　**C**80 **M**90 **Y**0 **K**0

パンジーの紫のような色。▽こい青紫。［**dp-V**］▼パンジーは、三色菫（さんしきすみれ・さんしょくすみれ）。スミレ科の一、二年草で、春から夏にかけて、紫、白、黄などの色の大形の花を開く。そのうちの紫の花色にちなむ色名。

464 クロッカス

英　crocus

3.5P　6 / 5　　**C**35 **M**35 **Y**0 **K**0

クロッカスの花の色。▽やわらかい青みの紫。［**sf-bP**］▼クロッカスは、アヤメ科の多年草。地中海沿岸地域の原産。寒さにつよく、観賞用に栽培される。早春、コップ状の六弁花を開く。花の色は紫、白、黄色などがあり、そのうち紫色のものにちなんだ色名で、黄色の花色にちなむ色名には「クロッカスイエロー」がある。

465 ラベンダー

JIS

英　lavender

5P　6 / 3　　**C**23 **M**30 **Y**0 **K**5

ラベンダーの花の色。▽灰みの青みを帯びた紫。［**mg-bP**］▼ラベンダーは、シソ科の常緑小低木。花からラベンダー油をとり、香料、香水原料とする。

＊明暗（1916）〈夏目漱石〉一五「机の抽斗からラエンダー色の紙と封筒とを取り出して」

＊自然の子供（1968）〈金井美恵子〉二「何色もの紫やラベンダーや紅色の線を重ねて、レンゲ草らしい色をぬった」

466 モーブ

JIS

英 mauve

5P 4.5 / 9　　C50 M70 Y0 K0

アニリンから合成される、うすい青みがかった紫。▽つよい青みの紫。[st-bP] ▼イギリスの化学者パーキンが、キニーネを合成しようとして偶然得られた合成染料の第一号。一八五六年「モーブ」という商品名で売り出した。

*抱擁（1973）〈瀬戸内晴美〉一「匡子がモーヴ色の足先までつつむドレスを着て、〈略〉ドレスと同じ色に染めた髪をきらきら灯に輝かせて立っていた」

467 ライラック

JIS

英 lilac

6P 7 / 6　　C20 M30 Y0 K0

ライラックの花のような色。▽やわらかい紫。[sf-P] ▼ライラックは、モクセイ科の落葉低木、または小高木。初夏、先の四裂した小さな筒状花が多数円錐状に群がって咲く。花は芳香があり、青、赤、白など多くの花色があるが、一般的な淡い紫色にちなむ色名。フランス語では、「リラ（lilas）」という。

468 オーキッド

JIS

英 orchid

7.5P 7 / 6　　C15 M40 Y0 K0

オーキッドは、美しい花をつける栽培種のラン（蘭）の意。ランの花のような色。▽やわらかい紫。[sf-P] ▼ランの花には白、紫、紅などさまざまな種類の花の色があるが、代表的な明るい紫色にちなむ色名。

*鉛筆ぐらし（1951）〈扇谷正造〉新聞学校カリキュラム「オーキッドは紅系統の戦後の流行色」

469

パープル

JIS

英 **purple**

7.5P 5 / 12　　**C**45 **M**65 **Y**0 **K**0

パープルは紫の意。赤と青の中間色、紫色を広く表わす色名。帝王の紫衣、貝紫などもパープルと呼ばれる。▽あざやかな紫。**[vv-P]** ▼一般的には赤みの強い紫をいい、青みの強い紫をバイオレットというのに対応する。

＊舶来語便覧（1912）〈棚橋一郎・鈴木誠一〉「パープル　紫　Purple（英）色の名」

470

アメジスト

英 **amethyst**

6P 4.5 / 7　　**C**40 **M**60 **Y**0 **K**0

宝石のアメジスト（アメシストとも）のような紫色。▽つよい紫。**[st-P]** ▼アメジストは紫色の水晶。指輪その他の装飾品用の宝石として珍重される。二月の誕生石。

＊牧羊神（1920）〈上田敏訳〉薔薇連禱「紫水晶色（アメチストいろ）の薔薇の花、曉方の星、司教のやうな優しさ、〈略〉信心深い柔かな胸の上におまへは寝てゐる」

471

シクラメンピンク

英 **cyclamen pink**

6.5RP 7 / 6　　**C**0 **M**40 **Y**5 **K**0

シクラメンの花のピンク色。▽やわらかい赤紫。**[sf-RP]** ▼シクラメンは、サクラソウ科の多年草。地中海沿岸原産で、日本には明治二四、五年（一八九一〜九二）ごろ移入された。鉢植えなどで観賞用に栽培される。園芸品種が多く、花色も花形もバリエーションに富む。紫紅色・赤・ピンク・白などのうち、ピンクの花の色にちなむ色名。

472

チェリーピンク
JIS

英 **cherry pink**

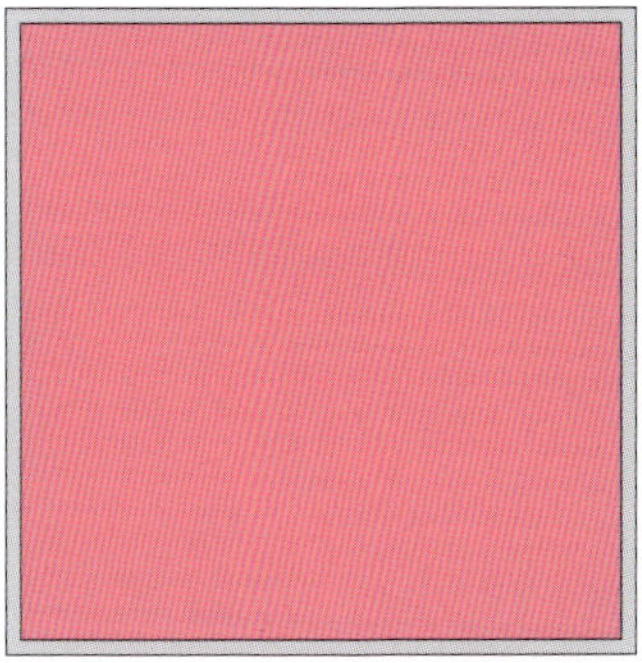

6RP 5.5 / 11.5　**C**0 **M**70 **Y**6 **K**0

チェリーはサクランボ（桜桃）の意。サクランボのピンクをいうが、実際の色より紫みを帯びている。▽あざやかな赤紫。［**vv-RP**］

473

マゼンタ
JIS

英 **magenta**

5RP 5 / 14　**C**0 **M**100 **Y**0 **K**0

塩基性染料のフクシンの染め色。「マジェンタ」とも。減法混色における三原色（イエロー・シアン・マゼンタ）の一つとして、印刷業界などでは「紅（アカ）」の表現でも用いられる。色票には印刷色のマゼンタ一〇〇パーセントの色を示した。▽あざやかな赤紫。［**vv-RP**］

▼「マゼンタ」は、イタリアのミラノ市西方の地名。一八五九年オーストリア軍とフランス・サルデーニャ連合軍との戦いが行なわれた。その年発見された染料に戦いの地の名を与えたという。

＊豊饒の女神（1962）〈西脇順三郎〉大和路「岩にはビニャテリのドレスのようなマジェンタ色のミツバツジが咲く」

＊最後の旅（1969）〈加賀乙彦〉「風がスモッグを吹き払ったのか雲の切れ目は鮮明な山岳の形になり、そのマゼンタ色の縁は絹の刺繍のように艶やかであった」

474 フクシアパープル

英 **fuchsia purple**

2.5RP 4 / 10　**C**30 **M**80 **Y**0 **K**0

フクシア（ホクシアとも）の花のような紫色。▽あざやかな赤紫。［**vv-RP**］ ▼フクシアは、アカバナ科フクシア属の落葉中低木の総称。熱帯アメリカを中心に分布し、交配による園芸品種が多い。四～六月ごろ、枝先の葉腋に大きな花を一個ずつ垂れ下げるが、花色は白から紫まであり変化に富む。色名はそのうち赤紫系の花の色にちなむが、ほかに「フクシアピンク」や「フクシアレッド」などの色名もある。

475 クリムソン

英 **crimson**

6.5RP 4 / 10　**C**0 **M**80 **Y**5 **K**30

エンジムシ（カイガラムシの一種）から採った赤色。▽あざやかな赤紫。［**vv-RP**］ ▼①地中海沿岸に生えるケルメスナラに寄生するカイガラムシの雌から採った赤色染料ケルメスが語源であり、cremesinus という中世ラテン語形を経て一五世紀に生まれた色名。同じ語源から生まれた色名に「カーマイン」がある。②米国ハーバード大学の校色であり、同大学のことをさしてもいう。③顔料や絵の具の色として「クリムソンレーキ」がある。

*外来語辞典（1914）〈勝屋英造〉「クリムソン Crimson（英）深紅色」

*外来語辞典（1914）〈勝屋英造〉「クリムソン・レーク Crimson lake（英）深紅の一種」

*生れ出づる悩み（1918）〈有島武郎〉七「クリムソンレーキを水に薄く溶かしたよりもっと鮮明な光を持った鱗の色に吸ひつけられて、思はずぼんやりと手の働きをやめてしまふ」

476 チリアンパープル

英　Tyrian purple

6RP 4 / 6.5　**C**0 **M**70 **Y**5 **K**50

ムラサキガイ（紫貝）の分泌液から作った赤紫の染料の色。▽くすんだ赤紫。**[dl-RP]** ▼古代フェニキアの港町ティルス（英語ではTyre）から多量に出荷されたことからチリアン（Tyrian）の名が付く。少量ずつしか採れなかったため非常に高価で、ローマ時代には皇帝と元老院議員のローブにだけ使用された。

477 ホワイト

JIS

英　white

N9.5　**C**0 **M**0 **Y**1 **K**0

ホワイトは白の意。最も明るい色。あらゆる波長の可視光線を反射する物体を見て感じられる色をいう。ただし、完全な白色の物体は現実には存在しない。▽白。**[Wt]**

＊舶来語便覧（1912）〈棚橋一郎・鈴木誠一〉「ホワイト　白　White（英）色の名」

＊焼跡のイエス（1946）〈石川淳〉「わたしの手に、敵の爪が歯が嚙みついて来て、ホワイトシャツがびりりと裂け」

478 スノーホワイト

JIS

英　snow white

N9.5　**C**3 **M**0 **Y**0 **K**0

スノーは雪の意。雪のような、まっ白い色。▽白。**[Wt]**

＊外来語辞典（1914）〈勝屋英造〉「スノー・ホワイト　Snow white（英）雪の如く白く。雪白の」

479 ミルキーホワイト

英　milky white

10YR 9.2 / 0.5　　**C**0 **M**0 **Y**3 **K**0

●ミルクのような不透明な白色。「ミルクホワイト」「ミルク色」とも。▽赤みを帯びた黄みの白。**[r·y-Wt]**

＊青春（1905-06）〈小栗風葉〉夏・七「石巻山の向ふに、紅気（べにけ）を帯んだ横雲二条三条、ミルク色の天（そら）が段々光を持って来て」

＊星を造る人（1922）〈稲垣足穂〉「海上から流れてくるミルク色の靄（もや）があの辺を立ちこめて」

《参　考》

和色名では「乳白色」が相当する。

＊内科撰要（1792）八「一方に右の乳白色の液を以て礦砂精に滴し加て、其精乳白色となり」

＊学生と読書（1938）〈河合栄治郎編〉読書と環境〈岸田日出刀〉四「普通一般に書斎の照明法として応用されてゐるのは半間接と言って、電球が露出せず乳白色のグローヴの中に隠されたもので」

＊水中都市（1952）〈安部公房〉「鋭い幾列もの歯が乳白色に光った」

＊芽むしり仔撃ち（1958）〈大江健三郎〉九「窓の外を見た。濃い乳白色の霧の厚い層の向うに、ひそかな薔薇色の明るみがあり」

＊増補改訂新俳句歳時記（1964）〈山本健吉〉春「その大群来を〈鰊群来（にしんくき）〉と言い、ものすごいばかりで、鰊の放つ精と産卵のため海水は一帯に乳白色となり、これを〈群来汁（くきじる）〉と言う」

480 パールホワイト

英　pearl white

5Y 9 / 0.5　　**C**0 **M**0 **Y**5 **K**0

●パールは真珠の意。真珠に見られる少し灰色がかった白。▽黄みの白。**[y-Wt]**▼真珠は、アコヤガイ・カラスガイなどの体内にできる球状物質。体内に入りこんだ異物に貝の分泌液が層状に沈着したもので、その色彩・光沢は貝の殻の内側と同じになる。銀白色の光沢があり、宝石として珍重される。六月の誕生石。

パールホワイト

《参　考》

和色名では「**真珠色**」が相当する。

*あらくれ（1915）〈徳田秋声〉一「のんどりした暗碧なその水の面にはまだ**真珠色**の空の光がほのかに差してゐて」

*へぼ胡瓜（1921）〈岡本一平〉一五「つひこの間も夫人の肖像を頼まれてその鼻の先の高光（ハイライト）を当てるのに**真珠色**にした」

*紫衣の夫人（1930）〈龍胆寺雄〉「**真珠色**（しんじゅいろ）の感情が絃の顫へから蘭燈の灯（あか）りを縫って、霜の様にキラキラとそこらへ凝った」

*アポロンの島（1957）〈小川国夫〉「水平線に近い空は**真珠色**だった」

481 アイボリー

JIS

英　**ivory**

2.5Y 8.5 / 1.5　**C**0 **M**1 **Y**12 **K**5

アイボリーは象牙の意。象牙のような色。「アイボリーホワイト」とも。▽黄みのうすい灰色。[**y-plGy**]
*森谷延雄遺稿（1928）〈森谷延雄〉おもちゃを並べたマントルピースを得て「天井だけをアプソンボードのアイボリー色の水ペンキを塗って三尺の格に落しました」

482 オイスターホワイト

英　**oyster white**

5GY 8.5 / 0.3　**C**3 **M**0 **Y**10 **K**3

オイスターはカキ（牡蠣）の意。カキの食用部分の色。▽うすい灰色。[**plGy**] ▼オイスターホワイトは、わずかに黄みのある白で、オフホワイト（off-white）の一つ。日本語では「牡蠣色」「生牡蠣色」などと訳される。

483 パーチメント

英　**parchment**

0.5GY 8 / 1.5　**C**2 **M**0 **Y**15 **K**10

パーチメントは羊皮紙の意。羊皮紙のような、灰色がかった薄い黄緑みの白。▽黄緑みのうすい灰色。**[yg-plGy]** ▼羊皮紙はヒツジ（羊）やヤギ（山羊）などの皮をなめして乾燥させ、滑石で磨いて光沢をつけた書写材料。紀元前二世紀小アジアのペルガモン地方に始まり、ヨーロッパでは中世末まで使用された。

484 スカイグレー

JIS

英　**sky grey**

7.5B 7.5 / 0.5　**C**3 **M**0 **Y**0 **K**25

スカイは空の意。うす曇りの空のようなグレー。▽青みの明るい灰色。**[b-ltGy]**

485 パールグレー

JIS

英　**pearl grey**

N7　**C**0 **M**0 **Y**5 **K**30

パールは真珠の意。真珠の色合いを帯びた灰色。薄い灰色の中に銀色のような光沢を含んでいる。▽明るい灰色。**[ltGy]**

486 シルバーグレー JIS

英 silver grey

N6.5　**C**0 **M**0 **Y**0 **K**43

シルバーは銀、グレーは鼠色の意。銀色を帯びた鼠色。また、銀色から光沢を取り除いた感じの色。▽明るい灰色。**[ltGy]**

＊小学生徒改良衣服裁縫伝授（1886）〈松平幾子・久永廉蔵〉「鼠色を染るにはシルバルグレーなり」

＊若いセールスマンの恋（1954）〈舟橋聖一〉四・三「銀鼠色（シルバー・グレー）の雲が流れた」

487 モスグレー

英 moss grey

5GY 6 / 1　**C**3 **M**0 **Y**20 **K**50

モスはコケ（苔）の意。苔色がかったグレー。▽黄緑みの灰色。**[yg-mdGy]**

488 アッシュグレー JIS

英 ash grey

N6　**C**0 **M**0 **Y**3 **K**50

アッシュは灰の意。灰のような色をいう。▽灰色。**[mdGy]** ▼実際の灰の色にちなみ、色名のグレーとは区別して用いられる。日本語では系統色名の灰色（grey）と慣用色名の灰色（ash grey）に区別はほとんどない。

489

ローズグレー

JIS

英 **rose grey**

2.5R 5.5 / 1　**C**0 **M**10 **Y**20 **K**50

ローズは、バラ（薔薇）の意。薔薇色がかった灰色。▽赤みの灰色。［**r-mdGy**］

490

ダブグレー

英 **dove grey**

4P 5.5 / 1　**C**3 **M**10 **Y**0 **K**50

ダブはハト（鳩）の意。ハトの羽毛のような色。▽紫みの灰色。［**p-mdGy**］▼ダブはピジョン（pigeon）と同義だが、小さな野生の種類をさすことが多い。

491

グレー

JIS

英 **grey**　米 **gray**

N 5　**C**0 **M**0 **Y**0 **K**65

黒と白の中間の色をさす色名。「グレイ」とも。▽灰色。［**mdGy**］▼今日、日常語としては、「灰色」「鼠色」に代わってごく一般的に用いられる。

＊舶来語便覧（1912）〈棚橋一郎・鈴木誠一〉「グレー　鼠色　Gray（英）色の名称」

＊最上川（1950）〈外村繁〉「薄いグレイのスカート着けた素子が来た」

＊散りゆく花の末に（1951）〈中山義秀〉「ダブルボタンのグレーの背広服に」

＊鉛筆ぐらし（1951）〈扇谷正造〉背広「グレーの、品のいい若向きと洋服屋はいってたが」

＊枯葉の美しさ（1957）〈井上友一郎〉五「グレーの合いオーバーが」

＊鉛の卵（1957）〈安部公房〉八「彼はグレイで、向うは明るい茶だった」

＊二人の友（1960）〈庄野潤三〉四「上から見ると、堰堤の表面は岩のところが白く、小石はグレイ、真中の粘土が茶色にくっきり分れて見える」

＊弱い結婚（1962）〈小島信夫〉「ピンクのスポーツ・シャツにグレイのズボンをはいている」

＊面影（1969）〈芝木好子〉五「衣装はまったく新しい薄いグレー一色で、襟もとに半襟がのぞいているだけであった」

＊小さな貴婦人（1981）〈吉行理恵〉二「ぼさぼさのグレーの髪、緑を含んだグレーの皺くちゃなワンピース、頬や手には草色のクレパスみたいなものが付いている」

492 スチールグレー

JIS

英 **steel grey**

5P 4.5 / 1　**C**3 **M**10 **Y**0 **K**68

スチールは鋼（はがね）の意。鋼のような青紫を帯びたグレー。▽紫みの灰色。［**p-mdGy**］▼鋼は、鉄と炭素の合金の総称。鉄と炭素だけの炭素鋼と、ニッケル、マンガン、クロムなどを加えた特殊鋼とがある。加工法、熱処理の仕方、添加元素の種類・量などによって性質が異なるため、用途に応じて多くの種類が生産される。一般に用いられる鉄材のほとんどを占める。

493 トープ

英 **taupe**

7.5RP 3.5 / 1.5　**C**20 **M**20 **Y**0 **K**70

トープは、元来フランス語でモグラ（土竜）の意。モグラの体毛のような褐色を帯びた濃暗灰色。▽紫みを帯びた赤みの暗い灰色。［**p・r-dkGy**］▼英語のトープはもっぱら色名として用いられる。英語でモグラはモール（mole）という。

494 ガンメタルグレー

英 **gunmetal grey**

1.5R 3.5 / 1 **C**10 **M**15 **Y**0 **K**75

ガンメタルは、砲金の意だが、現在は銃の金属色をイメージした紫がかった濃いグレーをいう。▽赤みの暗い灰色。**[r-dkGy]** ▼砲金は錫を約一〇パーセント含む銅合金。抗張力は弱いが摩耗・腐食に強いので、軸受や船舶の部品に用いられる。古く、大砲の製造に用いられたところから砲金の名があり、金色に近い色をしていた。

495 スレートグレー JIS

英 **slate grey**

2.5PB 3.5 / 0.5 **C**5 **M**5 **Y**0 **K**75

スレートは石板（石盤）の意。石板のような青灰色をいう。▽暗い灰色。**[dkGy]** ▼石板は、粘板岩もしくはそれに類似した物質からとった薄い板。わくをつけ、石筆で文字・絵などを書く学用品に使われたり、屋根をふく材料として利用されたりする。

《参　考》

和色名の「石板（石盤）色」に相当するが、学用品としての石板がなくなったため、屋根をふくスレートにちなむ「スレートグレー」「スレート色」の方がわかりやすくなっている。

*在りし日の歌（1938）〈中原中也〉在りし日の歌・初夏の夜「大河の、その鉄橋の上方に、空はぼんやりと石盤色であるのです」

496 チャコールグレー

JIS

英 **charcoal grey**

5P 3 / 1　　**C**5 **M**15 **Y**0 **K**83

チャコールは、木炭、あるいは炭の意。木炭や炭のような黒っぽい灰色。▽紫みの暗い灰色。[**p-dkGy**] ▼戦後の経済成長時代に、背広の色として一般化し、ドブネズミスタイルと揶揄（やゆ）された。

＊秋のめざめ（1957-58）〈円地文子〉下段のひと「その傍に、チャコールグレーの夏服を着た中年の男が立っている」

＊巷談本牧亭（1964）〈安藤鶴夫〉会いろいろ「湯浅は銀座の百番館でつくらせたチャコールグレーの服に、ちいさく、細手なイタリー製の靴をはいて」

＊世界拡大計画（1967）〈高松次郎〉四「背広を買いたいと思う。〈略〉チャコール・グレーであると同時にベージュであり、チェックであると同時に無地であるような」

＊小さな貴婦人（1981）〈吉行理恵〉六「雲が部屋の中に戻って来た夢を見た。淡いチャコールグレーが美しかった」

497 エボニー

英 **ebony**

6Y 1.5 / 1.5　　**C**5 **M**0 **Y**40 **K**85

エボニーはコクタン（黒檀）の意。コクタンのような黒。▽緑みを帯びた黄みの黒。[**g・y-Bk**] ▼コクタンは、カキノキ科カキノキ属の常緑高木。東南アジアの原産。材は黒色で、光沢があって堅く、しかもきめが細かいので、家具・装飾品・楽器・床柱などに用いられる。

498 アイボリーブラック

英　ivory black

N 1.5　**C**0 **M**0 **Y**0 **K**95

● アイボリーは象牙の意。象牙を焼いてつくった黒色顔料の色。油絵の具に多く用いられる。▽黒。**［Bk］**

＊現代語辞典（1932）〈藤村作・千葉勉〉「アイヴォリー・ブラック　ivory black　英　油絵用の光沢ある黒色絵具」

499 ランプブラック

JIS

英　lamp black

N 1　**C**0 **M**10 **Y**10 **K**100

● 油を不完全燃焼させて作った煤（すす＝油煙）を原料とする黒色絵の具の色。炭素を主成分とするカーボンブラック顔料。▽黒。**［Bk］** ▼①ランプは灯火具の一つ、洋灯の意で、その火屋（ほや）の内側の煤を用いたところからの名。②油煙は日本では墨の製造原料としても重用された。

500 ブラック

JIS

英　black

N 1　**C**30 **M**30 **Y**0 **K**100

● ブラックは黒の意。最も暗い色。あらゆる波長の可視光線を吸収する物体を見て感じられる色をいう。ただし、完全な黒色の物体は現実には存在しない。▽黒。**［Bk］**

巻末資料

色名について 242
由来による色名分類 246
主要引用文献一覧 248
参考資料一覧 （巻末18〜19）
色名索引 （巻末1〜17）

色名について

基本色彩語

基本色彩語といわれる言葉があります。色を表わすためだけに使われる基本的な単語といえるかもしれません。白、黒、赤、青、黄などを思い浮かべることができます。この五つの色は陰陽五行説の五色にあたります。四神をあらわす白虎、玄武、朱雀、青龍や、四季をあらわす白秋、玄冬、朱夏、青春という言葉も古くから使われています。古代色名の代表といっていいでしょう。

バーリンとケイというアメリカの二人の人類学者が、多くの言語を調べて色名のルーツを示す基本色彩語を示すとともに、基本色彩語は時代とともに増えていくことを明らかにしました。バーリンとケイは人類が、あるいは民族が最初にもった基本色彩語は「ホワイト」と「ブラック」であるとしています。日本語では白と黒になります。次いで「レッド」が現れてきます。赤です。その次は民族により異なり「グリーン」が生まれ、次いで「イエロー」が現れる場合と、その逆があるとしています。緑と黄です。さらに「ブルー」という色名が発生します。青です。日本では緑と青の混同が今も続いていることはご存じのとおりです。青々とした野山、青田、青蛙の例をあげておきます。次に「ブラウン」、茶です。後はいっせいに「パープル」「ピンク」「オレンジ」「グレー」で、これで一一種の基本色彩語が揃うことになります。ブラウン以降は初期の基本色彩語の複合による色ともいえます。ブラウンはブラックとイエロー、パープルはレッドとブルー、ピンクはホワイトとレッド、オレンジはレッドとイエロー、グレーはホワイトとブラックの中間色です。古代日本の最も古い色彩語は明（あか）顕（しろ）暗（くろ）漠（あお）であったという研究もあり、五行の色と相関しています。

多くの民族は共通して用いている基本的な色名を核にしながら、文化や産業の発達にともない新しい色名を産み出していきました。

慣用色名と色名法

私たちが習慣的に日常使っている色の名前を慣用色名といいます。古代に生まれたものを古代色名、さらに時代が下ってできて長く使っている色名を伝統色名といいますが、いずれも現在使われているものは慣用色名とよんでいいでしょう。

ほかに固有色名という呼び名がありますこれはそのものだけがもっている固有の色を色名としたものです。桜色や鴇色、緑青色などがそれにあたります。この固有色名が慣用色名の大部分を占めています。しかし固有色名にも限度があって、全ての色を固有色名だけで表わすことはできません。そのために基本色彩語や固有色名に形容詞いわゆる修飾語を組み合わせて色の変化に対応するという手法が使われるようになりました。

例えば、養老律令（718）の衣服令には、深紫（こきむらさき）、浅紫（うすむらさき）、深緋、浅緋、深緑、浅緑、深縹（こきはなだ)、浅縹(うすはなだ)などの服色が示されていて、深、浅が修飾語にあたります。平安初期には退紅(たいこう・あらぞめ)、滅紫(めっし・けしむらさき)などの色名が現れ、時代が下ると薄紅、濃藍、白茶、焦茶、黒茶、洗柿、灰桜、錆浅葱、暗緑色などの、明るさや鮮やかさを表現する修飾語をもった色名が登場します。また、色みを表わす修飾語を伴った赤朽葉、藍錆色、藤納戸などの用法も拡がっていきます。江戸時代には四十八茶百鼠といわれるように、茶や鼠色に様々な人名・地名を組み合わせた色名が登場します。

アメリカやヨーロッパでもおなじような色名の発展段階があり、基本色彩語(基本色名といってもよい)や固有色名に形容詞を組み合わせるシステムが出現します。一九四二年にアメリカで発行された「カラー・ハーモニー・マニュアル」は修飾語+固有色名のシステムで色名を示しており、ライト、ペール、ブライト、ビビッド、ブリリアント、ディープ、ダークの七種の修飾語がでてきます。

基本色名と修飾語を系統的に組み合わせて色名を表わす方法は系統色名法と呼ばれています。アメリカのISCC - NBSの色名法が有名です。これはピンク、オレンジ、ブラウン、オリーブをふくむ一三種の基本色名に、一七種の修飾語を組み合わせるシステムです。

一方、日本では二〇〇一年に改正されたJIS「物体色の色名」に系統色名法が規定されており、本書ではこの系統色名法による色名も併記しております。

色名の由来による分類

本書でとりあげた五〇〇色名の由来を、246～247頁に示しました。最初に基本色名をとりあげています。和色名ではJIS「物体色の色名」の系統色名の基本色一三種を、外来語色名では更に基本的な八種を掲げました。

植物、動物、鉱物、飲食物、人名、地名、自然に分けた由来のなかで最も多いのは植物に由来する色名です。自然のなかで暮らしていた時代には植物は身近なもので、花の色、実の色、葉の色がさまざまな固有の鮮やかな色をもっていることから色の伝達には最適なものだったのでしょう。特に花の色は生きた色見本が身近にあり、紅梅、桔梗色、桃色、藤色などがそれにあたります。それとともに、衣服の染色が草木染めでおこなわれ、染め上がりの色をその材料の名で表わすことは自然のなりゆきといえるでしょう。茜色、葡萄染、刈安、梔子(くちなし)、丁子色などです。平安時代の美意識に襲色目(かさねいろめ)があり、桜、柳、卯花(うのはな)、花橘、萩、白菊、紅葉、松雪、枯野などの自然の色に模した優雅な配色の名が残っています。

次いで多いのが鉱物系を由来とする色名です。これは壁画や道具の彩色にもちいられた顔料の名に由来するものが多く、黄土色、朱色、代赭色、群青色、弁柄色、緑青色などです。顔料が油絵具の品名になって色名になったものもあります。カドミウムイエロー、クロムイエロー、コバルトブルー、バーントアンバーなどがそれです。西洋では宝石の名が色名になっているものも多く、アクアマリン、アメジスト、エメラルドグリーン、サファイアブルー、ルビーレッドなどがそれにあたります。

動物に由来する色名も少なくありません。体色が地味な哺乳類より色のバラエティが豊富な鳥の羽の色からのものが多いようです。鶯色、鴇色、鳶色、鶸色、カナリーイエロー、ダブグレー、ピーコックブルー、フラミンゴなどです。カーマイン、クリムソン、コチニールレッドはいずれもかいがら虫を乾燥してとる染料から派生した色名です。

暮しのなかの身近なもののひとつに、飲み物や食品があります。それらに由来する色名は同時に植物系であったり、動物系であったりします。小麦色、人参色、山葵色、オイスターホワイトなどです。日常的で固有の色をもっていることが条件です。新しいものではコーラ色などがやがては慣用色名の仲間入りをするでしょう。

人名を冠した色名は多くはありません。八色を選びました。芝翫茶、団十郎茶、璃寛茶、路考茶はともに江戸時代の歌舞伎役者の名を冠した茶です。当時の流行色の演出者であったのが人気役者だったのでしょう。吉岡憲法は兵法者、千利休は茶人、バンダイクは画家です。

地名のついた色名は、多くは顔料や染料の産地からきたものです。あるいは特定の地域で染められたり流行したりしたことから起っています。新橋色は特異な色名ですが、東京新橋の金春芸者の間でもてはやされた着物の色に由来しています。

自然に分類したのは、自然現象の色です。その典型は空色、スカイブルーで、日常的に色見本を見ることができます。

その他に残ったものの多くは複合的な表現になっているもので、例えば藍鼠は藍みを帯びた鼠色で植物系と動物系のふたつの要素をもつとも考えられ、鼠をいかして動物系に入れることもできます。鼠と茶に修飾語をつけたものの多くはその他にまとめています。

このように身近な存在の植物、鉱物、動物がもつ固有の色に由来する固有色名が慣用色名の大部分を占めています。

色の変遷と色名が表わす色の範囲

本書では和色名と外来語色名をあわせて五〇〇色の色名をあげています。ただ、ひとつの色名が表わしている色の範囲には広がりがあります。色票やマンセル値が示しているのは中心値として仮に定めたもので、時代により、地域により、職業分野や専門分野により、その中心値も変わるものと考えてください。また、ある色名は広い範囲の色を表わす使われ方をし、ある色名は狭い範囲の色を表わす時に使われるということもあります。この五〇〇色で人が見ることができる全ての色を表わすことはできないでしょう。

慣用色名を日常生活で何気なく使う色名と考えれば、こんなに多くの色名は必要としないでしょうし、実際に使ってはいないでしょう。それにもかかわらず、この五〇〇色の外側に慣用されていない多くの色名が存在することは確かです。

ひとつのグループは、過去に使われていたが現在では使われることがなくなり、忘れられていく色名です。色名はある文化の誕生に伴って生まれ、文化の衰退によって消えていく性格をもっています。ひとつの例は日本人が日常的に和服を着る生活から離れ、和服の文化が衰退することによって、和服の染織の世界で使われていた膨大で精緻な染織の色名が忘れられ、消え去ろうとしていることは事実です。色名と色見本と染織の技術データの三点セットを伝えることによってかろうじて後世に残すことができるでしょう。

もうひとつのグループは、商品色名、流行色名といわれるグループです。世界中で毎日新しい商品が生まれ、色の命名が伴います。また、季節ごとに流行色が提案され、色名が誕生します。そのなかで慣用色名の仲間入りをするのはきわめて限定された数の色名でしょう。

そういう意味では、生活のなかで生きている色名が慣用色名です。生きているということは変化し進歩することでもあります。色の進歩とは、より美しく、より強く、より安定し、より安くなることです。

古代人が顔料を得て洞穴や墳墓に壁画を描いて以来、人類はその歴史のなかで、より鮮やかな色を求め、より安価な顔料を求めてきました。赤土よりも鮮やかな赤を求めて朱をつくりだし、その朱をより鮮やかにする技術を開発して現代の朱にたどりついています。染色においても同じことがいえるでしょう。草木染めは染めを繰り返すことで色を深く、あるいは濃くしていきますが、より鮮やかな色を染め出すように技法を改良していき、また、数少ない染めで濃い色を染めるために、ついには化学染料の合成に行きつき、化学染料の業界では、より鮮やかでより堅牢な染料をより安く供給する競争を世界的に展開しているのが現状です。

従って、古代人が見たり感じたりしていた朱や紫や緑と現代人のそれとはおそらく大きな隔たりがあるでしょう。ひとつの色名をひとつの色票で表現するとき、現代人はより広い彩度領域をもった色空間のなかで色を考え中心値あるいは平均値を決めることになりますから、より鮮やかな表現にならざるをえないことになります。本書の色票も多分にその傾向があると考えてください。

おわりに

人々の暮しのなかの色彩の主役は、色表現の多くを衣服の染め色が占めていた時代、次いでカラー印刷が主役になった時代を経て、今はテレビやパソコンによる光の色が主役になっています。従って、これから日本人の色彩感覚は一層振幅の大きいものになることでしょう。

本書の特長は、色名に色票が組み合わされ、さらに古今の文献にあらわれた用例文を併記していることです。これらの文章の著者は彼等の時代の色とイマジネーションによって記述しているはずです。本書を見て色名と色の関係を考えるときに、慣用色名は広がりをもち変遷してきたことを念頭において、文献例に示されたそれぞれの色の世界にイメージを馳せていってください。その点に本書の存在価値があります。

（永田泰弘）

由来による色名分類

「新版色の手帖」に収録した色名について、その名の由来に従って分類を試み、五〇音順に並べたものである。分類しにくいものは「9 その他の色名」に一括して掲げた。

1 基本色名

青　青緑　青紫　赤　赤紫　黄赤　黄色　黄緑
黒　白　灰色　緑・翠　紫
イエロー　グリーン　グレー　パープル　ブラック
ブルー　ホワイト　レッド

2 植物に由来する色名

藍色　青竹色　赤朽葉　茜色
浅葱色・浅黄色　小豆色　亜麻色　菖蒲色
杏色・杏子色　苺色　鬱金色　梅染　裏葉柳
葡萄色　葡萄染　楝色・樗色
柿色　柿茶　杜若色・燕子花色　樺色・蒲色
樺茶・蒲茶　刈安色　枯色　萱草色
桔梗色　黄橡　黄蘗色　伽羅色　草色
梔子・支子　朽葉色　栗色　栗梅　胡桃色
黒橡　桑染　桑茶　香色　柑子色　紅梅色
苔色　小麦色
桜色　錆浅葱　藤黄　紫苑色　紫紺・紫根
漆黒　渋紙色　菖蒲色　蘇芳・蘇方・蘇枋
煤竹色　菫色　石竹色
橙色　蒲公英色　千草色　千歳緑　茶色
丁子色・丁字色　丁子茶　躑躅色　露草色
橙黄色　常磐色・常盤色　木賊色・砥草色
苗色　茄子紺　撫子色　菜の花色　肉桂色
人参色
灰桜　黄櫨色・櫨色　花浅葱　薔薇色
向日葵色　檜皮色　藤色　藤紫　紅色　紅樺色
牡丹色
松葉色　蜜柑色　水浅葱　海松色・水松色
萌黄・萌木　萌葱色　木蘭　桃色
柳色　柳茶　山吹色
蠟色・呂色
若草色　若竹色　若葉色　勿忘草色
アイビーグリーン　アップルグリーン
アプリコット　インジゴ　ウィスタリア
エバーグリーン　エボニー　エルムグリーン
オーキッド　オールドローズ　オリーブ
オリーブグリーン　オリーブドラブ　オレンジ
キャロットオレンジ　グラスグリーン　クロッカス
コルク
サフランイエロー　シクラメンピンク　シナモン
ストローイエロー　ストロベリー　スプルース
セージグリーン　ゼラニウムレッド
チェスナットブラウン　チェリー　チェリーピンク
トマトレッド
バイオレット　パンジー　バンブー　パンプキン
ピーグリーン　ピーチ　ピスタシオグリーン
ヒヤシンス　ピンク　ブーゲンビリア
フォーゲットミーノット　フォレストグリーン
フクシアパープル　ヘーゼルブラウン　ベゴニア
ヘリオトロープ　ベルフラワー　ヘンナ
ポピーレッド
マホガニー　マリーゴールド　マルーン
マンダリンオレンジ　メイズ　モスグリーン
モスグレー
ライラック　ラズベリー　ラベンダー
リーフグリーン　レモンイエロー　ローズ
ローズグレー　ローズピンク　ローズマダー
ローズレッド

3 動物に由来する色名

鶯色　鶯茶　空五倍子色　海老色・蝦色
海老茶　臙脂・燕脂　革色　狐色　胡粉色
珊瑚色　猩々緋　象牙色　鴇色・朱鷺色　鳶色
鼠色　肌色　鳩羽色　鶸色　鶸茶　紅海老茶
山鳩色　駱駝色
アイボリー　アイボリーブラック
オイスターホワイト　カーマイン　カナリーイエロー
キャメル　クリムソン　コーラルレッド
コチニールレッド　サーモンピンク　シェルピンク
シュリンプピンク　セピア　ダックブルー
ダブグレー　タン　トープ　ネールピンク
パーチメント　パールグレー　パールホワイト
バフ　ピーコックグリーン　ピーコックブルー
フォーン　フラミンゴ　フレッシュ　ブロンド
ベビーピンク　ベビーブルー　レグホーン

4 鉱物に由来する色名

藍錆色　藍鉄色　青丹　赤錆色　洗朱　薄群青
潤朱　鉛丹色　黄土色　黄丹
土器色　金色　銀色　銀朱　涅色・皂色
群青色　琥珀色　紺青
錆色　雌黄　赤銅色　朱色　砂色
青磁色・青瓷色　赭・朱
代赭色　土色　鉄色　鉄黒　砥粉色
鉛色　丹色　白群　白緑　弁柄色・紅殻色
真赭・真朱　雄黄
瑠璃色　瑠璃紺　煉瓦色　緑青色
アイアンブルー　アクアマリン　アメジスト
アンバー　イエローオーカー
ウルトラマリンブルー　エメラルドグリーン
オパールグリーン
カーキー　ガーネット　カドミウムイエロー
ガンメタルグレー　クロムイエロー　クロムグリーン
コバルトグリーン　コバルトブルー
サファイアブルー　サルファーイエロー
ジェードグリーン　スチールグレー　スマルト
スレートグレー　セラドン　セルリアンブルー
ターコイズブルー　テラコッタ　トパーズ
バーミリオン　バーントアンバー　バーントシェンナ
ビリジアン　ブロンズ　ボトルグリーン
マラカイトグリーン　ラピスラズリ
ルビーレッド　ローアンバー　ローシェンナ

5 飲食物に由来する色名

油色　飴色　薄卵色　芥子色・辛子色　麴塵　煙草色
卵色・玉子色　鳥の子色　抹茶色　山葵色
クリームイエロー　コーヒーブラウン　ココアブラウン
シャルトルーズイエロー　シャルトルーズグリーン
シャンパン　チョコレート　バーガンディー　ハニー
ビスケット　ボルドー　マスタード
ミルキーホワイト　ミントグリーン　ワインレッド

6 人名に由来する色名

憲法色　芝翫茶　団十郎茶　璃寛茶　利休茶
利休鼠　路考茶
バンダイクブラウン

7 地名に由来する色名

江戸茶　江戸紫　韓紅・唐紅　京紫　新橋色
根岸色　深川鼠
インディアンレッド　オリエンタルブルー
サックスブルー　チャイニーズレッド
チリアンパープル　ナイルブルー
ネープルスイエロー　プルシャンブルー　マゼンタ

8 自然に由来する色名

天色　東雲色　空色　水色
アイスグリーン　シーグリーン　スカイグレー
スカイブルー　スノーホワイト　ドーンピンク
フォグブルー　ホリゾンブルー
マリンブルー　ミッドナイトブルー

9 その他の色名

藍鼠　藍海松茶　青褐　青墨　青鈍　赤香
赤墨　赤橙　赤茶　灰汁色　浅縹　浅緋
浅緑　洗柿　暗紅色・殷紅色　暗黒色
暗緑色　一斤染　今様色　薄藍　薄色　薄紅
薄香　薄墨色　薄茶　薄鈍色　薄鼠　薄花色
薄花桜　薄縹　薄緑　梅鼠　御召茶
灰白色　褐色・搗色・勝色　褐返し　褐色
瓶覗・甕覗　枯茶・唐茶　黄枯茶・黄唐茶
黄茶　生成色　金赤　金茶　銀鼠　黒茶
消炭色　滅紫　濃藍　濃鼠　紅紫　焦香　濃色
国防色　焦茶　古代紫　媚茶　紺藍　紺色
錆鼠　紫黒色　真紅・深紅　墨色　青藍
赤褐色　仙斎茶・千歳茶　相思鼠　纁
退紅・褪紅　淡黄色　茶褐色　茶鼠　中黄
鉄紺　鉄納戸
生壁色　納戸色　納戸茶　似紫　鈍色　練色
灰赤　灰赤紫　灰茶　灰緑　花色
縹色・花田色　花紫　緋色　秘色　深緋
深緑　藤納戸　二藍　葡萄鼠　紅赤　紅緋
若緑
アッシュグレー　エクルベージュ
カージナルレッド　ゴールデンイエロー
シアン　シグナルレッド
ジョンブリアン　シルバーグレー　スカーレット
チャコールグレー　ネービーブルー
バーントオレンジ　ハンターグリーン
ビリヤードグリーン　ファイアーレッド　ブラウン
ベージュ　モーブ
ライトブルー　ラセットブラウン　ランプブラック
ロイヤルブルー

主要引用文献一覧

1　「新版色の手帖」に引用した文献のうち、近世以前のものを五十音順に抄出する。本書で示す書名を見出しとするが、ジャンルを示すものは、そこに一括して掲げる。

2　本書において採用した書名を掲げ、以下の注を施す。

①…作者または編者名　②…成立年・刊行年

③…補助注記（略称で示した場合の正式の名称、あるいは特に著名な別称、分野、資料の性格などを示す場合もある）

3　近代以降の作品については、本文中に作者名・成立年を示したので、ここでは割愛した。

4　文献例は主として『日本国語大辞典〈第二版〉』（全一三巻）に拠った。

有明の別　②一二世紀後　③物語
和泉式部集　①和泉式部　②一一世紀中　③私家集
伊勢集　①伊勢（他撰）　②一一世紀後　③私家集
今鏡　①藤原為経か　②一一七〇　③歴史物語
色葉字類抄　①橘忠兼　②治承年間（一一七七〜八一）　③辞書
伊呂波字類抄　②鎌倉時代　③辞書
右京大夫集　①建礼門院右京大夫　②一三世紀前　③「建礼門院右京大夫集」。私家集

浮世草子

傾城色三味線　①江島其碛　②一七〇一刊
傾城禁短気　①江島其碛　②一七一一刊
好色一代男　①井原西鶴　②一六八二刊
好色一代女　①井原西鶴　②一六八六刊
好色五人女　①井原西鶴　②一六八六刊
好色三代男　①西村市郎右衛門か　②一六八六刊
好色盛衰記　①井原西鶴　②一六八八刊
好色二代男　①井原西鶴　②一六八四刊
好色万金丹　①夜食時分　②一六九四刊
西鶴置土産　①井原西鶴　②一六九三刊
諸道聴耳世間猿　①上田秋成　②一七六六刊
世間娘容気　①江島其碛　②一七一七刊
世間胸算用　①井原西鶴　②一六九二刊
男色大鑑　①井原西鶴　②一六八七刊
日本永代蔵　①井原西鶴　②一六八八刊
日本新永代蔵　①北条団水　②一七一三刊
風流曲三味線　①江島其碛　②一七〇六刊
椀久二世　①井原西鶴　②一六九一刊

宇治拾遺　②一二二一頃　③「宇治拾遺物語」。説話
宇津保　②九七〇〜九九九頃　③「宇津保物語」。物語
運歩色葉　②一五四八　③「運歩色葉集」。辞書
栄花　②一〇二八〜九二頃　③「栄花物語」。歴史物語
詠歌大概　①藤原定家　②一三世紀前　③歌学
英和対訳辞書　①堀達之助・堀越亀之助編　②一八六七　③「慶応再版英和対訳辞書」による
江戸繁昌記　①寺門静軒　②一八三二〜三六刊　③地誌
延喜式　①藤原時平ら編　②九二七　③法制
落窪　②一〇世紀後　③「落窪物語」。物語

御伽草子

猿の草子　②室町時代末
酒呑童子　②室町時代末
鉢かづき　②室町時代末

御湯殿上日記　②一四七七〜一八二六　③女官が交代で記した日記
河海抄　①四辻善成　②一三六二頃　③「源氏」の注釈
下学集　①東麓破衲　②一四四四　③辞書。元和三年版による
歌経標式　①藤原浜成　②七七二　③歌学
蜻蛉　①藤原道綱母　②九七四頃　③「蜻蛉日記」。日記文学
雅言考　①橘守部　②一八四九頃　③語学
餝抄　①土御門（中院）通方　②一二三八頃　③有職故実
花鳥余情　①一条兼良　②一四七二　③「源氏」の注釈

仮名草子

伊曾保物語　②一六三九頃
犬枕　①近衛信尹らか　②一六〇六頃
恨の介　②一六〇九〜一七頃
東海道名所記　①浅井了意　②一六五九〜六一頃刊
仁勢物語　②一六三九〜四〇頃
都風俗鑑　②一六八一刊

歌舞伎

天衣紛上野初花（河内山）　①河竹黙阿弥　②一八八一初演
傾城筑紫𩋙　①奈河晴助　②一八一四初演
助六廓夜桜　①桜田治助・笠縫専助　②一七七九初演
松栄千代田神徳（徳川家康）　①河竹黙阿弥　②一八七八初演
能中富清御神楽（三社祭り）　①河竹黙阿弥　②一八六九初演
与話情浮名横櫛（切られ与三）　①瀬川如皐　②一

八五三初演
歌謡
新編歌祭文集 ②一六八八〜一七三六頃刊
田植草紙 ②一六世紀中〜後
松の葉 ①秀松軒 ②一七〇三刊
菅家文草 ①菅原道真 ②九〇〇頃 ③漢詩文
翰林葫蘆集 ①景徐周麟 ②一五一八頃 ③漢詩文
義経記 ②室町時代中期か ③軍記
黄表紙
無益委記 ①恋川春町 ②一七七九刊
九暦 ①藤原師輔 ②九三〇〜九六〇 ③日記
狂歌
巴人集 ①大田南畝 ②一七八四序
狂言
虎明本狂言 寛永一九（一六四二）年写
察化・塗師・富士松など ②室町時代末〜近世初
玉塵抄 ①惟高妙安 ②一五六三 ③抄物
玉葉 ①藤原為兼撰 ②一三一二 ③「玉葉和歌集」。勅撰集
玉葉 ①九条兼実 ②一一六四〜一二〇〇 ③日記
金葉 ①源俊頼撰 ②一一二四〜二七 ③「金葉和歌集」。勅撰集
軍用記 ①伊勢貞丈 ②一七六一序 ③武家故実
源氏 ①紫式部 ②一〇〇一〜一四頃 ③「源氏物語」。物語
源平盛衰記 ②一四世紀前 ③軍記
江家次第 ①大江匡房 ②一一一一頃 ③有職故実
交隣須知 ①雨森芳州か ②一八世紀中か ③朝鮮語学習書
五音 ①世阿弥 ②一四三四頃 ③能楽論
古今 ①紀貫之ら撰 ②九〇五〜九一四 ③「古今和歌集」。勅撰集
古今著聞集 ①橘成季 ②一二五四跋 ③説話
古今要覧稿 ①屋代弘賢編 ②一八二一〜四二 ③叢書、考証
古事記 ①太安万侶編 ②七一二 ③「古事記伝」などを参照し、読み下し文で掲げる
滑稽本
浮世床 ①〈初・二編〉式亭三馬、〈三編〉滝亭鯉丈 ②一八一三〜二三刊
浮世風呂 ①式亭三馬 ②一八〇九〜一三刊
戯場粋言幕の外 ②一八〇六刊
七偏人 ①梅亭金鵞 ②一八五七〜六三刊
東海道中膝栗毛 ①十返舎一九 ②〈発端〉一八一四刊〈初〜八編〉一八〇二〜〇九刊
八笑人 ①〈初〜四編〉滝亭鯉丈、〈五編上〉池田英泉、〈五編中・下〉与鳳亭枝成 ②一八二〇〜四九刊 ③「花暦八笑人」
古朽木 ①朋誠堂喜三二 ②一七八〇刊
今昔 ②一一二〇頃か ③「今昔物語集」。説話
狭衣物語 ①六条斎院禖子内親王宣旨、源頼国女作か ②一〇六九〜七七頃か ③物語
雑俳
川柳評万句合 ①柄井川柳評 ②一七五七〜八九刊
柳籠裏 ①糀町高砂連、柄井川柳評 ②一七八三〜八六刊
柳多留 ①柄井川柳ら評、呉陵軒可有ら編 ②一七六五〜一八四〇刊
更級日記 ①菅原孝標女 ②一〇五九頃 ③日記文学
申楽談儀 ①世阿弥 ②一四三〇奥書 ③能楽書
山槐記 ①中山忠親 ②一一五一〜九四 ③日記
山家集 ①西行 ②一二世紀後 ③私家集
三国伝記 ①玄棟編 ②一四〇七〜四六頃か ③説話
三条家装束抄 ②一二〇〇頃か ③「伏見院宸翰装束抄」。有職故実
三代実録 ①源能有・藤原時平ら編 ②九〇一編 ③勅撰史書
三宝絵詞 ①源為憲 ②九八四 ③説話。「観智院本三宝絵」による
散木奇歌集 ①源俊頼 ②一一二八頃 ③私家集
山陽詩鈔 ①頼山陽 ②一八三三刊 ③漢詩
詩学大成抄 ②一五五八〜七〇頃 ③抄物
十訓抄 ②一二五二序 ③説話
沙石集 ①無住一円 ②一二八三 ③説話。「米沢本沙石集」による
洒落本
田舎芝居 ①万象亭（森島中良） ②一七八七刊
傾城買四十八手 ①山東京伝 ②一七九〇刊
傾城買指南所 ①田水金魚 ②一七七八刊
後編風俗通 ①金錦先生 ②一七七五刊
仕懸文庫 ①山東京伝 ②一七九一刊
寸南破良意 ①南鐐堂一片 ②一七七五刊
船頭深話 ①式亭三馬 ②一八〇二刊
太平楽巻物 ①天竺老人（森島中良） ②一七八二刊
辰巳之園 ①夢中山人寝言先生 ②一七七〇刊
通言総籬 ①山東京伝 ②一七八七序
箱まくら ①大極堂有長 ②一八二三刊
風俗八色談 ①卜々斎 ②一七五六刊
部屋三味線 ①流女それがし ②一七八九〜一八〇一頃

遊子方言 ①田舎老人多田爺 ②一七七〇刊
拾遺愚草 ①藤原定家 ②一二一六～三三頃 ③私家集
拾玉集 ①慈円詠、尊円親王撰 ②一三四六 ③私家集。
「広本拾玉集」による
重訂本草綱目啓蒙 ①小野蘭山述、井口望之重訂
②一八四七刊 ③本草
装束抄 ①三条西実隆 ②一五七七頃 ③「逍遙院殿装
束抄」。有職故実
小右記 ①藤原実資 ②九八二～一〇三二 ③日記
浄瑠璃
女殺油地獄 ①近松門左衛門 ②一七二一初演
仮名手本忠臣蔵 ①竹田出雲ら ②一七四八初演
国性爺合戦 ①近松門左衛門 ②一七一五初演
五十年忌歌念仏 ①近松門左衛門 ②一七〇七初演
薩摩歌 ①近松門左衛門 ②一七一一頃初演
心中重井筒 ①近松門左衛門 ②一七〇七初演
大経師昔暦 ①近松門左衛門 ②一七一五初演
大職冠 ①近松門左衛門 ②一七一一頃初演
丹波与作待夜の小室節 ①近松門左衛門 ②一七〇七
頃初演
孕常盤 ①近松門左衛門 ②一七一〇頃初演
平家女護島 ①近松門左衛門 ②一七一九初演
伽羅先代萩 ①松貫四 ②一七八五初演
山崎与次兵衛寿の門松 ①近松門左衛門 ②一七一八
初演
日本武尊吾妻鑑 ①近松門左衛門 ②一七二〇初演
義経千本桜 ①竹田出雲ら ②一七四七初演
書紀 ①舎人親王ら ②七二〇 ③「日本書紀」。北野
本などの訓により読み下し文で掲げる
続日本紀 ①藤原継縄ら ②七九七編 ③勅撰史書

続日本後紀 ①藤原良房ら ②八六九 ③勅撰史書
書言字考節用集 ①槙島昭武 ②一七一七刊 ③辞書
女中言葉 ②一七一二 ③辞書
助無智秘抄 ②一一六六頃か ③「年中行事装束抄」。
有職故実
新古今 ①藤原定家ら撰 ②一二〇五 ③「新古今和歌
集」。勅撰集
新撰字鏡 ①昌住 ②八九八～九〇一頃 ③辞書
新撰六帖 ①藤原家良ら ②一二四四頃 ③歌集
新勅撰 ①藤原定家撰 ②一二三五 ③「新勅撰和歌集」。
勅撰集
神道集 ①安居院編 ②一三五八頃 ③説話
随筆
安斎随筆 ①伊勢貞丈 ②一七八三頃
一話一言 ①大田南畝 ②一七七九～一八二〇頃
嬉遊笑覧 ①喜多村信節 ②一八三〇序
愚雑俎 ①田宮仲宣 ③一八二五～三三刊
玉勝間 ①本居宣長 ②一七九五～一八一二刊
貞丈雑記 ①伊勢貞丈 ②一七八四頃
独寝 ①柳沢淇園 ②一七二四頃
反古染 ①越智久為 ②一七五三～八九頃
北越雪譜 ①鈴木牧之 ②一八三六～四二刊
守貞漫稿 ①喜田川守貞 ②一八三七～五三 ③「類聚
近世風俗志」
政事要略 ①惟宗允亮 ②一〇〇二頃 ③法制書
世俗諺文 ①源為憲 ②一〇〇七 ③俚諺注釈。「世俗諺
文鎌倉期点」（一二五〇頃）による
説経節
さんせう太夫（与七郎正本） ②一六四〇頃刊
宗五大草紙 ①伊勢貞頼 ②一五二八 ③武家故実

曾我物語 ②南北朝時代頃 ③軍記
俗語考 ①橘守部 ②一八四一 ③語学
待賢門院堀川集 ①待賢門院堀川（源顕仲女） ②一
一四五～四六頃 ③私家集
太平記 ②一四世紀後 ③軍記
竹取 ②九世紀末～一〇世紀初 ③「竹取物語」。物語
多識編 ①林羅山 ②一六三一刊 ③辞書
忠見集 ①壬生忠見 ②九六〇頃 ③私家集
譬喩尽 ①松葉軒東井編 ②一七八六序 ③諺集
談義本
当風辻談義 ①嫌阿弥陀仏 ②一七五三刊
当世穴穿 ①穎斎主人 ②一七六九～七一刊
根無草 ①平賀源内 ②一七六三～六九刊
中華若木詩抄 ①如月寿印注 ②一五二〇頃 ③抄物
長秋詠藻 ①藤原俊成 ②一一七八 ③私家集
菟玖波集 ①二条良基編 ②一三五六 ③連歌集
筑波問答 ①二条良基 ②一三五七～七二頃 ③連歌論
堤中納言 ②一一世紀後～一三世紀頃 ③「堤中納言物
語」
手鑑模様節用 ①梅丸友禅 ②一七八九か ③染織
多武峰少将物語 ②一〇世紀中 ③物語
東北院職人歌合 ②一三四八頃か ③絵入り歌合
言継卿記 ①山科言継 ②一五二七～七六 ③日記
土左 ①紀貫之 ②九三五頃 ③「土左日記」「土佐日
記」。紀行
とはずがたり ①後深草院二条 ②一四世紀前 ③日
記文学
とりかへばや ②一二世紀後 ③「とりかへばや物
語」。物語
日葡辞書 ①イエズス会宣教師編 ②一六〇三～〇四 ③

日本語をポルトガル語で説明した辞書

人情本

明烏後正夢発端 ①為永春水 ②一八二三刊

春色梅児誉美 ①為永春水 ②一八三二～三三刊

春色梅美婦禰 ①為永春水 ②一八四一～四二頃刊

春色辰巳園 ①為永春水 ②一八三三～三五刊

俳諧

曠野 ①山本荷兮編 ②一六八九序

犬子集 ①松江重頼編 ②一六三三刊

玉海集 ①松永貞徳撰、安原貞室編 ②一六五六刊

毛吹草 ①松江重頼編 ②一六三八序

滑稽雑談 ①四時堂其諺 ②一七一三序

七番日記 ①小林一茶 ②一八一〇～一八

青蘿発句集 ①栗本玉屑編 ②一七九七刊

七柏集 ①大島蓼太編 ②一七八一刊

俳諧歳時記 ①滝沢馬琴編 ②一八〇三刊

八番日記 ①小林一茶 ②一八一九～二一

蕪村句集 ①高井几董編 ②一七八四刊

本朝文選 ①森川許六編 ②一七〇六刊

類船集 ①高瀬梅盛 ②一六七六

葉隠 ①山本常朝 ②一七一六頃 ③「葉隠聞書」「葉隠論語」「鍋島論語」。武士道論

咄本

鯛の味噌津 ①大田南畝 ②一七七九刊

無事志有意 ①烏亭焉馬撰 ②一七九八刊

浜松中納言 ①菅原孝標女か ②一一世紀中 ③「浜松中納言物語」。物語

万金産業袋 ①三宅也来 ②一七三二序 ③工業

蛮語箋 ①森島中良 ②一七九八序 ③辞書

万宝鄙事記 ①貝原益軒 ②一七〇五刊 ③家政

兵範記 ①平信範 ②一一三二～七一 ③日記

評判記

色道大鏡 ①藤本箕山 ②一六七八

物品識名拾遺 ①水谷豊文 ②一八二五跋 ③博物

風土記 ①元明天皇の詔により諸国より集録 ②七一三 ③「常陸風土記」のように示す

夫木 ①藤原長清撰 ②一三一〇頃 ③「夫木和歌抄」。私撰集

文明本節用集 ②室町時代中 ③「雑字類書」。辞書

平家 ②一三世紀前 ③「平家物語」。軍記

平治 ②一二三〇頃か ③「平治物語」。軍記

保元 ②一二三〇頃か ③「保元物語」。軍記

方丈記 ①鴨長明 ②一二一二 ③随筆

北条五代記 ①三浦浄心 ②一六四一刊 ③雑史

発心集 ①鴨長明 ②一二一六頃か ③説話

本草和名 ①深根輔仁著・多紀元簡校 ②九一八頃 ③本草

本朝食鑑 ①人見必大 ②一六九七刊 ③本草

本朝文粋 ①藤原明衡編 ②一〇六〇頃 ③漢詩文

枕 ①清少納言 ②一〇世紀終 ③「枕草子」。随筆

満佐須計装束抄 ①源雅亮 ②一一八四 ③有職故実

政基公旅引付 ①九条政基 ②一五〇一～〇四 ③日記

増鏡 ②一三六八～七六頃 ③歴史物語

万葉 ②八世紀後 ③「万葉集」。歌集

躬恒集 ①凡河内躬恒 ②九二四頃 ③私家集

名義抄 ③辞書。「観智院本類聚名義抄」（一二四一）による

名語記 ①経尊 ②一二七五 ③辞書

名目鈔 ①洞院実熙 ②一四五七頃 ③有職故実

無名抄 ①鴨長明 ②一二一一頃 ③歌学

藻塩草 ①月村斎宗碩 ②一五一三頃 ③辞書

八雲御抄 ①順徳天皇 ②一二四二頃 ③歌学

大和 ②九四七～九五七頃 ③「大和物語」。歌物語

大和本草 ①貝原益軒 ②一七〇九刊 ③本草

謡曲

鞍馬天狗 ②一四八〇頃

草子洗小町 ②一五七〇頃

道明寺 ②一五三三頃

光悦本・車屋本などと底本を区別して示した

雍州府志 ①黒川道祐 ②一六八四序 ③地誌

輿地誌略 ①青地林宗訳 ②一八二六 ③原書は蘭書

読本

雨月物語 ①上田秋成 ②一七七六刊

椿説弓張月 ①滝沢馬琴 ②一八〇七～一一刊

南総里見八犬伝 ①滝沢馬琴 ②一八一四～四二刊

昔話稲妻表紙 ①山東京伝 ②一八〇六刊

夜の寝覚 ①菅原孝標女か ②一〇四五～六八頃 ③「夜半の寝覚」。物語

霊異記 ①景戒 ②八一〇～八二四 ③「日本国現報善悪霊異記」。説話

令義解 ①清原夏野ら ②〈本文・本注〉七一八、〈義解〉八三三 ③「養老令」の注釈

令集解 ①惟宗直本 ②〈大宝令本文〉七〇一、〈古記〉七三八、〈注〉八六八 ③「養老令」の注釈

料理物語 ②一六四三奥書 ③料理

和漢三才図会 ①寺島良安 ②一七一二序 ③百科事典

和漢朗詠 ①藤原公任撰 ②一〇一八頃 ③「和漢朗詠集」。歌謡

和名抄 ①源順 ②九三四頃 ③「和名類聚抄」。辞書

印　刷　図書印刷株式会社沼津工場
製　版　Creo社　TrendSetter／175線
印　刷　アキヤマ　Jプリント40　菊全両面4色機
用　紙　王子製紙OKトップコートS　127.9g/㎡
インキ　大日精化工業株式会社（黄に耐光インキ使用）

監修　永田泰弘（ながたやすひろ）

1936年島根県生まれ。山口大学工学部卒業後、大日精化工業株式会社入社。合成樹脂着色技術を研究し、1968年からカラープランニングセンターに勤務。現在同社代表取締役。環境色彩計画等、色彩設計に携わる。日本色彩学会会員。

新版　色の手帖

一九八六年　七　月一〇日初版　　発行
二〇〇二年　五　月一〇日新版第一刷発行
二〇〇四年　四　月二〇日新版第三刷発行

監　修　永田泰弘
編　集　小学館辞典編集部
発行者　藤波誠治
発行所　株式会社　小学館
〒101－8001　東京都千代田区一ツ橋二—三—一
電話　編集　03－3230－5170
　　　制作　03－3230－5333
　　　販売　03－5281－3555
振替　00180－1－200
印刷所　図書印刷株式会社
製本所　牧製本印刷株式会社

編集担当　金川浩　**編集協力**　玄黄社　林みどり　吉田暁子
装丁・レイアウト　東京ナップ（松井宏子・東信章）　栗原靖子
制作企画　横山肇　**資材**　市村浩一　**書籍制作**　廣野篤
宣伝　下河原哲夫　**販売**　広幡文子

ISBN4-09-504002-5

色名索引

●本書で採録した色名を50音順に並べ、あわせて系統色名とその略記号を掲げ、およその色合いがわかるようにしたものである。
●色名欄には、和色名はひらがなで、外来語色名はカタカナで示した。その右に、和色名には漢字表記を、外来語色名には欧文表記を掲げた。
●検索の便を図るために、解説文中で言及した関連する色名や、見出し色名の異形なども、文献例があるものを中心に補った。それらの色名は、矢印「⇒」の後ろに、色見本・解説文がある色名を示した。
●「JIS慣用色名」に挙げてある色名は、JIS欄に「JIS」と表示し、それ以外の色名は「—」で表わした。

色名		JIS	番号	系統色名	略記号	頁
あ						
アイアンブルー	iron blue	JIS	**454**	暗い紫みの青	**dk-pB**	222
あいいろ	藍色	JIS	**214**	暗い青	**dk-B**	116
あいけねずみ	藍気鼠	⇒ あいねず				
あいさびいろ	藍錆色	—	**225**	暗い紫みの青	**dk-pB**	122
アイスグリーン	ice green	—	**424**	ごくうすい青みの緑	**vp-bG**	211
あいてついろ	藍鉄色	—	**230**	ごく暗い紫みの青	**vd-pB**	125
あいねず	藍鼠	JIS	**204**	暗い灰みの青	**dg-B**	111
あいねずみ	藍鼠	⇒ あいねず				
アイビーグリーン	ivy green	JIS	**407**	暗い黄緑	**dk-YG**	204
アイボリー	ivory	JIS	**481**	黄みのうすい灰色	**y-plGy**	233
アイボリーブラック	ivory black	—	**498**	黒	**Bk**	240
アイボリーホワイト	ivory white	⇒ アイボリー				
あいみるちゃ	藍海松茶	—	**165**	暗い灰みの黄緑	**dg-YG**	90
あお	青	JIS	**205**	あざやかな青	**vv-B**	112
あおかち	青褐	—	**227**	ごく暗い紫みの青	**vd-pB**	123
あおずみ	青墨	—	**291**	青みの黒	**b-Bk**	158
あおたけいろ	青竹色	JIS	**187**	やわらかい青緑	**sf-BG**	102
あおに	青丹	—	**160**	くすんだ黄緑	**dl-YG**	87
あおにび	青鈍	—	**280**	緑みの灰色	**g-mdGy**	152
あおにぶ	青鈍	⇒ あおにび				
あおみどり	青緑	JIS	**191**	あざやかな青緑	**vv-BG**	104
あおむらさき	青紫	JIS	**239**	あざやかな青紫	**vv-V**	130
あか	赤	JIS	**21**	あざやかな赤	**vv-R**	15
あかくちば	赤朽葉	—	**76**	くすんだ黄赤	**dl-O**	43

色名		JIS	番号	系統色名	略記号	頁
あかこう	赤香	—	**44**	やわらかい黄赤	**sf-O**	27
あかさびいろ	赤錆色	JIS	**59**	暗い黄赤	**dk-O**	35
あかずみ	赤墨	—	**290**	赤みの黒	**r-Bk**	158
あかだいだい	赤橙	JIS	**49**	あざやかな黄赤	**vv-O**	30
あかちゃ	赤茶	JIS	**54**	つよい黄赤	**st-O**	32
あかねいろ	茜色	JIS	**26**	こい赤	**dp-R**	18
あかむらさき	赤紫	JIS	**259**	あざやかな赤紫	**vv-RP**	140
アクアマリン	aquamarine	—	**439**	つよい青	**st-B**	216
あくいろ	灰汁色	—	**138**	灰みの黄	**mg-Y**	76
あけ	赤	⇒ あか				
あけぼのいろ	曙色	⇒ しののめいろ				
あさぎいろ	浅葱色・浅黄色	JIS	**199**	あざやかな緑みの青	**vv-gB**	108
あさはなだ	浅縹	—	**210**	やわらかい青	**sf-B**	114
あさひ	浅緋	—	**28**	くすんだ黄みの赤	**dl-yR**	19
あさみどり	浅緑	—	**171**	やわらかい黄みの緑	**sf-yG**	92
あずきいろ	小豆色	JIS	**35**	くすんだ黄みの赤	**dl-yR**	23
アッシュグレー	ash grey	JIS	**488**	灰色	**mdGy**	235
アップルグリーン	apple green	JIS	**409**	やわらかい黄みの緑	**sf-yG**	205
あぶらいろ	油色	—	**137**	くすんだ黄	**dl-Y**	76
アプリコット	apricot	JIS	**347**	やわらかい黄赤	**sf-O**	181
あまいろ	天色	—	**209**	明るい青	**lt-B**	114
あまいろ	亜麻色	—	**99**	明るい灰みの赤みを帯びた黄	**lg-rY**	54
あめいろ	天色	⇒ あまいろ				
あめいろ	飴色	—	**106**	やわらかい赤みの黄	**sf-rY**	58
アメジスト	amethyst	—	**470**	つよい紫	**st-P**	228
あやめいろ	菖蒲色	JIS	**253**	明るい赤みの紫	**lt-rP**	137
あらいがき	洗柿	—	**65**	やわらかい黄赤	**sf-O**	38
あらいしゅ	洗朱	—	**46**	くすんだ黄赤	**dl-O**	28
あんこうしょく	暗紅色・殷紅色	—	**263**	こい赤紫	**dp-RP**	142
あんこくしょく	暗黒色	—	**298**	黒	**Bk**	162
あんずいろ	杏色・杏子色	JIS	**66**	やわらかい黄赤	**sf-O**	39
アンバー	amber	JIS	**367**	くすんだ赤みの黄	**dl-rY**	188
あんりょくしょく	暗緑色	—	**183**	暗い緑	**dk-G**	99
い						
イエロー	yellow	JIS	**379**	あざやかな黄	**vv-Y**	193
イエローオーカー	yellow ochre	JIS	**366**	こい赤みの黄	**dp-rY**	188
いこうちゃ	威光茶	⇒ やなぎちゃ				
いちごいろ	苺色	—	**7**	つよい紫みの赤	**st-pR**	7
いっきんぞめ	一斤染	⇒ いっこんぞめ				
いっこんぞめ	一斤染	—	**43**	やわらかい黄赤	**sf-O**	27

色名		JIS	番号	系統色名	略記号	頁
いまよういろ	今様色	—	**6**	つよい紫みの赤	**st-pR**	6
いんこうしょく	殷紅色	⇒ あんこうしょく				
インジゴ	indigo	—	**446**	暗い青	**dk-B**	219
インディアンレッド	Indian red	—	**331**	明るい黄みの赤	**lt-yR**	175
インディゴ	indigo	⇒ インジゴ				
インドあか	印度赤	⇒ インディアンレッド				
う						
ウィスタリア	wistaria	JIS	**459**	あざやかな青紫	**vv-V**	224
うぐいすいろ	鶯色	JIS	**151**	くすんだ黄緑	**dl-YG**	83
うぐいすちゃ	鶯茶	JIS	**142**	暗い灰みの黄	**dg-Y**	78
うこんいろ	鬱金色	JIS	**131**	つよい黄	**st-Y**	72
うすあい	薄藍	—	**203**	灰みの青	**mg-B**	110
うすいろ	薄色	—	**1**	うすい紫みの赤	**pl-pR**	4
うすいろ	薄色	—	**247**	灰みの紫	**mg-P**	134
うすくれない	薄紅	—	**13**	やわらかい赤	**sf-R**	10
うすぐんじょう	薄群青	—	**218**	あざやかな紫みの青	**vv-pB**	118
うすこう	薄香	—	**98**	明るい灰みの赤みを帯びた黄	**lg-rY**	53
うすずみいろ	薄墨色	—	**274**	灰色	**mdGy**	148
うすたまごいろ	薄卵色	—	**95**	ごくうすい赤みの黄	**vp-rY**	52
うすちゃ	薄茶	—	**68**	明るい灰みの黄赤	**lg-O**	39
うすにびいろ	薄鈍色	—	**270**	明るい灰色	**ltGy**	146
うすにぶいろ	薄鈍色	⇒ うすにびいろ				
うすねず	薄鼠	—	**272**	青紫みの灰色	**pb-mdGy**	147
うすねずみ	薄鼠	⇒ うすねず				
うすはないろ	薄花色	—	**211**	やわらかい青	**sf-B**	114
うすはなざくら	薄花桜	—	**216**	うすい紫みの青	**pl-pB**	118
うすはなだ	薄縹	—	**201**	明るい灰みの青	**lg-B**	109
うすみどり	薄緑	—	**172**	うすい緑	**pl-G**	93
うつぶしいろ	空五倍子色	—	**115**	灰みの赤みを帯びた黄	**mg-rY**	63
うめぞめ	梅染	—	**75**	灰みの黄赤	**mg-O**	42
うめねず	梅鼠	—	**4**	灰みの紫みを帯びた赤	**mg-pR**	6
うらばやなぎ	裏葉柳	—	**169**	ごくうすい黄みの緑	**vp-yG**	92
ウルトラマリン	ultramarine	⇒ ウルトラマリンブルー				
ウルトラマリンブルー	ultramarine blue	JIS	**449**	こい紫みの青	**dp-pB**	220
うるみしゅ	潤朱	—	**32**	くすんだ黄みの赤	**dl-yR**	21
え						
エクリュ	écru	⇒ エクルベージュ				
エクル	ecru	⇒ エクルベージュ				
エクルベージュ	ecru beige	JIS	**357**	うすい赤みの黄	**pl-rY**	184
えどちゃ	江戸茶	—	**74**	くすんだ黄赤	**dl-O**	42

色名		JIS	番号	系統色名	略記号	頁
えどむらさき	江戸紫	JIS	**245**	こい青みの紫	**dp-bP**	132
エバーグリーン	evergreen	—	**421**	暗い灰みの緑	**dg-G**	210
えびいろ	海老色・蝦色・葡萄色	—	**9**	暗い紫みの赤	**dk-pR**	8
えびぞめ	葡萄染	—	**261**	暗い灰みの赤紫	**dg-RP**	141
えびちゃ	海老茶	JIS	**41**	暗い黄みの赤	**dk-yR**	26
エボニー	ebony	—	**497**	緑みを帯びた黄みの黒	**g･y-Bk**	239
エメラルドグリーン	emerald green	JIS	**416**	つよい緑	**st-G**	208
エルムグリーン	elm green	—	**403**	暗い黄緑	**dk-YG**	203
えんじ	臙脂・燕脂	JIS	**22**	つよい赤	**st-R**	16
えんたんいろ	鉛丹色	JIS	**33**	つよい黄みの赤	**st-yR**	22
お						
オイスターホワイト	oyster white	—	**482**	うすい灰色	**plGy**	233
おうだん	黄丹	⇒ おうに				
おうちいろ	楝色・樗色	—	**234**	明るい青紫	**lt-V**	127
おうどいろ	黄土色	JIS	**109**	こい赤みの黄	**dp-rY**	60
おうに	黄丹	JIS	**45**	つよい黄赤	**st-O**	28
おうりょくしょく	黄緑色	⇒ きみどり				
オーキッド	orchid	JIS	**468**	やわらかい紫	**sf-P**	227
オールドローズ	old rose	JIS	**316**	やわらかい赤	**sf-R**	170
おなんどいろ	御納戸色	⇒ なんどいろ				
おなんどちゃ	御納戸茶	⇒ なんどちゃ				
オパールいろ	—色	⇒ オパールグリーン				
オパールグリーン	opal green	—	**413**	うすい緑	**pl-G**	206
おめしちゃ	御召茶	—	**164**	灰みの黄緑	**mg-YG**	89
オリーブ	olive	JIS	**398**	暗い緑みの黄	**dk-gY**	201
オリーブグリーン	olive green	JIS	**404**	暗い灰みの黄緑	**dg-YG**	203
オリーブドラブ	olive drab	JIS	**397**	暗い灰みの緑みを帯びた黄	**dg-gY**	201
オリエンタルブルー	oriental blue	JIS	**453**	こい紫みの青	**dp-pB**	222
オレンジ	orange	JIS	**348**	あざやかな黄赤	**vv-O**	181
か						
カーキー	khaki	JIS	**373**	くすんだ赤みの黄	**dl-rY**	190
カージナルレッド	cardinal red	—	**336**	こい黄みの赤	**dp-yR**	177
ガーネット	garnet	—	**337**	暗い黄みの赤	**dk-yR**	177
カーマイン	carmine	JIS	**323**	あざやかな赤	**vv-R**	172
カーミン	carmine	⇒ カーマイン				
かいはくしょく	灰白色	—	**268**	うすい灰色	**plGy**	145
かいりょくしょく	灰緑色	⇒ はいみどり				
かきいろ	柿色	JIS	**48**	つよい黄赤	**st-O**	29
かきちゃ	柿茶	—	**56**	くすんだ黄赤	**dl-O**	34
かきつばたいろ	杜若色・燕子花色	JIS	**219**	あざやかな紫みの青	**vv-pB**	119

色名		JIS	番号	系統色名	略記号	頁
かぞういろ	萱草色	⇒ かんぞういろ				
かちいろ	褐色・搗色・勝色	JIS	**229**	ごく暗い紫みの青	**vd-pB**	124
かちがえし	褐返し	—	**207**	ごく暗い青	**vd-B**	113
かちんいろ	褐色・搗色・勝色	⇒ かちいろ				
かっしょく	褐色	JIS	**93**	暗い黄赤	**dk-O**	50
カドミウムイエロー	cadmium yellow	—	**393**	あざやかな緑みの黄	**vv-gY**	199
カナリーイエロー	canary yellow	JIS	**394**	明るい緑みの黄	**lt-gY**	199
カナリヤいろ	—色	⇒ カナリーイエロー				
かばいろ	樺色・蒲色	JIS	**53**	つよい黄赤	**st-O**	32
かばちゃ	樺茶・蒲茶	—	**86**	暗い黄赤	**dk-O**	47
かめのぞき	瓶覗・甕覗	JIS	**196**	やわらかい緑みの青	**sf-gB**	106
からくれない	韓紅・唐紅	JIS	**16**	あざやかな赤	**vv-R**	12
からしいろ	芥子色・辛子色	JIS	**134**	やわらかい黄	**sf-Y**	74
からちゃ	枯茶・唐茶	—	**87**	暗い黄赤	**dk-O**	47
かりやすいろ	刈安色	JIS	**144**	うすい緑みの黄	**pl-gY**	79
カルミン	karmijn	⇒ カーマイン				
かれいろ	枯色	—	**104**	やわらかい赤みの黄	**sf-rY**	56
かれくさいろ	枯草色	⇒ かれいろ				
かわいろ	革色	—	**179**	暗い灰みの緑	**dg-G**	97
かわらけいろ	土器色	—	**78**	くすんだ黄赤	**dl-O**	43
かんじいろ	柑子色	⇒ こうじいろ				
かんぞういろ	萱草色	—	**101**	つよい赤みの黄	**st-rY**	55
ガンメタルグレー	gunmetal grey	—	**494**	赤みの暗い灰色	**r-dkGy**	238
き						
きあか	黄赤	JIS	**73**	あざやかな黄赤	**vv-O**	41
きいろ	黄色	JIS	**128**	あざやかな黄	**vv-Y**	70
きがらちゃ	黄枯茶・黄唐茶	—	**121**	暗い灰みの赤みを帯びた黄	**dg-rY**	66
ききょういろ	桔梗色	JIS	**240**	こい青紫	**dp-V**	130
きくじん	麹塵	—	**163**	灰みの黄緑	**mg-YG**	89
きちゃ	黄茶	JIS	**82**	つよい黄赤	**st-O**	45
きつねいろ	狐色	—	**108**	こい赤みの黄	**dp-rY**	59
きつるばみ	黄橡	—	**112**	くすんだ赤みの黄	**dl-rY**	61
きなりいろ	生成色	JIS	**265**	赤みを帯びた黄みの白	**r·y-Wt**	143
きはだいろ	黄蘗色	JIS	**148**	明るい黄緑	**lt-YG**	81
きみどり	黄緑	JIS	**154**	あざやかな黄緑	**vv-YG**	84
キャメル	camel	—	**370**	くすんだ赤みの黄	**dl-rY**	189
きゃらいろ	伽羅色	—	**67**	やわらかい黄赤	**sf-O**	39
キャロットオレンジ	carrot orange	JIS	**341**	つよい黄赤	**st-O**	178
きょうむらさき	京紫	—	**249**	つよい紫	**st-P**	135
きんあか	金赤	JIS	**47**	あざやかな黄赤	**vv-O**	29

色名		JIS	番号	系統色名	略記号	頁
きんいろ	金色	JIS	**299**	—	—	162
ぎんいろ	銀色	JIS	**300**	—	—	163
ぎんかいしょく	銀灰色	⇒ ぎんねず				
ぎんしゅ	銀朱	—	**18**	つよい赤	**st-R**	13
きんしょく	金色	⇒ きんいろ				
ぎんしょく	銀色	⇒ ぎんいろ				
きんちゃ	金茶	JIS	**113**	こい赤みの黄	**dp-rY**	62
ぎんねず	銀鼠	JIS	**271**	明るい灰色	**ltGy**	146
ぎんねずみ	銀鼠	⇒ ぎんねず				
く						
くさいろ	草色	JIS	**162**	くすんだ黄緑	**dl-YG**	88
くちなし	梔子・支子	—	**129**	つよい黄	**st-Y**	71
くちばいろ	朽葉色	JIS	**118**	灰みの赤みを帯びた黄	**mg-rY**	65
グラスグリーン	grass green	JIS	**402**	くすんだ黄緑	**dl-YG**	203
クリームイエロー	cream yellow	JIS	**380**	ごくうすい黄	**vp-Y**	193
クリームいろ	—色	⇒ クリームイエロー				
くりいろ	栗色	JIS	**91**	暗い灰みの黄赤	**dg-O**	49
くりいろ	涅色・皂色	—	**122**	ごく暗い赤みの黄	**vd-rY**	67
グリーン	green	JIS	**417**	あざやかな緑	**vv-G**	208
くりうめ	栗梅	—	**58**	暗い黄赤	**dk-O**	34
クリムソン	crimson	—	**475**	あざやかな赤紫	**vv-RP**	230
グリン	green	⇒ グリーン				
くるみいろ	胡桃色	—	**77**	くすんだ黄赤	**dl-O**	43
グレイ	grey, gray	⇒ グレー				
グレー	grey, gray	JIS	**491**	灰色	**mdGy**	236
くれない	紅	⇒ べにいろ				
くろ	黒	JIS	**295**	黒	**Bk**	160
クロームイエロー	chrome yellow	⇒ クロムイエロー				
クロームグリーン	chrome green	⇒ クロムグリーン				
くろがねいろ	鉄色	⇒ てついろ				
くろちゃ	黒茶	JIS	**289**	黄赤みの黒	**yr-Bk**	157
クロッカス	crocus	—	**464**	やわらかい青みの紫	**sf-bP**	226
くろつるばみ	黒橡	—	**287**	暗い灰色	**dkGy**	156
クロムイエロー	chrome yellow	JIS	**382**	明るい黄	**lt-Y**	194
クロムグリーン	chrome green	—	**419**	暗い緑	**dk-G**	209
くわぞめ	桑染	—	**136**	くすんだ黄	**dl-Y**	75
くわちゃ	桑茶	—	**111**	くすんだ赤みの黄	**dl-rY**	61
ぐんじょういろ	群青色	JIS	**222**	こい紫みの青	**dp-pB**	120
け						
けしずみいろ	消炭色	—	**288**	暗い灰色	**dkGy**	157

色名		JIS	番号	系統色名	略記号	頁
けしむらさき	滅紫	—	**255**	暗い灰みの赤みを帯びた紫	**dg-rP**	138
けんぽういろ	憲法色	—	**286**	赤みを帯びた黄みの暗い灰色	**r·y-dkGy**	156
こ						
こあい	濃藍	⇒ こいあい				
こいあい	濃藍	JIS	**215**	ごく暗い青	**vd-B**	117
こいねず	濃鼠	—	**284**	青紫みの暗い灰色	**pb-dkGy**	155
こいねずみ	濃鼠	⇒ こいねず				
こういろ	香色	—	**132**	やわらかい黄	**sf-Y**	73
こうし	紅紫	—	**254**	あざやかな赤みの紫	**vv-rP**	138
こうじいろ	柑子色	JIS	**64**	明るい黄赤	**lt-O**	38
こうばいいろ	紅梅色	JIS	**15**	やわらかい赤	**sf-R**	11
コーヒーブラウン	coffee brown	—	**351**	暗い灰みの黄赤	**dg-O**	182
コーラルレッド	coral red	JIS	**312**	明るい赤	**lt-R**	168
ゴールデンイエロー	golden yellow	JIS	**360**	つよい赤みの黄	**st-rY**	185
こがねいろ	黄金色・金色	⇒ きんいろ				
こがれこう	焦香	—	**80**	くすんだ黄赤	**dl-O**	44
こきいろ	濃色	—	**8**	暗い灰みの紫みを帯びた赤	**dg-pR**	7
こくぼうしょく	国防色	—	**139**	暗い黄	**dk-Y**	76
こけいろ	苔色	JIS	**161**	くすんだ黄緑	**dl-YG**	88
こげちゃ	焦茶	JIS	**94**	暗い灰みの黄赤	**dg-O**	51
ココアブラウン	cocoa brown	JIS	**355**	暗い灰みの黄赤	**dg-O**	184
こだいむらさき	古代紫	JIS	**250**	くすんだ紫	**dl-P**	136
コチニールレッド	cochineal red	JIS	**306**	あざやかな紫みの赤	**vv-pR**	166
こねず	濃鼠	⇒ こいねず				
こねずみ	濃鼠	⇒ こいねず				
こはくいろ	琥珀色	JIS	**114**	くすんだ赤みの黄	**dl-rY**	62
コバルトいろ	—色	⇒ コバルトブルー				
コバルトグリーン	cobalt green	JIS	**415**	明るい緑	**lt-G**	207
コバルトブルー	cobalt blue	JIS	**445**	あざやかな青	**vv-B**	218
こびちゃ	媚茶	—	**140**	暗い灰みの黄	**dg-Y**	77
ごふんいろ	胡粉色	JIS	**266**	黄みの白	**y-Wt**	144
こむぎいろ	小麦色	JIS	**105**	やわらかい赤みの黄	**sf-rY**	57
コルク	cork	JIS	**369**	くすんだ赤みの黄	**dl-rY**	189
こんあい	紺藍	JIS	**242**	こい青紫	**dp-V**	131
こんいろ	紺色	JIS	**228**	暗い紫みの青	**dk-pB**	124
こんじき	金色	⇒ きんいろ				
こんじょう	紺青	JIS	**226**	暗い紫みの青	**dk-pB**	123
こんてつ	紺鉄	⇒ てつこん				
こんぱるいろ	金春色	⇒ しんばしいろ				
こんるり	紺瑠璃	⇒ るりこん				

色名		JIS	番号	系統色名	略記号	頁
さ						
サーモンピンク	salmon pink	JIS	**329**	やわらかい黄みの赤	**sf-yR**	174
サクソニーブルー	Saxony blue	⇒ サックスブルー				
サクソンブルー	Saxon blue	⇒ サックスブルー				
さくらいろ	桜色	JIS	**2**	ごくうすい紫みの赤	**vp-pR**	4
サックスブルー	saxe blue	JIS	**443**	くすんだ青	**dl-B**	217
さびあさぎ	錆浅葱	JIS	**190**	灰みの青緑	**mg-BG**	103
さびいろ	錆色	JIS	**62**	暗い灰みの黄赤	**dg-O**	36
さびねず	錆鼠	—	**282**	青みの暗い灰色	**b-dkGy**	154
サファイアいろ	—色	⇒ サファイアブルー				
サファイアブルー	sapphire blue	—	**456**	こい紫みの青	**dp-pB**	223
サフランイエロー	saffron yellow	—	**383**	明るい黄	**lt-Y**	194
サルファーイエロー	sulphur yellow	—	**395**	明るい緑みの黄	**lt-gY**	200
さんごいろ	珊瑚色	JIS	**11**	明るい赤	**lt-R**	9
し						
シアン	cyan	JIS	**437**	明るい青	**lt-B**	215
シアンブルー	cyan blue	⇒ シアン				
シーグリーン	sea green	JIS	**405**	つよい黄緑	**st-YG**	204
ジェードグリーン	jade green	—	**425**	くすんだ青みの緑	**dl-bG**	211
シェルピンク	shell pink	JIS	**338**	ごくうすい黄赤	**vp-O**	177
しおう	雌黄・藤黄	—	**130**	明るい黄	**lt-Y**	72
しおんいろ	紫苑色	—	**236**	くすんだ青紫	**dl-V**	128
しかんちゃ	芝翫茶	—	**107**	やわらかい赤みの黄	**sf-rY**	58
シグナルレッド	signal red	JIS	**321**	あざやかな赤	**vv-R**	172
シクラメンピンク	cyclamen pink	—	**471**	やわらかい赤紫	**sf-RP**	228
しこくしょく	紫黒色	—	**294**	紫みの黒	**p-Bk**	160
しこん	紫紺・紫根	JIS	**252**	暗い紫	**dk-P**	137
しっこく	漆黒	—	**297**	黒	**Bk**	161
シナモン	cinnamon	—	**372**	くすんだ赤みの黄	**dl-rY**	190
しののめいろ	東雲色	—	**42**	明るい黄赤	**lt-O**	27
しぶがみいろ	渋紙色	—	**89**	暗い黄赤	**dk-O**	48
しゃくどういろ	赤銅色	—	**61**	暗い黄赤	**dk-O**	36
シャルトルーズイエロー	chartreuse yellow	—	**399**	あざやかな黄緑	**vv-YG**	202
シャルトルーズグリーン	chartreuse green	JIS	**400**	明るい黄緑	**lt-YG**	202
シャンパン	champagne	—	**361**	明るい灰みの赤みを帯びた黄	**lg-rY**	186
しゅいろ	朱色	JIS	**29**	あざやかな黄みの赤	**vv-yR**	20
シュリンプピンク	shrimp pink	—	**315**	やわらかい赤	**sf-R**	169
しょうじょうひ	猩々緋	—	**31**	あざやかな黄みの赤	**vv-yR**	21
しょうぶいろ	菖蒲色	JIS	**243**	あざやかな青みの紫	**vv-bP**	131
ジョーヌブリアン	jaune brillant	⇒ ジョンブリアン				

色名		JIS	番号	系統色名	略記号	頁
ジョンヌブリアン	jaune brillant	⇒ ジョンブリアン				
ジョンブリアン	jaune brillant	JIS	**381**	あざやかな黄	**vv-Y**	194
シルバーグレー	silver grey	JIS	**486**	明るい灰色	**ltGy**	235
しろ	白	JIS	**264**	白	**Wt**	143
しろがねいろ	白銀色・銀色	⇒ ぎんいろ				
しんく	真紅・深紅	—	**24**	こい赤	**dp-R**	17
しんこう	真紅・深紅	⇒ しんく				
しんじゅいろ	真珠色	⇒ パールホワイト				
しんばしいろ	新橋色	JIS	**197**	明るい緑みの青	**lt-gB**	107
しんりょくしょく	深緑色	⇒ ふかみどり				
す						
すおう	蘇芳・蘇方・蘇枋	JIS	**23**	くすんだ赤	**dl-R**	16
スカーレット	scarlet	JIS	**333**	あざやかな黄みの赤	**vv-yR**	176
スカイグレー	sky grey	JIS	**484**	青みの明るい灰色	**b-ltGy**	234
スカイブルー	sky blue	JIS	**434**	明るい青	**lt-B**	214
すすたけいろ	煤竹色	JIS	**283**	赤みを帯びた黄みの暗い灰色	**r·y-dkGy**	154
スチールグレー	steel grey	JIS	**492**	紫みの灰色	**p-mdGy**	237
ストローイエロー	straw yellow	—	**388**	やわらかい黄	**sf-Y**	197
ストロベリー	strawberry	JIS	**322**	あざやかな赤	**vv-R**	172
すないろ	砂色	JIS	**133**	明るい灰みの黄	**lg-Y**	74
スノーホワイト	snow white	JIS	**478**	白	**Wt**	231
スプルース	spruce	—	**423**	ごく暗い緑	**vd-G**	211
スマルト	smalt	—	**451**	くすんだ紫みの青	**dl-pB**	221
すみいろ	墨色	JIS	**292**	黒	**Bk**	158
すみれいろ	菫色	JIS	**237**	あざやかな青紫	**vv-V**	128
スレートグレー	slate grey	JIS	**495**	暗い灰色	**dkGy**	238
せ						
せいじいろ	青磁色・青瓷色	JIS	**185**	やわらかい青みの緑	**sf-bG**	100
せいどうしょく	青銅色	⇒ ブロンズ				
せいらん	青藍	—	**224**	こい紫みの青	**dp-pB**	122
せいりょくしょく	青緑色	⇒ あおみどり				
セージグリーン	sage green	—	**412**	灰みの黄みを帯びた緑	**mg-yG**	206
せきちくいろ	石竹色	—	**256**	うすい赤紫	**pl-RP**	139
せきばんいろ	石板色・石盤色	⇒ スレートグレー				
せっかっしょく	赤褐色	—	**60**	暗い黄赤	**dk-O**	35
セピア	sepia	JIS	**378**	ごく暗い赤みの黄	**vd-rY**	192
セピヤ	sepia	⇒ セピア				
セラドン	celadon	—	**411**	緑みの明るい灰色	**g-ltGy**	206
ゼラニウムレッド	geranium red	—	**325**	つよい赤	**st-R**	173
セルリアンブルー	cerulean blue	JIS	**438**	あざやかな青	**vv-B**	216

色名		JIS	番号	系統色名	略記号	頁
せんさいちゃ	仙斎茶・千歳茶	—	**285**	黄緑みの暗い灰色	**yg-dkGy**	155
せんざいちゃ	仙斎茶・千歳茶	⇒ せんさいちゃ				
せんざいみどり	千歳緑	⇒ ちとせみどり				
そ						
そい	纁	⇒ そひ				
ぞうげいろ	象牙色	JIS	**267**	黄みのうすい灰色	**y-plGy**	144
そうしねず	想思鼠	—	**217**	やわらかい紫みの青	**sf-pB**	118
そお	赭・朱	—	**52**	くすんだ黄赤	**dl-O**	31
そおに	赭・赭土	⇒ そお				
そひ	纁	—	**72**	くすんだ黄赤	**dl-O**	41
そぼに	赭・赭土	⇒ そお				
そらいろ	空色	JIS	**202**	明るい青	**lt-B**	110
た						
ターコイズブルー	turquoise blue	JIS	**432**	明るい緑みの青	**lt-gB**	214
たいこう	退紅・褪紅	—	**12**	やわらかい赤	**sf-R**	9
たいしゃいろ	代赭色	JIS	**83**	くすんだ黄赤	**dl-O**	46
だいだいいろ	橙色	JIS	**69**	あざやかな黄赤	**vv-O**	40
ダックブルー	duck blue	—	**440**	あざやかな青	**vv-B**	216
たばこいろ	煙草色	—	**119**	暗い赤みの黄	**dk-rY**	65
ダブグレー	dove grey	—	**490**	紫みの灰色	**p-mdGy**	236
たまごいろ	卵色・玉子色	JIS	**97**	明るい赤みの黄	**lt-rY**	53
たん	丹	⇒ にいろ				
タン	tan	JIS	**350**	くすんだ黄赤	**dl-O**	182
たんこうしょく	淡黄色	—	**123**	うすい黄	**pl-Y**	68
だんじゅうろうちゃ	団十郎茶	—	**84**	くすんだ黄赤	**dl-O**	46
たんぽぽいろ	蒲公英色	JIS	**127**	あざやかな黄	**vv-Y**	69
たんりょくしょく	淡緑色	⇒ うすみどり				
ち						
チェスナットブラウン	chestnut brown	—	**376**	ごく暗い赤みの黄	**vd-rY**	191
チェリー	cherry	—	**324**	つよい赤	**st-R**	173
チェリーピンク	cherry pink	JIS	**472**	あざやかな赤紫	**vv-RP**	229
チェリーレッド	cherry red	⇒ チェリー				
ちぐさいろ	千草色	—	**184**	明るい灰みの青みを帯びた緑	**lg-bG**	100
ちとせみどり	千歳緑	JIS	**180**	暗い灰みの緑	**dg-G**	98
チャイナブルー	China blue	⇒ オリエンタルブルー				
チャイニーズレッド	Chinese red	JIS	**340**	あざやかな黄赤	**vv-O**	178
ちゃいろ	茶色	JIS	**92**	暗い灰みの黄赤	**dg-O**	50
ちゃかっしょく	茶褐色	—	**90**	暗い黄赤	**dk-O**	48
チャコールグレー	charcoal grey	JIS	**496**	紫みの暗い灰色	**p-dkGy**	239
ちゃねず	茶鼠	⇒ ちゃねずみ				

色名		JIS	番号	系統色名	略記号	頁
ちゃねずみ	茶鼠	JIS	**273**	黄赤みの灰色	**yr-mdGy**	148
ちゅうき	中黄	JIS	**143**	明るい緑みの黄	**lt-gY**	79
ちょうじいろ	丁子色・丁字色	—	**110**	くすんだ赤みの黄	**dl-rY**	60
ちょうじちゃ	丁子茶	—	**85**	くすんだ黄赤	**dl-O**	47
チョコレート	chocolate	JIS	**343**	ごく暗い黄赤	**vd-O**	179
チョコレートブラウン	chocolate brown	⇒ チョコレート				
チリアンパープル	Tyrian purple	—	**476**	くすんだ赤紫	**dl-RP**	231
つ						
つちいろ	土色	JIS	**117**	くすんだ赤みの黄	**dl-rY**	64
つつじいろ	躑躅色	JIS	**5**	あざやかな紫みの赤	**vv-pR**	6
つゆくさいろ	露草色	JIS	**212**	あざやかな青	**vv-B**	115
て						
てついろ	鉄色	JIS	**188**	ごく暗い青緑	**vd-BG**	102
てつおなんど	鉄御納戸	⇒ てつなんど				
てつぐろ	鉄黒	JIS	**296**	黒	**Bk**	161
てつこん	鉄紺	JIS	**231**	ごく暗い紫みの青	**vd-pB**	125
てつさびいろ	鉄錆色	⇒ さびいろ				
てつなんど	鉄納戸	—	**206**	暗い灰みの青	**dg-B**	112
テラコッタ	terracotta	JIS	**335**	くすんだ黄みの赤	**dl-yR**	176
と						
とうおうしょく	橙黄色	⇒ とうこうしょく				
とうこうしょく	橙黄色	—	**102**	つよい赤みの黄	**st-rY**	56
トープ	taupe	—	**493**	紫みを帯びた赤みの暗い灰色	**p·r-dkGy**	237
ドーンピンク	dawn pink	—	**302**	明るい灰みの紫みを帯びた赤	**lg-pR**	164
ときいろ	鴇色・朱鷺色	JIS	**3**	明るい紫みの赤	**lt-pR**	5
ときわいろ	常磐色・常盤色	JIS	**178**	こい緑	**dp-G**	97
とくさいろ	木賊色・砥草色	—	**186**	くすんだ青みの緑	**dl-bG**	101
とのこいろ	砥粉色	—	**103**	やわらかい赤みの黄	**sf-rY**	56
トパーズ	topaz	—	**371**	こい赤みの黄	**dp-rY**	189
とびいろ	鳶色	JIS	**39**	暗い黄みの赤	**dk-yR**	25
トマトレッド	tomato red	JIS	**320**	あざやかな赤	**vv-R**	171
とりのこいろ	鳥の子色	—	**125**	黄みの白	**y-Wt**	69
な						
ナイルあお	—青	⇒ ナイルブルー				
ナイルブルー	Nile blue	JIS	**429**	くすんだ青緑	**dl-BG**	213
なえいろ	苗色	—	**158**	やわらかい黄緑	**sf-YG**	86
なすこん	茄子紺	JIS	**251**	ごく暗い紫	**vd-P**	136
なでしこいろ	撫子色	—	**257**	やわらかい赤紫	**sf-RP**	139
なのはないろ	菜の花色	—	**145**	明るい緑みの黄	**lt-gY**	80
なまかべいろ	生壁色	—	**116**	灰みの赤みを帯びた黄	**mg-rY**	64

色名		JIS	番号	系統色名	略記号	頁
なまりいろ	鉛色	JIS	**278**	青みの灰色	**b-mdGy**	151
なんどいろ	納戸色	JIS	**200**	つよい緑みの青	**st-gB**	109
なんどちゃ	納戸茶	—	**192**	暗い灰みの青緑	**dg-BG**	104
に						
にいろ	丹色	—	**50**	つよい黄赤	**st-O**	30
にくいろ	肉色	⇒ はだいろ				
にせむらさき	似紫	—	**244**	くすんだ青みの紫	**dl-bP**	132
にっけいいろ	肉桂色	JIS	**51**	くすんだ黄赤	**dl-O**	31
にびいろ	鈍色	—	**281**	暗い灰色	**dkGy**	153
にぶいろ	鈍色	⇒ にびいろ				
にゅうはくしょく	乳白色	⇒ ミルキーホワイト				
にんじんいろ	人参色	—	**71**	つよい黄赤	**st-O**	41
ね						
ネービー	navy	⇒ ネービーブルー				
ネービーブルー	navy blue	JIS	**457**	暗い紫みの青	**dk-pB**	224
ネープルスイエロー	Naples yellow	JIS	**385**	つよい黄	**st-Y**	195
ネールピンク	nail pink	JIS	**339**	うすい黄赤	**pl-O**	178
ねぎしいろ	根岸色	—	**152**	暗い灰みの黄緑	**dg-YG**	83
ねずみいろ	鼠色	JIS	**275**	灰色	**mdGy**	149
ねりいろ	練色	—	**124**	黄みの白	**y-Wt**	68
は						
バーガンディー	burgundy	JIS	**310**	ごく暗い紫みの赤	**vd-pR**	167
パーチメント	parchment	—	**483**	黄緑みのうすい灰色	**yg-plGy**	234
パープル	purple	JIS	**469**	あざやかな紫	**vv-P**	228
バーミリオン	vermilion	JIS	**332**	あざやかな黄みの赤	**vv-yR**	175
パールグレー	pearl grey	JIS	**485**	明るい灰色	**ltGy**	234
パールホワイト	pearl white	—	**480**	黄みの白	**y-Wt**	232
バーントアンバー	burnt umber	JIS	**377**	ごく暗い赤みの黄	**vd-rY**	192
バーントオレンジ	burnt orange	—	**342**	つよい黄赤	**st-O**	179
バーントシェンナ	burnt sienna	JIS	**344**	くすんだ黄赤	**dl-O**	180
はいあか	灰赤	—	**19**	暗い灰みの赤	**dg-R**	13
はいあかむらさき	灰赤紫	—	**258**	やわらかい赤紫	**sf-RP**	139
はいいろ	灰色	JIS	**279**	灰色	**mdGy**	152
バイオレット	violet	JIS	**461**	あざやかな青紫	**vv-V**	225
はいざくら	灰桜	—	**10**	明るい灰みの赤	**lg-R**	8
はいちゃ	灰茶	JIS	**88**	暗い灰みの黄赤	**dg-O**	48
はいみどり	灰緑	—	**177**	灰みの緑	**mg-G**	96
はじいろ	黄櫨色・櫨色	—	**81**	くすんだ黄赤	**dl-O**	45
はだいろ	肌色	JIS	**63**	うすい黄赤	**pl-O**	37
はちみついろ	蜂蜜色	⇒ ハニー				

色名		JIS	番号	系統色名	略記号	頁
はとねずみいろ	鳩鼠色	⇒ はとばいろ				
はとばいろ	鳩羽色	JIS	**238**	くすんだ青紫	**dl-V**	129
はとばねずみ	鳩羽鼠	⇒ はとばいろ				
はなあさぎ	花浅葱	—	**198**	つよい緑みの青	**st-gB**	107
はないろ	花色	—	**220**	あざやかな紫みの青	**vv-pB**	119
はなだいろ	縹色・花田色	JIS	**213**	つよい青	**st-B**	116
はなむらさき	花紫	—	**241**	こい青紫	**dp-V**	131
ハニー	honey	—	**391**	こい黄	**dp-Y**	198
バフ	buff	JIS	**364**	やわらかい赤みの黄	**sf-rY**	187
ばらいろ	薔薇色	JIS	**17**	あざやかな赤	**vv-R**	12
パンジー	pansy	JIS	**463**	こい青紫	**dp-V**	226
ハンターグリーン	hunter green	—	**420**	暗い緑	**dk-G**	210
バンダイクブラウン	Vandyke brown	—	**352**	暗い灰みの黄赤	**dg-O**	183
バンブー	bamboo	—	**389**	やわらかい黄	**sf-Y**	197
パンプキン	pumpkin	—	**363**	つよい赤みの黄	**st-rY**	187
ひ						
ピーグリーン	pea green	—	**406**	くすんだ黄緑	**dl-YG**	204
ピーコックグリーン	peacock green	JIS	**430**	あざやかな青緑	**vv-BG**	213
ピーコックブルー	peacock blue	JIS	**431**	こい青緑	**dp-BG**	213
ピーチ	peach	JIS	**346**	明るい灰みの黄赤	**lg-O**	180
ひいろ	緋色	—	**34**	つよい黄みの赤	**st-yR**	22
ひしょく	秘色	⇒ ひそく				
ひすいいろ	翡翠色	⇒ ジェードグリーン				
ビスケット	biscuit	—	**365**	灰みの赤みを帯びた黄	**mg-rY**	187
ピスタシオグリーン	pistachio green	—	**410**	やわらかい黄みの緑	**sf-yG**	205
ひそく	秘色	—	**194**	ごくうすい緑みの青	**vp-gB**	106
ひまわりいろ	向日葵色	JIS	**126**	あざやかな黄	**vv-Y**	69
びゃくぐん	白群	JIS	**195**	やわらかい緑みの青	**sf-gB**	106
びゃくろく	白緑	JIS	**173**	ごくうすい緑	**vp-G**	94
ヒヤシンス	hyacinth	JIS	**447**	くすんだ紫みの青	**dl-pB**	220
ビリジアン	viridian	JIS	**427**	くすんだ青みの緑	**dl-bG**	212
ビリジャン	viridian	⇒ ビリジアン				
ビリヤードグリーン	billiard green	JIS	**428**	暗い青みの緑	**dk-bG**	212
ひわいろ	鶸色	JIS	**149**	つよい黄緑	**st-YG**	82
ひわだいろ	檜皮色	JIS	**55**	暗い灰みの黄赤	**dg-O**	33
ひわちゃ	鶸茶	—	**146**	灰みの緑みを帯びた黄	**mg-gY**	80
ピンク	pink	JIS	**313**	やわらかい赤	**sf-R**	168
ふ						
ファイアーレッド	fire red	—	**334**	あざやかな黄みの赤	**vv-yR**	176
ブーゲンビリア	bougainvillaea	—	**303**	あざやかな紫みの赤	**vv-pR**	165

色名		JIS	番号	系統色名	略記号	頁
フォーゲットミーノット	forget-me-not	—	**442**	明るい青	**lt-B**	217
フォーン	fawn	—	**374**	暗い灰みの赤みを帯びた黄	**dg-rY**	191
フォグブルー	fog blue	—	**448**	暗い灰みの紫みを帯びた青	**dg-pB**	220
フォレストグリーン	forest green	JIS	**426**	くすんだ青みの緑	**dl-bG**	212
ふかがわねずみ	深川鼠	—	**269**	緑みの明るい灰色	**g-ltGy**	146
ふかひ	深緋	—	**37**	暗い黄みの赤	**dk-yR**	24
ふかみどり	深緑	JIS	**181**	こい緑	**dp-G**	98
フクシアパープル	fuchsia purple	—	**474**	あざやかな赤紫	**vv-RP**	230
ふじいろ	藤色	JIS	**232**	明るい青紫	**lt-V**	126
ふじおなんど	藤御納戸	⇒ ふじなんど				
ふじなんど	藤納戸	JIS	**235**	つよい青紫	**st-V**	127
ふじむらさき	藤紫	JIS	**233**	明るい青紫	**lt-V**	126
ふたあい	二藍	—	**246**	くすんだ青みの紫	**dl-bP**	133
ぶどうねずみ	葡萄鼠	—	**262**	暗い灰みの赤紫	**dg-RP**	142
ブラウン	brown	JIS	**356**	暗い灰みの黄赤	**dg-O**	184
ブラック	black	JIS	**500**	黒	**Bk**	240
フラミンゴ	flamingo	—	**330**	明るい黄みの赤	**lt-yR**	175
ブルー	blue	JIS	**444**	あざやかな青	**vv-B**	218
ブルーフォグ	blue fog	⇒ フォグブルー				
プルシアあい	—藍	⇒ プルシャンブルー				
プルシャンブルー	Prussian blue	JIS	**455**	暗い紫みの青	**dk-pB**	223
フレッシュ	flesh	—	**345**	ごくうすい黄赤	**vp-O**	180
ブロンズ	bronze	JIS	**375**	暗い赤みの黄	**dk-rY**	191
ブロンド	blond, blonde	JIS	**387**	やわらかい黄	**sf-Y**	196
へ						
ベージ	beige	⇒ ベージュ				
ベージュ	beige	JIS	**362**	明るい灰みの赤みを帯びた黄	**lg-rY**	186
ヘーゼルブラウン	hazel brown	—	**368**	くすんだ赤みの黄	**dl-rY**	188
ベゴニア	begonia	—	**314**	明るい赤	**lt-R**	169
べにあか	紅赤	JIS	**25**	あざやかな赤	**vv-R**	18
べにいろ	紅色	JIS	**20**	あざやかな赤	**vv-R**	14
べにえびちゃ	紅海老茶	JIS	**40**	暗い黄みの赤	**dk-yR**	26
べにかばいろ	紅樺色	JIS	**36**	暗い黄みの赤	**dk-yR**	24
べにがらいろ	紅殻色	⇒ べんがらいろ				
べにひ	紅緋	JIS	**30**	あざやかな黄みの赤	**vv-yR**	20
ベビーピンク	baby pink	JIS	**311**	うすい赤	**pl-R**	168
ベビーブルー	baby blue	JIS	**435**	明るい灰みの青	**lg-B**	215
ヘリオトロープ	heliotrope	JIS	**460**	あざやかな青紫	**vv-V**	225
ベルフラワー	bellflower	—	**462**	こい青紫	**dp-V**	225
ベルリンブルー	Berlin blue	⇒ プルシャンブルー				

色名		JIS	番号	系統色名	略記号	頁
ベレンス	Berlijns	⇒ プルシャンブルー				
べんがらいろ	弁柄色・紅殻色	JIS	**38**	暗い黄みの赤	**dk-yR**	24
ヘンナ	henna	—	**354**	暗い黄赤	**dk-O**	183
ほ						
ぼたんいろ	牡丹色	JIS	**260**	あざやかな赤紫	**vv-RP**	140
ボトルグリーン	bottle green	JIS	**422**	ごく暗い緑	**vd-G**	210
ポピーレッド	poppy red	JIS	**318**	あざやかな赤	**vv-R**	171
ホリゾンブルー	horizon blue	JIS	**436**	やわらかい青	**sf-B**	215
ボルドー	bordeaux	JIS	**328**	ごく暗い赤	**vd-R**	174
ホワイト	white	JIS	**477**	白	**Wt**	231
ま						
マジェンタ	magenta	⇒ マゼンタ				
マスタード	mustard	—	**390**	くすんだ黄	**dl-Y**	197
マゼンタ	magenta	JIS	**473**	あざやかな赤紫	**vv-RP**	229
まそお	真赭・真朱	—	**27**	くすんだ黄みの赤	**dl-yR**	19
まっちゃいろ	抹茶色	JIS	**155**	やわらかい黄緑	**sf-YG**	85
まつのはいろ	松葉色	⇒ まつばいろ				
まつばいろ	松葉色	JIS	**168**	くすんだ黄緑	**dl-YG**	91
マホガニー	mahogany	—	**326**	暗い灰みの赤	**dg-R**	173
マラカイトグリーン	malachite green	JIS	**418**	こい緑	**dp-G**	209
マリーゴールド	marigold	JIS	**358**	あざやかな赤みの黄	**vv-rY**	185
マリンブルー	marine blue	JIS	**433**	こい緑みの青	**dp-gB**	214
マルーン	maroon	JIS	**327**	暗い赤	**dk-R**	174
マンダリンオレンジ	mandarin orange	JIS	**359**	つよい赤みの黄	**st-rY**	185
み						
みかんいろ	蜜柑色	JIS	**70**	あざやかな黄赤	**vv-O**	40
みずあさぎ	水浅葱	JIS	**189**	やわらかい青緑	**sf-BG**	103
みずいろ	水色	JIS	**193**	うすい緑みの青	**pl-gB**	105
ミッドナイトブルー	midnight blue	JIS	**458**	ごく暗い紫みの青	**vd-pB**	224
みどり	緑・翠	JIS	**174**	明るい緑	**lt-G**	94
みなとねずみ	港鼠	⇒ ふかがわねずみ				
みるいろ	海松色・水松色	JIS	**153**	暗い灰みの黄緑	**dg-YG**	84
ミルキーホワイト	milky white	—	**479**	赤みを帯びた黄みの白	**r·y-Wt**	232
ミルクいろ	—色	⇒ ミルキーホワイト				
ミルクホワイト	milk white	⇒ ミルキーホワイト				
ミントグリーン	mint green	JIS	**414**	明るい緑	**lt-G**	207
む						
むらさき	紫	JIS	**248**	あざやかな紫	**vv-P**	134
め						
メイズ	maize	—	**384**	つよい黄	**st-Y**	195

色名		JIS	番号	系統色名	略記号	頁
も						
もえぎ	萌黄・萌木	JIS	**159**	つよい黄緑	**st-YG**	86
もえぎいろ	萌葱色	JIS	**182**	暗い緑	**dk-G**	99
モーブ	mauve	JIS	**466**	つよい青みの紫	**st-bP**	227
もくらん	木蘭	—	**135**	やわらかい黄	**sf-Y**	74
モスグリーン	moss green	—	**408**	暗い黄緑	**dk-YG**	205
モスグレー	moss grey	—	**487**	黄緑みの灰色	**yg-mdGy**	235
ももいろ	桃色	JIS	**14**	やわらかい赤	**sf-R**	10
や						
やなぎいろ	柳色	—	**157**	やわらかい黄緑	**sf-YG**	85
やなぎちゃ	柳茶	—	**150**	やわらかい黄緑	**sf-YG**	82
やまばといろ	山鳩色	—	**276**	黄緑みの灰色	**yg-mdGy**	150
やまぶきいろ	山吹色	JIS	**100**	あざやかな赤みの黄	**vv-rY**	54
ゆ						
ゆうおう	雄黄	—	**96**	明るい赤みの黄	**lt-rY**	52
よ						
ようこう	洋紅	⇒ コチニールレッド				
ようべに	洋紅	⇒ コチニールレッド				
ら						
ライトブルー	light blue	—	**441**	うすい青	**pl-B**	217
ライラック	lilac	JIS	**467**	やわらかい紫	**sf-P**	227
らくだいろ	駱駝色	JIS	**79**	くすんだ黄赤	**dl-O**	44
ラズベリー	raspberry	—	**308**	こい紫みの赤	**dp-pR**	167
ラセットブラウン	russet brown	—	**353**	こい黄赤	**dp-O**	183
ラピスラズリ	lapis lazuli	—	**450**	こい紫みの青	**dp-pB**	221
ラベンダー	lavender	JIS	**465**	灰みの青みを帯びた紫	**mg-bP**	226
ランプブラック	lamp black	JIS	**499**	黒	**Bk**	240
り						
リーフグリーン	leaf green	JIS	**401**	つよい黄緑	**st-YG**	202
りかんちゃ	璃寛茶	—	**147**	暗い灰みの緑みを帯びた黄	**dg-gY**	81
りきゅういろ	利休色	⇒ りきゅうちゃ				
りきゅうちゃ	利休茶	—	**141**	灰みの黄	**mg-Y**	78
りきゅうねずみ	利休鼠	JIS	**277**	緑みの灰色	**g-mdGy**	150
りょくしょういろ	緑青色	⇒ ろくしょういろ				
る						
ルビーレッド	ruby red	JIS	**305**	あざやかな紫みの赤	**vv-pR**	165
るりいろ	瑠璃色	JIS	**221**	こい紫みの青	**dp-pB**	120
るりこん	瑠璃紺	JIS	**223**	こい紫みの青	**dp-pB**	121
れ						
レグホーン	leghorn	JIS	**386**	やわらかい黄	**sf-Y**	196

色名		JIS	番号	系統色名	略記号	頁
レグホン	leghorn	⇒ レグホーン				
レッド	red	JIS	**319**	あざやかな赤	**vv-R**	171
レモンイエロー	lemon yellow	JIS	**396**	あざやかな緑みの黄	**vv-gY**	200
レモンいろ	—色	⇒ レモンイエロー				
れんがいろ	煉瓦色	JIS	**57**	暗い黄赤	**dk-O**	34
ろ						
ロイヤルブルー	royal blue	—	**452**	こい紫みの青	**dp-pB**	222
ろいろ	蠟色・呂色	⇒ ろういろ				
ろういろ	蠟色・呂色	—	**293**	黒	**Bk**	159
ローアンバー	raw umber	JIS	**392**	暗い黄	**dk-Y**	198
ローシェンナ	raw sienna	JIS	**349**	つよい黄赤	**st-O**	182
ローズ	rose	JIS	**317**	あざやかな赤	**vv-R**	170
ローズグレー	rose grey	JIS	**489**	赤みの灰色	**r-mdGy**	236
ローズピンク	rose pink	JIS	**301**	明るい紫みの赤	**lt-pR**	164
ローズマダー	rose madder	—	**307**	こい紫みの赤	**dp-pR**	166
ローズレッド	rose red	JIS	**304**	あざやかな紫みの赤	**vv-pR**	165
ろくしょういろ	緑青色	JIS	**176**	くすんだ緑	**dl-G**	96
ろこうちゃ	路考茶	—	**120**	暗い赤みの黄	**dk-rY**	66
わ						
ワインカラー	wine colour	⇒ ワインレッド				
ワインレッド	wine red	JIS	**309**	こい紫みの赤	**dp-pR**	167
わかくさいろ	若草色	JIS	**156**	あざやかな黄緑	**vv-YG**	85
わかたけいろ	若竹色	JIS	**175**	つよい緑	**st-G**	95
わかばいろ	若葉色	JIS	**166**	やわらかい黄緑	**sf-YG**	90
わかみどり	若緑	—	**170**	うすい黄みの緑	**pl-yG**	92
わさびいろ	山葵色	—	**167**	やわらかい黄緑	**sf-YG**	91
わすれなぐさいろ	勿忘草色	JIS	**208**	明るい青	**lt-B**	113

参考資料一覧

色名の立項時に参照した資料、および、色名と色見本の同定時に参照した資料のうち、主要なものを刊行年順に掲げた。

色名総監 / 和田三造 / 博美社 / 1935

日本色名大鑑 / 上村六郎・山崎勝弘 / 甲鳥書林 / 1943

色の標準　GUIDE TO COLOR STANDARD / 日本色彩研究所 / 日本色彩社 / 1951

学用色名辞典 / 上村六郎・小川その / 甲鳥書林 / 1951

色名大辞典 / 和田三造 / 1954

日本色彩文化史 / 前田千寸 / 岩波書店 / 1960

日本伝統色 / 日本流行色協会・日本伝統色研究委員会 / 1965

日本の色　The Color of Japan / 社団法人総合デザイナー協会（DAS） / 毎日新聞社 / 1965

フランス色名小辞典 / 山田夏子 / ジャルダン・デ・モード会 / 1966

平安朝文学の色相 / 伊原昭 / 笠間書院 / 1967

明治百年　日本伝統色 / 日本流行色協会 / 1967

万葉の色相 / 伊原昭 / 塙書房 / 1971

色名チャートシステム / 日本色彩研究所 / 1972

色名事典 / 日本色彩研究所 / 1973

伝統の色　日本古来の染め色の解明と復元 / 光村推古書院 / 1973

日本色彩事典 / 武井邦彦 / 笠間書院 / 1973

仏和色名事典 / 山田夏子 / Université de la Mode / 1976

JAFCA BASIC COLOR CODE / 日本流行色協会 / 1979

中国色名総覧 / カラープランニングセンター / 1979

日本の色/大岡信編/朝日新聞社/1979

色彩科学ハンドブック / 日本色彩学会・東大出版会 / 1980

色名綜覧 / 天野節 / 錦光出版 / 1980

赤橙黄緑青藍紫 / 福田邦夫・日本色彩研究所 / 青娥書房 / 1980

ものと人間の文化史38　色　染と色彩 / 前田雨城 / 法政大学出版局 / 1980

色名小事典 / 日本色彩研究所 / 日本色研事業株式会社 / 1981

草木染 / 山崎青樹 / 美術出版社 / 1982

色名の由来 / 江幡潤 / 東京書籍 / 1982

色の彩時記　目で遊ぶ日本の色 / 朝日新聞社 / 1983

日本園芸植物標準色票 / 農林水産省 / 日本色彩研究所 / 1984

日本大百科全書 / 小学館 / 1984

日本伝統色　色名事典 / 日本流行色協会 / 1984

カラー・コーディネイション / 高橋ユミ・渋川育由 / 河出書房新社 / 1985

ＪＩＳ色名帳 / 日本規格協会 / 1985

言泉 / 小学館 / 1986

かさねの色目配彩考/長崎盛輝/京都書院/1987

新色名事典 / 日本色彩研究所 / 日本色研事業株式会社 / 1987

日本の伝統色　色の小辞典 / 福田邦夫・日本色彩研究所 / 読売新聞社 / 1987

園芸植物大事典 / 小学館 / 1988

かさね色目/高田義男監修/高田装束研究所/1988

原色色彩語事典　色の単語・色の熟語/香川勇・高田利彦/黎明書房/1988

国際版　色の手帖 / 小学館 / 1988

日本の伝統色彩 / 長崎盛輝 / 京都書院 / 1988

ヨーロッパの伝統色　色の小辞典　/ 福田邦夫・日本色彩研究所 / 読売新聞社 / 1988

ロベール仏和大辞典 / 小学館 / 1988

奇妙な色名事典/福田邦夫/青娥書房/1993

日本色彩大鑑/松本宗久/河出書房新社/1993

色のことば/銀座和光編/紀伊国屋書店/1994

色の名前 / 福田邦夫 / 主婦の友社 / 1994

オランダ語辞典 / 講談社 / 1994

色彩博物館/城一夫/明現社/1994

ランダムハウス英和大辞典　第２版 / 小学館 / 1994
色の歴史手帖/吉岡幸雄/PHP研究所/1995
大辞泉 / 小学館 / 1995
大辞林　第二版 / 三省堂 / 1995
色々な色 / 近江源太郎　ネイチャー・プロ編集室 / 光琳社出版 / 1996
絵具の事典 / ホルベイン工業技術部編 / 中央公論美術出版 / 1996
色彩の歴史と文化/城一夫他/明現社/ 1996
カラー＆イメージ / 久野尚美＋フォルムス・色彩情報研究所 / グラフィック社 / 1998
広辞苑　第五版 / 岩波書店 / 1998
新編色彩科学ハンドブック（第2版）/日本色彩学会編/東京大学出版会/ 1998
日本の色名―色の解説―/京都市染織試験場 /1998
日本の色名―色の表示―/京都市染織試験場 /1998
プログレッシブ英和中辞典　第３版 / 小学館 / 1998
色の名前/近江源太郎　ネイチャー・プロ編集室/角川書店/2000
独和大辞典　第２版 / 小学館 / 2000
日本国語大辞典 第二版 / 小学館 / 2000
日本の色辞典 / 吉岡幸雄 / 紫紅社 / 2000
色の名前辞典 / 福田邦夫 / 主婦の友社 / 2001
カラーコーディネーションの基礎 / 東京商工会議所 / 2001
現代国語例解辞典　第三版 / 小学館 / 2001
ジーニアス英和大辞典/大修館書店/2001
グランドコンサイス英和辞典/三省堂/2001
日本の傳統色 / 長崎盛輝 / 青幻舎 / 2001
JISハンドブック2002色彩 / 日本規格協会 /2002
Dictionary of Color / A. Maerz and M. Rea Paul / McGraw-Hill Book Co. 2nd Ed / 1950
Dictionary of Colour Standards / The British Colour Council / 1951
Pflanzenfarben-Atlas / Prof. Dr. E. Biesalski / Musterschmidt-Verlag / 1957
Color Harmony Manual / Container Corporation of America / 1958
The ISCC-NBS Method of Designating Colors and a Dictionary of Color Names / U.S. Department of Commerse National Bureau of Standards Circular 553 / 1965
R.H.S. Colour Chart Table of Cross-References / The Royal Horticultural Society. London / 1966
Methuen Handbook of Colour / A. Kornerup & J. H. Wanscher / Methuen & Co.,Ltd. / 2nd ed. / 1967
Dictionary of Colour Standards-Wool / The British Colour Council / 1968
Selecteur d'Harmonies / Peintures Gauthier / 1970
Webster's New Collegiate Dictionary / G&C Merriam Co. / 1973
Color Source Book (Margaret Walch) / Charles Scribner's Sons. New York /1979
Übersichtskarte RAL-F2 / RAL Deutsches Institut für Gütesicherung und Kennzeichnung e.V. / Muster-Schmidt KG / 1981
Longman New Universal Dictionary / G&C Merriam Co. / 1982
Professional Color Selector / Panton, Inc. / 1984
The Pantone Book of Color/Harry N. Abrams, Inc./1990
The Color Key Program/A Member of Grow Group, Inc./1992